"十二五"国家重点出版物出版规划项目

·税制改革论丛·

China 's Real Estate Tax Reform

中国房地产税改革

何　杨◎著

中国税务出版社

图书在版编目（CIP）数据

中国房地产税改革 / 何杨著. —北京：中国税务出版社，2015.5
（税制改革论丛）
ISBN 978-7-5678-0245-2

Ⅰ. ①中… Ⅱ. ①何… Ⅲ. ①房地产税－税收改革－研究－中国 Ⅳ. ①F812.422

中国版本图书馆CIP数据核字（2015）第062823号

丛 书 名： 税制改革论丛
书　　名： 中国房地产税改革
作　　者： 何　杨　著
责任编辑： 黄　琳　王忠丽
责任校对： 于　玲
技术设计： 刘冬珂
出版发行： 中国税务出版社
北京市丰台区广安路9号国投财富广场1号楼11层
邮政编码：100055
http://www.taxation.cn
E-mail:swcb@taxation.cn
发行中心电话：(010)83362083/86/89
传真：(010)83362046/47/48/49
经　　销： 各地新华书店
印　　刷： 北京联兴盛业印刷股份有限公司
规　　格： 787 毫米×1092 毫米　1/16
印　　张： 16.5
字　　数： 277000字
版　　次： 2017年1月第1版　　2017年1月第1次印刷
书　　号： ISBN 978-7-5678-0245-2
定　　价： 42.00元

总 序

一

读者面前的这套丛书，系我主编的“十二五”国家重点图书出版规划项目。由初步构思到形成框架，再到撰写成书，它至少跨越了5年的时间。这期间，中国税制改革的理念、思想和战略，都发生了极大的变化。

作为聚焦税制改革主题的一套丛书，最初进入我们视野的税制改革方案，可追溯至2003年10月中共十六届三中全会做出的“分步实施税收制度改革”部署：“改革出口退税制度；统一各类企业税收制度；增值税由生产型改为消费型，将设备投资纳入增值税抵扣范围；完善消费税，适当扩大税基；改进个人所得税，实行综合和分类相结合的个人所得税制；实施城镇建设税费改革，条件具备时对不动产开征统一规范的物业税，相应取消有关收费；在统一税政前提下，赋予地方适当的税政管理权；创造条件逐步实现城乡税制统一。”

2006年3月十届全国人大四次会议将“十一五”期间的税制改革内容明确为10个项目，并写入了《中华人民共和国国民经济和社会发展第十一个五年规划纲要》：“在全国范围内实现增值税由生产型转为消费型；适当调整消费税征收范围，合理调整部分应税品目税负水平和征缴办法；适时开征燃油税；合理调整营业税征税范围和税目；完善出口退税制度；统一各类企业税收制度；实行综合和分类相结合的个人所得税制度；改革房地产税收制度，稳步推行物业税并相应取消有关收费；改革资源税制度；完善城市维护建设税、耕地占用税、印花税。”

上述部署以及据此制定的“十一五”税制改革规划，其立意显然在于“修补”——在1994年搭建的税收制度基本框架基础上，通过各种修补性的调整使其趋于完备和成熟。既然是“修补”，有关税制改革的内容安排和具体操作便具有零敲碎打特点。既然属于零敲碎打的调整，便不会涉及税制大方向的变化，亦难有脱离既有税制框架的整体性、系统性行动。事实上，上述所列的不少内容，追根寻源，还是1994年的税制改革预设或作为其后续操作而推出的。

这一情形，在2013年也就是本套丛书的研究进入关键期时发生了改变。

2013年11月召开的中共十八届三中全会，站在新的历史起点上，围绕国家治理体系和治理能力现代化的全面深化改革总体目标，对税制改革做出了全新的部署：

“财政是国家治理的基础和重要支柱，科学的财税体制是优化资源配置、维护市场统一、促进社会公平、实现国家长治久安的制度保障。必须完善立法、明确事权、改革税制、稳定税负、透明预算、提高效率，建立现代财政制度，发挥中央和地方两个积极性。”

“完善税收制度。深化税收制度改革，完善地方税体系，逐步提高直接税比重。推进增值税改革，适当简化税率。调整消费税征收范围、环节、税率，把高耗能、高污染产品及部分高档消费品纳入征收范围。逐步建立综合与分类相结合的个人所得税制。加快房地产税立法并适时推进改革，加快资源税改革，推动环境保护费改税。”

注意到前后两段内容之间的逻辑关联，便会发现，这是一个很重要的转折点。在此之前，如果说中国的税制改革都是跟着市场经济体制的发展进程走，以建立和完善适应社会主义市场经济体制的税收制度基本框架作为出发点和归宿的话，那么，在此之后，随着国家治理现代化成为全面深化改革的总体目标，作为在经济、政治、文化、社会和生态文明“五位一体”总体布局中推进的税制改革，自然要转到国家治理现代化的轨道上——跟着国家治理的演变进程走，以建立匹配国家治理体系和治理能力现代化的现代税收制度作为出发点和归宿。围绕税制改革目标定位的这一重大而深刻的变化，标志着中国的税制改革进入了一个新的历史阶段。

至此，脱出修补性调整的局限而伸展至系统性、全局性的税制改革行动，便成为不言而喻之举。这意味着，本套丛书的研究方案也要跟着变——同税制改革的新理念、新思想和新战略如影随行，及时做出相应的调整。

二

认识到中国税制改革的目标已经指向现代税收制度，以现代税收制度的建立为主线索，重构本套丛书的研究框架，显然是符合逻辑的事情。

问题在于，我们该如何理解并把握现代税收制度？相对于以往的税制改革，这一轮税制改革将发生怎样的变化？

现代税收制度显然是现代财政制度的一个组成部分，现代财政制度又是现代国家治理的基础和重要支柱，从现代国家治理——现代财政制度——现代税收制度这一关系链条中，可以清楚地看到：

中共十八届三中全会之所以将国家治理现代化定位为全面深化改革的总目标，是建立在中国处于一个新的历史起点这一深刻判断基础之上的。就发展而言，经过了30多年的发展，按照现行汇率计算，中国已经跃升为世界第二大经济体。在成为经济大国的基础上，如何在经济、政治、文化、社会和生态文明等各个方面打造现代国家的一般制度形态，从而以现代意义大国的形象和境界屹立于今天的世界，已经成为一种新的发展方向追求，并进入我们的视野。就改革而论，经过了30多年的改革开放进程，中国已经基本确立社会主义市场经济体制框架。在经济体制改革取得举世瞩目成就的基础上，如何在经济体制、政治体制、文化体制、社会体制和生态文明建设体制改革的彼此联动中，实现国家治理的与时俱进，已经作为一个新的改革方向呈现在我们的面前。建设现代意义的大国也好，实现国家治理的与时俱进也罢，说到底，其剑锋所指都是国家治理的现代化。

中共十八届三中全会关于“财政是国家治理的基础和重要支柱”的

全新定位，是在国家治理现代化命题的语境下提出来的。站在现代国家治理的立场上，无论从哪个方面看，财政都是国家治理体系的一个不可或缺的组成部分。更为关键的是，它还不仅仅是具有一般意义的组成部分，而是恰如血管一样分布于国家治理体系的方方面面和枝枝蔓蔓，处于基础和重要支柱位置。随着改革深入到经济、政治、文化、社会、生态文明等所有领域一起联动的阶段，作为各领域体制改革的一个交汇点，财税体制改革须发挥基础性和支撑性作用。这启示我们，向着现代国家治理前行与财政作为其基础和重要支柱而存在和运转是捆绑在一起的。国家治理的现代化要求和决定着财税体制的现代化——建立现代财政制度。

作为现代财政制度的一翼，现代税收制度当然同现代国家治理一脉相承。从全面认知现代税收文明的高度出发，打造现代国家税收制度的一般形态，其实就是在推进国家治理的现代化进程。故而，总结人类社会税收制度的演变规律，朝着现代意义的税收制度格局迈进，不仅是必要的，更是迫在眉睫的。这意味着，有别于以往，这一轮的税制改革，必须服从于全面深化改革的总目标，将税制改革融入全面深化改革进程，在经济体制、政治体制、文化体制、社会体制、生态文明建设体制等各个领域实现改革的联动，形成改革的总体效果。

毋庸置疑，身处这样一个翻天覆地的新的历史进程，特别是肩负这样一个推进国家治理体系和治理能力现代化的新的历史使命，我们应当全面而适时地调整以往习以为常的理念、思想和战略，以与以往大不相同的理念、思想和战略走上现代税收制度的构建之路。

三

根据中共十八届三中全会关于税制改革的部署以及此后中共中央政治局审议通过的《深化财税体制改革总体方案》，纳入这一轮税制改革的内容包括“六税一法”：增值税、消费税、资源税、环境税、个人所得税、房地产税以及税收征管法。其基本行动路线可作如下概括。

（一）逐步提高直接税比重

我国现行税制结构及其所决定的税收收入结构具有两个突出特征：

一是以间接课税为主体，来自增值税、营业税和消费税等间接税的收入占全部税收收入的比重超过70%；另一是以企业来源为主体，来自企业缴纳的税收收入占全部税收收入的90%以上。

如此结构带给我们的最突出矛盾就是税负分配的不公平。一方面，间接税收入占比达到70%以上，意味着我国现实的税收负担主要是以商品和服务的消费为标准来分配的；另一方面，企业来源收入占比达到90%以上，意味着我国现实的税收负担主要是通过企业渠道转嫁给消费者的。

鉴于现代税收制度的灵魂就在于公平正义，也鉴于我国社会发展水平的提升已经不能不将公平正义纳入税制结构设计的考量视野，更鉴于现实生活中的收入分配矛盾和贫富差距矛盾已经一再地挑战我国社会稳定发展大局，在稳定税负的前提下，通过逐步提高直接税比重对现行税制结构进行优化调整显然是必要的。

正因为如此，进入这一轮税制改革视野的两个直接税税种——个人所得税和房地产税，都是趋向于增加税负的。

个人所得税改革的目标是从现行对11个征税所得项目实行不同的计征办法分别征税，逐步过渡到对大部分的征税所得项目实行统一的征税办法综合计税。这对于个人所得税收入规模及其比重而言，绝对是一种增税效应，而非减税效应。

房地产税改革的目标是从现行对居民个人所拥有的房地产在存量环节基本不征税，逐步过渡到对居民个人拥有的房地产在存量环节征税。这对于房地产税收入规模及其比重而言，即便考虑到同时伴随有整合流转环节房地产税费的操作效应，它也绝对属于一种增税而非减税措施。

除此之外，还可把第三个直接税税种——遗产和赠与税——纳入择机开征范围。作为财产税类的一种，遗产和赠与税系针对纳税人的财产转让行为征收的。从长远看，在现代税制体系中，它绝非可有可无，迟早要纳入议事日程。注意到遗产和赠与税亦系从无到有的操作，它的择机开征，自然也可归入增税之列。

（二）逐步减少间接税比重

直接税比重的逐步提高，是要以"稳定税负"为约束条件的。所以，直接税比重的逐步提高应当也必须以间接税比重的逐步减少为前提，两者宜同步操作，彼此呼应。

迄今为止，围绕逐步减少间接税比重的最主要举措就是“营改增”。通过营业税改征增值税所实现的减少间接税效应，至少有三部曲：

第一步，始自上海的所谓“1+6”（“交通运输业”+“6个现代服务业”）方案也好，此后全国推行的所谓“2+7”（“交通运输业和邮政服务业”+“6个现代服务业和广播影视服务”）方案也罢，都是具有极大减税效应的改革。按照2014年的减税实际效果情况看，一年的减税额可达2000亿元左右。

第二步，从2016年5月开始，“营改增”在“2+7”基础上扩展至全国所有行业。具测算，一年的减税规模可达到5000亿元左右。

第三步，进一步“推进增值税改革，适当简化税率”。通过简化税率，求得税率级次的减少和平均税率的相应下调，从而进一步降低增值税税负水平。根据2012年的统计数字初步计算，增值税标准税率每下调一个百分点，将减税2000亿元。考虑到附加于增值税身上的城市维护建设税、教育费附加和地方教育附加也会随之减少，总的减税额度会达到2200亿元上下。

若以增值税标准税率下调2个百分点计，三步走下来，整个“营改增”和增值税改革实现的减税规模可能达到10000亿元左右。

（三）逐步完善地方税体系

我国尚未构建起一个成型的地方税体系。不仅具有地方税属性的税种偏少，收入规模不大，而且，在“营改增”的大潮中，以往作为地方几乎唯一的主体税种而存在、运行的营业税，也被纳入中央地方共享税——增值税——框架之内。为了发挥中央和地方两个积极性，完善地方税体系实现健全地方财政体系的目标，已属势在必行之举。

完善地方税体系当然要从重建地方主体税种做起。从长远看，房地产税是最适宜作为地方主体税种的选择。但是，对居民个人开征房地产税不可能一蹴而就，只能渐进地加以推进。近期可供选择的一个举措，就是改造消费税。“通过调整消费税征收范围、环节、税率，把高耗能、高污染产品及部分高档消费品纳入征收范围”等一系列操作，不仅可以相应扩大消费税税基，增加消费税收入，而且可以将消费税征收环节前移至零售阶段，使得消费税收入的地区间分布均匀化。经过如此的调整，将目前作为中央税的消费税转作地方税，将可以大致抵充“营改增”之后留下的地方税收入亏空，保持中央和地方财力格局的大致稳定。

除此之外，还可以通过纳入这一轮税制改革视野的另外两个税种——资源税和环境保护税——的改革，作为助力完善地方税体系的操作。

（四）逐步转向现代税收征管机制

上述六个税种的改革，特别是个人所得税和房地产税的改革，直接挑战现行税收征管机制。因而，与“六税”的改革相伴随，“一法”即现行《税收征管法》的修订亦在这一轮税制改革的视野之内。

这意味着，现行税收征管机制有一个向现代税收征管机制转换的任务。其转换的基本方向包括：

其一，由主征间接税拓展至间接税与直接税相兼容，将税收征管机制建立在同时对接间接税与直接税的基础上。

其二，由主征企业税拓展至法人税与自然人税相兼容，将税收征管机制建立在同时对接法人税与自然税的基础上。

其三，由主征现金流税拓展至流量税与存量税相兼容，将税收征管机制建立在同时对接流量税与存量税的基础上。

在上述三个方向的转换中，最值得关注的是面向自然人的税收征管服务体系和第三方涉税信息报告制度的构建。前者是我们久已存在的致命“软肋”，绝对不是一个轻松的任务。只有聚焦这一“软肋”，围绕自然人作为直接纳税人的要求，从法律框架、制度设计、资源配置等各个方面真正转换税收征管机制，方能够实现税收征管机制与自然人直接税的对接。后者则是一个我们久未实现的目标、一项需调动各方面资源方可见效的工作。只有瞄准这一目标，围绕与税收征管相关联的情报数据分享的需要，从权利与责任、法律与制度、执法与守法等各个方面规范相关主体的涉税行为，方可形成企业法人、自然人之间税收征管的均衡格局，确保税务机关依法有效实施征管。

令人欣慰的是，2015年年末推出的《深化国税、地税征管体制改革方案》，已将“顺应直接税比重逐步提高、自然人纳税人数量多、管理难的趋势，从法律框架、制度设计、征管方式、技术支撑、资源配置等方面构建以高收入者为重点的自然人税收管理体系”作为一个重要内容写入其中。这预示着，在中国，向现代税收征管机制转换的进程已经正式启动。

四

考虑到上述因素，我们在建立现代税收制度的旗帜下，对本套丛书的初期研究方案做了全面的调整。调整之后的研究成果，由如下八本专著组成：

张斌：《国家治理现代化进程中的税制改革研究》；

周克清：《税制结构的非均衡性：理论、实证与对策研究》；

姜明耀：《中国增值税改革研究》；

蒋震：《中国消费税改革研究》；

马珺：《全球化背景下的中国个人所得税制改革》；

何杨：《中国房地产税改革》；

储德银：《中国资源税费制度改革研究》；

赵丽萍：《中国环境税费改革研究》。

可以看出，从抽象的理论分析到具体的改革实践，从改革的总体框架设计到实施层面的操作方案，本套丛书大致覆盖了事关中国税制改革的重大理论和现实问题。而且，在这一过程中，尽可能全面而系统地贯穿了中共十八届三中全会以来的税制改革新理念、新思想和新战略。我们以为，这是在目前条件下从事中国税制改革问题研究的适当选择。循着这样的路子走下去，一个既植根中国国情、又契合现代国家一般税制形态的现代税收制度格局，将日益清晰地展现在我们面前。

虽经几番修订、数易其稿，又跨越几年的时间，但限于水平和其他方面因素的制约，本套丛书并未完全达到令人满意的程度。就此而言，本套丛书更多具有的是抛砖引玉的意义。

真诚地期待来自各方面读者朋友的批评和指正。

高培勇

2016年8月8日于北京

前　言

土地和房屋作为一种财产成为课税对象，最早可以追溯到古代的埃及、巴比伦和中国的夏商时期，不过那时的财产税主要是针对占有的土地面积以及土地上的农业产出。本书中所探讨的房地产税为现代意义上的房地产税。由于受到欧美发达国家的影响，这种房地产税具有以下特征：（1）税基较宽，绝大多数房产和土地都需缴纳；（2）实行从价税，按照房地产市场价值的一定比例征税；（3）收入弹性低，在经济繁荣时期增长幅度低于平均经济增长幅度，在经济衰退时期减少幅度也低于平均经济缩减程度；（4）属于一种地方税，是基层地方政府的主要收入来源；（5）属于一种受益税，主要用途为基础教育、公共安全、辖区道路等公共服务，缴纳税款的纳税人是享受相应公共服务的人；（6）收支通过直接民主机制实现，较为公开透明（侯一麟等，2014）。可以说，这一房地产税改革的提出寄托了完善税收体制、增强基层财政自治、提高公共服务提供效率、改善政府治理等诸多理想，但同时也受到了调节房价、改善收入分配等过多目标的干扰，使得房地产税的改革始终处于争论的风口浪尖。

房地产税改革在中国面临的阻力是来自多方面的，纳税人担心税负增加，地方政府并不积极，税务机关也不情愿开征。作为直接税，纳税人对于房地产税的征收往往是抵触的，即使在美国也发生过抗税事件；从简单的收入测算来看，如果按照房地产评估价值的30%计税，人均25平方米设定免征额，全国住宅房地产税收入最高才能达到1859亿元；如果按照人均60平方米设定免征额，全国住宅房地产税收入最低仅为580亿元，难以满足支出职能已经膨胀的地方政府需要；我国的税务机关缺少征收直接税的经验，房地产税的征管成本也将高于其他税种。

那么，中国能否建立现代房地产税制度并且对基层政府治理起到改善作用？能否打破房地产泡沫甚至引发社会动荡？很多学者已经从各个层面进行了探讨。由于这些问题的解答过于复杂，鉴于本人有限的能力，尽力在以下两个方面进行尝试：

第一，对于所谓“国际经验”的借鉴。无论是理论还是实践，英美国家比较成功的房地产税经验是经常被提起的范本。但是英美国家和我国在经济发展、社会制度、历史渊源等方面存在的差异是不容忽视的，中国能否完全借鉴这些经验还值得探讨。实际上，房地产税的实践也远不止英美国家一类。这里，本书将国外房地产税制度的发展至少分为四种类型。一是在英式的财产税基础上直接移植发展起来的，大多曾经在19世纪成为英国的殖民地，包括美国、新加坡、马来西亚以及中国香港等。它们是以英国的财产税为原型，土地和房屋合并征税，以评估价值作为税基，实行比例税率，房地产税作为地方政府的收入来源，主要遵循着“量入为出”的原则，但是有成功也有失败。二是与亨利·乔治提出的“单一土地税”理论有关，影响到了德国、澳大利亚、新西兰等国家以及孙中山先生的“三民主义”等，按照“涨价归公”的理念，这些国家要么只对土地征收单一的土地税，要么对土地和房屋分别征税的时候通过区别税率，强调对于土地或房屋增值中来源于政府公共投入的部分进行征税。三是包括日本、韩国在内的东亚国家，它们在长期的历史发展过程中遵循着自身对房地产的征税方式，但是近代以来受到西方制度的冲击，它们引进了一些西方的征税方式，但又无法完全取代过去的制度，房地产税除了作为基层政府的收入，还发挥着流转税或者资本税的功能，制度设计中希望通过房地产税调控房地产市场，税制变动也较大。四是包括俄罗斯、保加利亚、罗马尼亚等转型国家，它们的房地产税制度改革伴随着土地的私有化和经济上的市场化改革，在房地产税改革进程上也具有较大的差异。

第二，如何在房地产税制度设计中处理中国特殊的国情，如房地产税在中国的功能定位问题、土地所有权问题、房屋产权问题、土地财政问题等。

与世界上绝大多数国家相比，中国地方政府在提供基本公共服务方面发挥着更为重要的作用：地方政府承担着为全国80%以上的居民提供70%基础教育、65%医疗卫生、100%社会保障的公共服务责任。近十几年来，随着我国经济的高速增长，地方财政规模呈现出不断扩张的态势，2012年中国地方财政支出总额10.5万亿元，超过全国财政支出的84%，比1994年所占比重提高了15个百分点，增长了21.76%。与此同时，地方财政收入占全国财政收入的比重却增长缓慢，18年间仅提高了2.8个百分点，增长幅度不到8%。约40%的地方财政支出需要依靠来自中央财政的税收返还和转移支付。

因此，中国的房地产税改革需要解决的一个前提问题是，面对地方政府自有税源不足而支出责任增大的情况，改革的方向到底是增加中央政府的事权还是增加地方政府的财力？考虑到历史的惯性、多层级政府架构、地区间自然禀赋的差异、众多的人口与幅员辽阔的疆域等复杂的国情，处理中央和地方的财政关系在中国确实是一个难题。从汉朝到唐朝，中国已经建立较为完善的集权制度，到宋、明、清三朝，地方政府的地位逐渐没落，几乎所有财权归属到中央。在计划经济时期也是一个高度集中的体制，改革开放之后为了发展经济通过财政分包体制给地方放权造成“两个比重”下降，分税制改革使得中央政府的财力得到了迅速的恢复和增长。目前我们所处的阶段，是否具备向地方放权的环境和动力呢？如果没有，笔者建议：一方面，为了与中央的财力相匹配，应该强化中央政府的财政职能，“把应当管的事务管起来，并做到财力责任与人员配置相统一，从而大量减少专项转移支付和对下级政府行为的干预”[①]；另一方面，应该逐渐培育地方政府的自有财源，并且自有财源应该赋予地方政府较大的支配权，否则，仍然会成为“花中央的钱、办自己的事”，而不是“花自己的钱、办自己的事”。

按照这样的思路，房地产税改革的目标并非是短期内使得地方政府的财力与事权相匹配，房地产税改革必然要经过一个较长的过程。中央政府应该集中一部分力量发挥社会保障、公共卫生、义务教育、跨区域重大项目建设等职能，而房地产税更能与未来地方政府更加合理的职能相容，即提供地方性的基本公共产品和公共服务。依赖土地出让收入的风险和危害已经有目共睹，而对房地产存量的价值征税，不仅为地方政府在公共服务和公共产品的支出找到一个可持续的来源，而且有助于引导和改善地方政府的行为，使其更加关注公共服务和公共产品的质量，通过经济发展和基础设施改善使土地增值。

① 楼继伟.中国政府间财政关系再思考[M].北京：中国财政经济出版社，2013:3.

征收房地产税也不在于它能否调节房地产价格，包括从亚洲韩国、日本的经验来看，房地产税无法有效地调节价格。房地产税作为一种直接税，相对于关税、消费税而言，可以更好地按照量能课税的原则进行税制设计，以更好地实现税收负担的公平分配。正如高培勇（2013）所提出："从根本上说来，税制结构反映的是税收负担在社会成员之间的分配状况。税制结构及其所决定的税收收入结构的差异，与经济发展水平和社会文明程度直接相关。人类税制结构的发展史，就是从简单原始的直接税到间接税，再由间接税到发达的直接税的演进过程。主导这一过程的一个重要因素，就是人类对税收公平的追求。"

对于地方政府而言，房地产保有环节的税收相对于流转环节的税收，对政府的公共物品提供将产生更大的约束，也是地方财政自治、民主权利的基础。这也是为什么说从间接税到直接税是一个税收文明不断发展的过程。在中国推进房地产税改革，对于纳税人认同、税务机关征管以及政府治理都是一个前所未有的挑战。我们身处文明进化的过程中，一个设计科学、征收规范的整体房地产税制改革，有利于我国现代化税制体系的构建，有利于协调中央与地方之间的财政关系，完善财政作为政府治理的基石作用。

在设计中国的房地产税之前，全面深入地了解和比较各国的房地产税制度和改革历程，有助于我们少走弯路，增强处理各种复杂问题的经验和能力。房地产税的国际比较，不是简单的税制介绍，而是深入探析不同国家房地产税制背后的经济社会改革原因、政策出台的初衷和效果评估，结合房地产税改革的理论发展和前景预测，从而梳理中国房地产税改革的清晰思路和蓝图路径。

本书尝试从制度起源、税基选择、经济效应、配套制度等方面进行不同经验的总结和评述，有助于我们理解不同房地产税税制设计的利弊得失。在此基础上，本书对中国房地产税收的历史、制度设计、实施步骤等进行了探讨，提出了改革房地产税的整体思路。

在附录中，为了能够更好地比较不同国家在房地产税立法中的技术处理，本书对四类具有代表性国家的房地产税法律原文按照税制要素进行梳理，便于读者更好地阅读以及更进一步的研究。

本书所涉及的国际经验与中国实践相关的信息和数据都尽量使用第一手资料。这要感谢北京大学—林肯研究院城市发展与土地政策研究中心的工作人员多年来在房地产税改革方面的大量基础性工作，他们为研究提供了很多宝贵的资料，尤其是他们与前任主任满燕云教授、现任主任刘志先生、研究助理刘威一起进行的多年的房地产税改革课题研究为本书提供了重要的素材。同时，还要感谢中国社会科学院财经战略研究院财税团队的大力支持，本书也是社科院财经战略研究院“十二五税制改革”研究的一部分。本书写作期间，我正在中国社会科学院财经战略研究院从事博士后研究，感谢我的博士后导师高培勇院长、税收室张斌主任、财政室杨志勇主任以及马珺、滕祥志、蒋震、范建鏋等多位同事的指导和帮助。另外，本书也是国家社科基金重大项目《深化税收制度改革与完善地方税体系研究》（项目号：14ZDA028）阶段性成果。由于时间和能力的限制，本书难免疏漏，敬请读者谅解。

中央财经大学　何杨

目 录

1. 房地产税的理论框架

“……我的调查进入实际的治理国家才能方面，可以看出土地形式的私有财产非但不能改进和使用这种才能，反而阻止这种才能的改进和使用，并造成生产力的巨大浪费；承认土地公共权利不会引起震动和剥夺，只需要消除地价税外的全部税收的简单和容易的办法就能达成了。”

——亨利·乔治，《进步与贫困》，1880

1.1 征收房地产税的理论基础

土地是人们赖以生存的基地，更为人们提供了居住、生产、经营等各种活动的载体。土地经济效能正是来源于人们对土地的利用和人地关系的归属。与资本、人力等生产要素相比，土地具有独特的特征。

第一，土地具有不可再生性。即土地资源是有限的，在一些经济模型中土地的供给一般被认为是没有弹性的。尽管土地使用的功能可以相互转化，但是土地的总量仍然是固定。因此，要做到“地尽其用”，使土地资源得到合理、充分的利用。

第二，土地具有不可移动性。土地的地理位置不能变更，从而使土地的位置、状况、用途、使用条件、权利人情况具有了登记的意义。土地的地上附着物（房产）也是难以隐藏和移动的。因此，土地和房产作为税基具有无法藏匿和转移的特征。

第三，反映土地交换、交易的让渡形式只能是土地权利、对土地权利的登记证书，而不可能是土地物质实体。

第四，房产的价值会不断折旧，但是土地的价值会由于其稀缺性和人们的改良而增加，这就会产生土地增值的收益如何进行分配的问题。

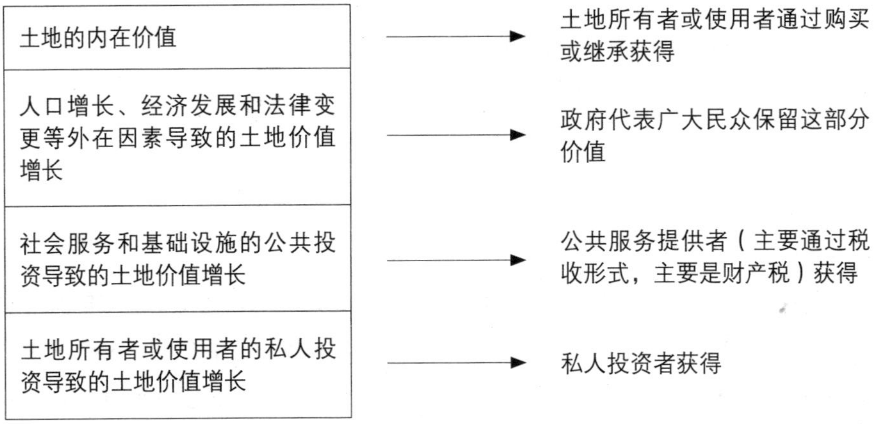

图1-1　土地价值分解

按照土地经济学的理论，土地的价值应该包括四个部分。第一部分是土地的内在价值。由土地的位置、土壤状况、开发潜能等决定的土地的经济价值或生产能力，无论是在土地私有还是土地公有的情况下，购买或继承一块土地，都应该支付相应的价格，但价格的高低则取决于土地的质量和市场的竞争状况。中国政府目前通过协议出让或“招拍挂”方式出让土地，一次性收取的土地出让金即属于这部分收益。

第二部分是外部因素带来的土地增值。如人口增长、经济发展、相关政策调整等，这些因素和土地所有者或使用者的投资无关，因此这部分收益属于公共收益，应该由公共部门政府获得，但应该用于收入再分配和公共物品的提供。通常通过对所有者征收资本利得税和除不动产以外的其他财产税来实现，如遗产税等。

第三部分是土地由于基础设施投资、社会服务提高等有目的的投资行为所带来的收益，政府作为公共物品的提供者，按照使用者付费的原则应该对这部分收益以征税的方式取得，也就是各国普遍征收的房地产税。

第四部分是土地的所有者或使用者个人的行为对土地的改善所带来的收益，这部分收益应该为个人所有①。

经过各国的研究和实践，按照合理的评估价值对房地产进行征税，用于支付公共产品和公共服务，能够较好地实现土地价值在公共部门和私人部门之间的分配。

与其他税收相比，房地产税具有很多优势，主要优势有以下几个：

第一，房地产税根据评估价值征收，很好地与支付能力相匹配。理论上很多学者认为对房地产保有环节征税是对资本征税，具有调节贫富差距的作用。

第二，税收收入与支出的对应性强。房地产税收的支出主要用于为本地区提供社区卫生、道路、路灯、绿化等居民能够直接享受到的公共服务，税收与公共服务具有很强的直接对应性。通过房地产税制度的实施，有利于形成“税收增加、公共服务增加、房地产增值、税源增加”的良性循环机制。

第三，房地产税税源具有可观察性，便于公众对其实行严格监控，既实现税收公平，又提高税收征收率。

第四，房地产税更易于征管。因为，房地产是看得见和不能移动的，即房地产税的税源是难以对税务机关隐藏的。

第五，稳定性是房地产税的一大优势。和所得税或销售税不同，房地产税的收入在商业周期的短期波动中并没有大幅度的波动。比如美国的金融危机导致税收收入大幅度下滑，唯一例外的就是财产税收入没有下滑。稳定的财产税收入使得美国很多州的地方政府都能继续提供公共物品和服务，包括教育、医疗、治安等。

所以，对地方政府而言，房地产税可以为之提供一个稳定的收入来源。分析以下各个税种的特征（见表1-1），可以看出，无论是从财政原则、效率原则还是公平原则来看，房地产税不失为地方政府理想的收入来源。但是也应该看到，房地产税的民众接受度较低，管理成本也较高。

---

① Yu-Hung Hong, Diana Brubaker(2009). Integrating the Proposed Property Tax with the Public Leasehold System. China's Local Public Finance In Transtion, Lincoln Institute of Land Policy.

表1-1　　房地产税与其他税种的比较

标准	房地产税	销售税	个人所得税	企业所得税	收费
税基能否移动	否	是	是	是	否
受益税	是	否	不确定	不确定	是
与纳税能力对应	是	否	是	不确定	不确定
稳定性	是	否	否	否	不确定
资助公共设施	是	是	是	是	是
透明性	是	否	是	否	否
民众接受度	低	高	中等	高	高
管理成本	高	低	中等	中等	低

1.2 国内外研究综述

1.2.1 国外研究综述

较早的与房地产税收相关的理论研究可以追溯至英国古典经济学家威廉·配第那里，他处于重商主义向古典经济学过渡的时期。在他的著作《赋税论》中指出：当时政府课征土地税的主要理论依据是为政府筹措财政收入；他建议地价取代地租作为土地税的计税依据；提出房屋既是消费品又是资本品，为房屋税的二重性提供了理论基础。在古典经济学时期，亚当·斯密、萨伊、大卫·李嘉图、西斯蒙第、约翰·冯·杜能都曾对房地产税收理论进行研究，这其中以杜能的研究最为突出。杜能在他的代表作《孤立国同农业与国民经济的关系》中提出，地租税对土地的农业区位利用来讲是中性的；地租不是劳动和投资的产物，而是对级差收益的征收；他还认为落入君主或者地主、资本家手中的地租税将用于非生产目的从而失去支出效应。

在新古典经济学时期，关于房地产税研究的重要人物是马歇尔。在这个时期马歇尔通过对古典经济学原理的研究和分析技术的综合，并运用以价格理论为核心的局部均衡分析方法把不动产税收理论推到了一个新的高度。这一时期的研究对象依然是农地税，但城市经济的发展促使经济学家开始关注城市土地税的问题。马歇尔的研究成果主要体现在他的著作《经济学原理》一书中。马歇尔认为土地税的计税依据是建筑物价值和地基价值之和，这一观点为分析土地税效应和土地税负归宿奠定了基础；他还分析了政府公共投资对土地价值的影响；马歇尔通过区分全国统一税率和地方差别税率分别对建筑物价值税的归宿进行了分析，他的分析在局部均衡的范围内是正确的，而且很有参考价值，他的部分分析被后来的一般均衡理论分析者所借鉴。

当代西方关于房地产税的研究则主要集中在房地产税的性质、房地产税与税收公平的探讨上。

1.2.1.1 房地产税的性质

作为房地产税相关研究的基础，对于房地产税性质的探讨产生的争论最为激烈，基本上形成了受益论（货物税观点或传统观点）和新论（资本税观点）两大派别。对于房地产税经济效应的分析也沿着受益论和新论两条道路的分化产生了很大的差异。新论的假设和分析更为接近于现实生活，很多国家的房地产税实践也正在验证着这一结论。

1.2.1.1.1 受益论

受益论在研究房产价值与房地产税关系时，认为房地产税是中性的，即不具有扭曲效应，对房地产征税不会影响房地产市场资源配置效率。这一观点由Hamilton（1975；1976），Fischel（1975），White（1975）首先提出，并由Hamilton（1983）和 Fischel（1985；1992）进行了深入地阐述。该理论的渊源是 Tiebout（1956）的理论模型，并由其延伸而来。

Tiebout（1956）指出，假设所有行政区域完全依赖于人头税收税，由于存在消费者“用脚投票”和辖区之间的竞争，居民会根据辖区的公共服务水平和相应的税负开支来选择最符合自身需要的社区居住，从而使地方公共服务得以有效提供。Hamilton（1975）对Tiebout（1956）模型进行了拓展，将房地产税引入Tiebout模型，分析了房产价值、房地产税和地方公共服务提供之间的关系。进一步的，Hamilton（1975）把分区变量引入模型，假设地方政府可以实行严格的分区并规定社区中房屋的最低价值。研究结果发现：个人会因为房地产税的征收或调整而改变他们的住房消费，同时也会根据自己的住房的偏好和对公共服务的需求来选择合适的社区居住。房地产税、地方公共服务和房产价值之间存在显著的相关性。然而，Hamilton（1975）发现了他模型中的缺陷，即社区内房产价值是有差别的。随后，Hamilton（1976）提出，即使社区不是趋同的，房地产税是决定公共服务平均价格的重要因素，人们对公共服务的需求将趋同。Fisehel（1992）再次对房地产税的受益论进行了拓展，Fisehel（1992）认为应在Tiebout 模型中引入政治因素变量，认为通过相关法规的制定，使得房地产税呈现受益税的性质。

因此，受益论的观点认为房地产税是居民对公共服务的支付，所以它既不会影响房屋的销售也不会影响公共服务提供水平，也不会对收入分配有影响。

1.2.1.1.2 新论——资本税观点

与受益论截然相反，由Mieszkowski（1972）提出并由 Mieszkowski和Zodrow （1986）拓展的房地产税新论认为，房地产税是对地方资本使用征收的扭曲性税种。

新论学说认为房地产税是非中性的，对房产征税会对房地产资源配置产生扭曲，进而影响资源配置效率。该观点最初由 Mieszkowshi（1972）在一篇文章中提到，之前对房地产税的研究主要基于局部均衡分析模型，Mieszkowski （1972）提出了税负归宿的一般均衡模型。他将整个经济中的行政区域划分为高税收地区和低税收地区。在高税收地区，房产税的征收促使资本流出该地区，从而降低了土地、劳动力等生产要素的生产和回报率，并最终提高房地产和一般商品价格；在低税收地区，低房地产税的征收促使资本流入该地区，改善了地区资本、土地和劳动力要素的组合比例，提高了生产要素的生产力和回报率，降低生产成本，并最终降低了房地产和一般商品价格。由于Mieszkowshi（1972）的模型忽略了房产税中较多的现实因素，如房产税收收入用于公共服务的具体比例等，因此Zodrow—Mieszkowshi（1986），对财产税资本论的模型进行了拓展，加入了Tiebout 模型的因素。Zodrow—Mieszkowshi 的研究发现在保证资本能自由流动情况下即使加入地方公共服务因素，Mieszkowski （1972）模型的结论仍然是成立的。之后，很多学者对房地产新论原理进行了整理和归纳，还有一些学者，如Benjamin（1993）用新论原理来解释房产价格波动。

1.2.1.2 房地产税与税收公平

对房地产税公平性的讨论实际上就在于对房地产税到底是累退的、累进的还是按比例分配的讨论。这一问题之所以重要，是因为关系到房地产税除了资源配置功能外还有没有收入分配功能以及这种分配功能到底是正面的还是负面的。同时也有助于对实践中纳税人对房地产税的抵触情绪进行正确的分析，因为纳税人通常认为财产税对低收入人群是不利的，因而是累退的。房地产税的传统观点、受益论和新论在这个问题上给出的结论都是不同的。

1.2.1.2.1 传统观点概述

传统观点可追溯到Simon（1943）和Netzer（1966）。Netzer是房地产税累退论的代表人物，他认为房地产税相对现行货币收入是均衡的，在一定程度上具有累退性。房地产税累退论假定财产税像课征于商品的消费税那样运行，因而房地产税会提高住房价格，且与消费的数量成比例地将负担施加于住房消费上。由于低收入者相较于高收入者而言住房支出占其收入的比重更高，因此房地产税占低收入者收入的比重比高收入者的比重要更大，从而使得房地产税呈现累退性。

根据美国税收和经济政策研究所（ITEP）于2002年在美国各地所做的调查，美国财产税似乎在各类家庭中确实呈累退性的分布。然而，房地产税的累退论有如下不足之处：一是该理论遵循了一些相当严格的假设，如地方公共服务不会出现人口规模经济效应、地方公共服务的提供完全由选民意愿决定等。而事实上，公共产品的基本特征决定了其人口规模效应存在的必然性，出于政治或其他方面的考量，地方政府对公共品的提供也可能存在市场势力。二是房地产税并不完全类似于消费税，这是因为住房财产和一般的消费品不同，它在某种程度上也具有资本品的性质。如果政府把房地产税收入用来改善住房的周边环境则住房的价值肯定会上升，但消费税却并不具有这样的对应关系。所以在房地产税累退性的表面现象掩盖下，我们必须看到这样一个事实：房地产税不是被作为消费的附加被消费了，而是被资本化了。更何况房地产税累退论所用的静态的局部均衡分析方法，对于房地产税复杂的动态的经济作用机理来说也显得过于简单。

1.2.1.2.2 受益论对房地产税公平性的认识

根据房地产税受益论观点，房地产税是对使用者的收费而没有任何扭曲效果，因此对资本配置或是地方公共开支水平没有任何影响，并且不会造成任何行政区域之间的收入再分配。房屋业主作为地方政府支出的主要承担者，他们通过“用脚投票”等方式，促使地方政府在公共建设选择最佳方案，以使业主的房屋价值最大化，这种选择的结果使房地产税成为房屋业主对其所获服务付出的支出，使得房地产税成为一个有效税种。

但是，受益论观点的推理存在以下问题：一是该观点是以Tiebout 模型的有效性为前提的，而Tiebout 模型的有效性因其假设条件相当严格而受到大量的挑战和怀疑。实际上，辖区的供给并非具有高度弹性，辖区的边界也不是足够灵活，为满足个人对特定的住房、税收与劳务组合的偏好创设新辖区也是相当昂贵的，除非个人偏好组合的数量受到相当限制，否则，不可能存在足够多的辖区满足所有不同个人对劳务和住房的需求。二是支持房地产税转化成受益税的财政资本化也是不完全的，因为财政资本化根源于具有财政优势的财产的竞争，任何限制竞争的因素包括流动成本和信息成本等因素的存在都会限制资本化，使资本化不完全。

1.2.1.2.3 新论对房地产税公平性的认识

根据新论观点，如果房地产税税率超过了全国平均水平会减少该地区的资本数量，资本会流向税率较低的区域：在低税率的地区则会出现与之相反的情况。因此，房地产税税率的差别导致了全国资本存量无效率的配置。更进一步地，由于担心房地产税税率太高会使资本流出该区域，地方政府往往趋向于选择过低的公共服务水平。

但是，新论关于房地产税累进税的推理也存在以下问题：一是房地产税并不是完全的资本税，比如有应税义务的住宅更多的是一种消费品而且是一种消费必需品，在住宅归业主所有而且并没有作为生产要素投入生产的情况下，把它作为资本来进行分析是不符合经济学逻辑的。二是现在主流的房地产税并不是完全的财产税，它只是对以不动产形式存在的资本征税，而资本的形式除了不动产以外还有证券、机器设备等多种形式，所以缴纳房地产税的这部分资本并非完全无弹性，它至少可以通过减少建筑物供给的形式来把资本抽离到其他资本的供给上，以使不动产资本获得一个基本平均的回报。

在不动产的供给也具有弹性的情况下，对其归宿的分析将变得更复杂。当然也必须看到不动产资本的这一过程相对于其他资本形式来说要艰难和缓慢一些。总的来说，把财产税看作是资本税是理论上的一大进步，因为这让我们看到了房地产税的另一面，并拓展了房地产税分析的视野，从而让我们能更加全面地分析房地产税的公平性。

应该说，这三种观点在某种程度上有一定的相似性，比如资本税新论观点可以部分包含传统观点和受益税观点，并且三种观点都可以采用资本税新论模型进行说明。但受益税观点与资本税观点之间又有明显区别。它们关于房地产税的资源配置效应和收入分配效应的观点是不同的。受益税观点则认为房地产税是一种非扭曲性的人头税；而资本税观点认为，房地产税扭曲了资本特别是商业资本的配置，也扭曲了地方公共服务的水平。而在收入分配方面，受益税观点则认为，房地产税不涉及收入再分配，不具有分配含义。资本税观点的结论认为，从全国来看，房地产税作为一种资本税具有高度的累进性。

西方关于房地产税的理论观点只有有限的合理性，房地产税的受益论与新论都是基于标准的经济学模型，这些模型在公共经济学文献中都有着很长的历史。然而，无论是支持传统观点还是"受益论"的Tiebout关于地方公共服务支出决定的"用脚投票"理论，或是支持"新论"的 Harberger关于税负归宿的一般均衡模型，都基于一些很严格的假设。因此，这些假设与现实情况的相符程度就成为比较两种观点正确性的关键所在。因此，要明确界定每种观点的有效性还需要做大量的经验研究。

1.2.2 国内研究综述

尽管我国的房地产税研究起步较晚，但是国内的相关文献数量已经比较可观了。相关研究大致集中在以下几个领域：

一是关于房地产税性质的探讨，如吴俊培（2003，2004，2006）、李波（2006）等人进行了相关领域的研究，其中吴俊培（2006）指出我国当前的房地产税种的设置已经完全背离了其应有的税种特性。

二是通过对国外房地产税制的分析提出我国房地产税改革的相关建议，如邵峰（2004）、谷城（2005）、李英（2005）、魏晓峰（2005）、蒋晓全（2005）、何杨、刘威（2011）等人对此进行了研究。

三是对我国房地产税的发展现状进行分析，发现其中的问题并提出改进措施，如刘桓（2004）、胡怡建（2004）、夏杰长（2004）、岳树民（2004）等对此进行了研究。

四是分析了房地产税与地方财政、土地管理制度、城市发展、房地产市场等社会领域的关系，如谢群松（2001）等人分析了房地产税与地方财政间的关系，如陈多长（2004）、刘大平（2006）分析了房地产税对房地产市场的影响，邵峰（2005）分析了房地产税对城市发展的影响，贾康（1999）、何振一（2004）、宏诚（2004）分析了房地产税对土地管理制度的影响。

五是关于如何改进房地产登记和估价制度，有效提高房地产税征管效率的探讨。高学江（2004）、孙钢（2005）、高世星、何杨（2006）等人进行了相关领域研究。此外还有很多课题组和专著对房地产税改革进行了综合的分析，比如邓宏乾（2000）、陈多长（2005）、谢伏瞻（2005）等。

其中，关于房地产税的主要作用和改革目标决定着税制设计的根本理念。由于房地产税的提出正值我国房地产价格上升的阶段，在讨论房地产税改革时人们更多地关注其对房地产市场的调整职能，而对于其他的功能关注不足。这容易造成一种误导，即开征房地产税就是为了调节房价。其危害在于，一方面不利于对房地产税改革进行准确定位，从而在认识和行动上产生偏差；另一方面如果房地产税出台后房价调节效果不尽如人意，则容易让纳税人对政府政策产生失望情绪，甚至对房地产税产生抵触情绪，影响房地产税的纳税遵从。在此，对这一方面的研究重点进行一下概述。

1.2.2.1 房地产税与地方主体税种

刘尚希、陈少强（2005）对开征房地产税以完善地方税收制度的必要性进行了深入的分析。他们指出，针对土地、房屋等不动产征收的物业税是最适宜成为地方政府（尤其是省以下基层政府）的主体税种。一是因为房地产税的税基具有非流动性的特征，其收入可以成为地方政府的稳定收入来源，并且随着经济发展和群众生活水平的提高，这一税种的收入会越来越大。二是因为房地产税是一种受益税，财产税的所有者是当地公共服务的受益者，因而较易推广。Mikesell（2008）的研究也提出，开征房地产税将有希望为中国地方政府提供持续稳定的基础设施资金，解决预算透明化和过度依赖土地资源等问题。很多中国学者也都对房地产税成为地方政府的主体税种寄予了厚望（蒋经法，2000；吴利群，2005；等）。

那么，房地产税能否成为地方政府的主体税种呢？傅光明（2006）估算出开征房地产税的收入规模区间是2000亿~6000亿元之间，占地方税收的比重可达23.9%~71.4%，能够成为地方的主体税种。易纲等（2006）测算房地产税改革后其税收总额将占市级地方财政收入的10%~20%，将成为地方财政收入的重要来源，并标明房地产税改革对发展程度不同的地区地方政府影响不同。

董昕、周卫华（2010）针对不同房地产税征收方案进行对比分析，得到的结论是仅合并房地产保有环节税种不足以使房地产税成为地方财政的主要来源，将土地出让收入纳入物业税的征收，才有可能使房地产税成为我国地方政府的主体税源。杨斌（2007）认为，房地产税要成为地方税的主体税种，使其收入与向居民提供的公共产品相对应，并且不会造成福利损失，需要许多严格的前提条件，包括适用区域范围足够小并且区域发展较为平衡；存在民主决策机制和“用脚投票”自由迁移的条件；特殊的地方政府体系和治理结构。在我国目前还不具备上述条件的情况下，要十分谨慎地对待将房地产税列为地方财政主体税的说法和做法。邓秋菊、龚秀国（2009）则建议经济发达地区以不动产税、中等发达地区以营业税、欠发达地区以城市维护建设税、资源丰富地区以资源税作为市级财政的主体税种，从而促使各地政府根据比较优势发展本地经济和培植税源。

1.2.2.2 房地产税与社会公平

高培勇（2009，2013）提出，房地产价格不是税收问题，作为财产保有环节的房地产税难以对流通环节施加直接的影响。对房地产税应该更看重的是它本来的用途，即财产税的功能。作为财产税的一个类别，房地产税的开征意味着中国财产税缺失状态的结束。对于贫富差距过大且仍呈逐步扩大之势的现实中国国情来说，财产税的缺失，是一个必须加以纠正的事项。而开征房地产税将填补中国财产税的缺失状态，在调节收入分配中起到重要的作用。吴俊培（2003）也强调，我国尚没有真正意义上的财产税，完善我国的财产税制度刻不容缓。

如果要实现调节贫富差距的作用，要求税制设计上考虑到横向公平和纵向公平。然而对于房地产税调节贫富差距的作用效果还存在一些争议。首先，随着社会发展，财产日益分化，其中动产尤其是无形动产逃税现象严重，如果税负多由拥有土地房屋等不动产的纳税人负担，就会影响税制的横向公平。其次，财产已不再是衡量人们负担能力的唯一标准，征收财产税以平均社会财富的作用也有所削弱。再次，估定价值方面的弊端可能会影响到税负的公平。但是，这些不公平都可以通过制度加以改进，不能因此而否定房地产税在调节贫富差距方面的功能。

1.2.2.3 房地产税与房地产调控

一种观点认为，开征房地产税可以大幅度降低房地产价格。认为土地出让金过高是导致房价居高不下的主要原因，将土地出让金从一次性收取变为按土地使用年限分年收取并且并入房地产税，一方面，降低开发成本，另一方面，统一的房地产税推行以后，住户每年要额外向政府缴纳一定的税收，房屋需求曲线下降，因此房地产税费改革将使房价下跌（北京大学中国经济研究中心课题组，2006）。贾康（2010）认为，开征房地产税至少在抑制房地产“泡沫收入”方面会配套发挥正面的效应，并长久地施加不动产保有环节上的收入再分配制度因素：让有税负承受能力的一批人为税收收入多作一些贡献，进而通过财政分配更有力地去扶助低收入者。韦志超和易纲（2006）实证分析结果表明：住房在短期供给缺乏弹性情形下，开征房地产税必然导致房价下跌。

一些定量研究对房地产税与房价的关系有更准确的描述。金成晓等（2008）建立向量自回归模型和向量误差修正模型，分析指出保有环节的税收改革在短期内对房价产生负向冲击，使房价下降，并在长期内抑制投机性需求。况伟大（2009）在分析住房特征的基础上，通过建立消费者—开发商模型与投资者—开发商模型，指出房地产税能够抑制住房需求，降低房价，并利用1996—2006年的数据进行了验证，结果标明，开征房地产税对全国和东部地区的房价上涨有抑制作用，但对西部效果不明显。陈多长、踪家峰（2004）提出，长期内，房地产税将导致住宅资产的价格下降，短期内，开征房地产税的后果是提高了房屋租金价格，降低了均衡住房服务供给数量，同时会有效率损失。杜雪君、黄忠华等（2009）对房地产征税，房地产价值会因房地产税收资本化而下降，同时又因地方公共服务资本化而提高。最终房地产税对房地产价值的影响，主要取决于房地产税、地方公共支出与房地产价值的关联性。

但是，也有很多学者对房地产税调节房价的效果表示质疑。如通常认为的房地产税税负不易转嫁是出于局部均衡来考虑，如果放在一般均衡中来考察，则税负会在动产与不动产之间、不同动产之间、不同地区之间进行转嫁，因此其调控的效果较为复杂。如果房地产市场供需态势不变，垄断、投机等行为仍得不到有效控制，开征房地产税也可能进一步推高房价。当然，以房地产税改革为切入点来理顺房地产市场的各种关系，改革不利于房地产市场健康发展的各种制度，对于提高房地产市场的调控更有意义（汪昊，2009）。

1.2.2.4 房地产税与土地利用效率

张阳（2007）认为，我国房地产流转环节税负过重造成了土地利用的低效率。由于持有阶段的税负远低于流通阶段，因此土地持有者低成本保有土地，等待合适的时机转卖土地，造成了土地价格上涨。贾康（2010）认为，开征房地产税可以提高中国土地集约利用水平，抑制炒房的投资者或者投机者，他们手上保有住房的规模不能像现在这样肆无忌惮。那么，整个带来的这种需求方的变化，会影响供给方，开发商会在自己开发的地皮上努力兴建更多的小户型住宅。

但是也有学者认为开征房地产税不能提高土地资源的利用效率。如王智波（2010）构建了一个“物业税—土地开发”模型，通过比较静态分析和数值模拟，发现土地价值税和建筑物价值税都是扭曲的；并且在限制开发商开发时间情况下，证明了开征房地产税，无论是按土地价值征税，还是按建筑物价值征税，或者是对其组合形成的房地产价值征税，都将减少资本密度，降低土地利用效率。

各国开征房地产税的实践表明，房地产税的开征有利于抑制房地产市场投机，引导和规范房地产市场的健康运行；有利于支持地方税收，理清中央地方财政关系，有利于调节贫富差距，维护社会公平。但另一方面，单纯从房价角度看，决定房价供求的因素众多，房地产税只是其中一个，相比之下，房地产税只是一种税收，要考虑到居民和企业的税负能力，金额不可能十分巨大。并且由于税收的本质使得房地产税在决定房价供求上，不能成为决定性因素，中长期来看对供求及房价的影响还是比较有限的。从业主占有房地产的实际收益和成本角度看，房地产税基本不可能成为关键因素，所以其对房地产市场的作用并不显著（巴曙松，2010）。

从各方观点来看，房地产税改革确实被赋予了多重的功能。实际上，作为地方政府筹集收入的一个税种，房地产税的功能应该首先着重于优化地方财政收入结构，使地方政府规范合理地分享土地和房产增值的收益，为公共物品的提供创造良好的融资渠道，这样更有利于中国经济的长期健康发展。而房地产税对房价的影响在很大程度上取决于房地产税的资本化程度，而资本化程度受到多种因素的影响。但是房地产税开征对于降低土地和房产的空置和低效使用是有效果的。而对于收入分配调节这一功能，房地产税流转环节的税收发挥的作用更大，即资本利得性质的税收。如果保有环节的税收要实现调节收入分配的作用，则可能会对资本的流动产生扭曲效应，反而不利于地方公共服务和公共产品质量的提高。

2. 全球视野下的房地产税变革

“与其他国家相比，中国最独特之处在于，我们是唯一保持了两千年中央集权制度的国家，也是当今世界上前三十大经济体中唯一保持这一制度的国家。这种中央集权、大一统的国家模式并非一日建成，它经历了一个漫长、血腥和充满探索的过程”。

——吴晓波，《中国历代经济变革得失》，浙江大学出版社，2013

2.1 各国房地产税的历史沿革

由于东西方在政治、宗教、经济、文化、社会上的巨大差异，使得中国的房地产征税理念和制度和西方存在着显著区别。在中国，一说房地产税的国际经验借鉴，往往是指对美国、加拿大、英国等国家经验的借鉴，这些国家实际上都是属于比较好地沿袭了英国财产税的制度，可以说是属于一类国家，这些国家房地产税的共同特征是都具有地方自治、私有财产保护和民主政治的政治和社会制度基础。但是，并不是每个国家都有这样良好的基础，南斯拉夫就由于评估不公正出现过房地产税改革失败的教训。即使是英、美国家到了近现代还屡次出现“抗税”事件，房地产税的不受欢迎绝不是中国所独有的现象。因此，我们不仅需要学习一些中国房地产税设计中的难题在其他国家是如何解决的，还需要了解未来房地产税开征后的风险该如何化解，并转化为更加优化的政府治理模式。

在能够称为现代房地产税的国家中，追溯他们房地产税的发展过程，可以为中国提供不同层面借鉴的内容，大概可以分为几种类型。

第一类暂且称为英式房地产税，主要包括英国以及曾经成为英国殖民地的美国、新加坡、印度、南非、马来西亚、中国香港等国家和地区[①]。这也是我们最为熟悉的国外房地产税税制，也是最为成功的房地产税模式。这种模式的主要特征是：房地产税直接为基层地方政府公共服务筹集收入，以市场评估价值作为税基，税制较为稳定。这项制度的行程也非一蹴而就，由于纳税人“用脚投票”的存在，如何保证地方房地产税收入的稳定性，是长期困扰地方政府的一个难题。为了防止税源流失，这些国家的主要做法是将大部分财政收入用于能够提高土地价值的公共物品提供，从而将征收房地产税的政治成本降到最低。

第二类是单一的土地税，主要是受到亨利·乔治思想的影响，也是对工业革命之后英美国家土地私有制度造成巨大贫富悬殊的一种反思，这种思想强调土地涨价归公，仅对土地征税。澳大利亚和新西兰就是深受他的影响而实行了土地税。德国的土地税制度起源于土地改革派领袖阿道夫·大马士革的土地改革思想。大马士革的土地改革思想受到了乔治思想的影响，但与乔治有些区别。乔治只坚持涨价归公，而不考虑其收入在城市政府财政支出中的用途，大马士革则注重土地用途的改变产生的新增收益的分配，提出采用土地价值税（后称土地增值税）作为土地涨价归公的手段。中国的民主主义革命家孙中山先生也是赞成亨利·乔治的主张的，其“三民主义”中的“民生主义”核心思想就是平均地权和节制资本。这一重要思想正是需要通过对土地的增值征税，将税收用于公共产品和公共服务的提供来实现，只可惜由于时局变化未能及时施行。

第三类包括日本、韩国在内的东亚国家，在长期的历史发展中遵循着

---

① 关于房地产保有环节税收的名称，各国均有所不同。我国从最初的“物业税”“房产税”等称谓，目前也逐步统一为“房地产税”一词，因此本书也使用“房地产税”这一名称。而美国、加拿大、韩国、南非等国家使用“财产税”这一称谓，原因在于其课税对象范围除房屋和土地外，还包括其他类型财产，如不可移动的机器设备、基础设施、游艇、私人飞机等。有一些国家对房屋和土地的保有分别征税，因此名称上分为土地税和房屋税，如澳大利亚、中国台湾地区等。此外，还有一些国家房地产税的名称与其历史相关，如中国香港地区的差饷、英国的市政税、日本的固定资产税等。

自身对房地产的征税方式（所得税和流转税为主），但是近代以来受到西方制度的冲击，引进了一些西方的房地产保有环节税制，但仍然希望通过房地产税来调控房地产市场，税制变动也较大。如日本在开征保有环节的固定资产税的同时，又先后通过土地价值税和特别土地持有税来试图抑制房地产泡沫。韩国除了保有环节的财产税外，也先后开征了不动产控制税和综合房地产持有税来调节房地产市场。

第四类主要是指俄罗斯、保加利亚、罗马尼亚等转型国家，他们的房地产税制度改革伴随着土地的私有化改革和经济上的市场化改革，在房地产税改革进程上也具有较大的差异。如亚美尼亚、捷克、爱沙尼亚、格鲁吉亚等计划建立以市场评估为基础的财产税制度，并取得了一定的成效，但在整个地方税收收入的比重还是较低；而有的国家仍是以流转环节的房地产税收为主，市场化税基处于正在形成的过程中。

这几类国家的经验给予中国房地产税改革不同的启示。如英式国家的房地产税建立在地方自治的基础之上，对个人征收的房地产税又反过来促进了服务型政府的发展。单一的土地税方案实质上是想解决非私人投资带来的土地涨价如何归公的问题，如果发生交易那么是通过资本利得税性质的税种，如果不发生交易则需要通过保有环节的税种来弥补。而日韩试图通过税收工具调节房地产价格，但效果并不尽如人意。同时，中国也与转型国家一样经历着市场化的过程，不同产权的房屋和土地同时存在，也为房地产税改革带来了难题。

从这些研究中还可以发现以下几点有意思的结论：

第一，房地产税的主要功能在于为地方政府提供税收收入。通过房地产税，地方政府可以将税收收入与当地公共服务有效地对应起来，提高公共财政支出的效率。此外，由于房地产税是地方税收，地方政府在一定程度上有支配的权力，相比转移支付，使用房地产税收入能够使地方政府更加有效地根据当地需求提供相应的公共服务。在开征房地产税的国家中，房地产税均作为地方税，税收收入主要用于当地公共服务。而且地方政府对于房地产税的税率、计税依据、支出等方面拥有不同程度的自主权力，体现了“地方自治”及中央——地方财政分权理念。

第二，房地产税的收入调节功能有限。除了有效筹集地方政府收入外，房地产税作为财产税的一种，可以起到调节财产分配的作用。由于房地产具有资源的属性，且具有民生性，如果仅靠市场调节，很可能会产生大量房地产资源集中在少数人手中的现象，从而造成资源分配的不均以及随之而来的社会问题。通过征收房地产税，可以有效提高房地产保有成本，促进房地产资源的流通，促进资源分配的公平。根据理论研究，房地产税具有累进性，可以缩小房地产资产的“贫富”差异。但是随着居民拥有财产的多元化，房地产税的收入调节作用正在逐步降低。

第三，房地产税占地方税收收入的比重高低与地方政府的职能密切相关。如美国地方政府具有较大的自治权，也有权决定地方财产税的税基和税率，房地产税在地方政府尤其是学区中的比重占80%以上。而近代日本行政机构才正式承认市、町、村的地方行政，由公选推选行政长官，管理地方的财政、公共卫生、财产买卖等事务，但对学校、警察和法庭不能实行自治权，保有环节的房地产税占地方政府税收收入不足50%。新加坡由于国土面积较小，地方政府（社区）的职能有限，房地产税占税收收入的比重仅为6%左右。

2.1.1 英国房地产税及英式房地产税的影响

英国是较早的建立现代税收制度的国家。从13世纪，约翰王滥用权力征税受到抗议之后，不得不于1215年签署大宪章，从此，英国国王征税的权力受到限制。到了16世纪，国王自己的土地和不动产也要被征税。1689年，《英国权利法案》明确没有议会的同意国王无权征税。对税权的制约也就是对政府的约束，对个人征收的财产税使得民众更加主动地去监督政府，又进一步强化了对政府的约束。英国也最早建立起现代意义的财产税，并且，由于英国建立的庞大殖民帝国，在征收财产税的做法推广到世界上多个国家，成为美国、新加坡、马来西亚以及中国香港等国家和地区财产税的雏形。

2.1.1.1 英国房地产税

2.1.1.1.1 英国房地产税的演变

在中世纪，英国的人头税仍是占主要位置，财产税是农民每年通过土地租金的形式缴纳税款。土地产出越高，年租金也就越高。在10、11、12世纪，财产税的平均税负大约是产出谷物价值的1/10。1066年，英国诺曼王朝的威廉一世创立了土地税制的雏形。镇级的官员开始建立地籍簿，记录所有拥有财产的人。每个单位均被计量和估价，而记录所有财产和财产所有人的普查记录被形象地称为《末日审判书》（Domesday Book）。这个名称一直流传至今，直到现在还有人将评估师的评估记录戏称为《末日审判书》（Domesday Book）。可见这一税种是不受纳税人欢迎的，那么这个税种没有被废止而延续至今的原因，就在于英国后来对税权的不断制约。

1690年之后，英国就开始对个人的财产征税，被称为差饷（rates），对于城市居民的税率是1/10，农村居民的税率是1/15。这个财产的估价是一个粗略的估计，往往低于实际的价值，平均税负相当于每年2先令，也就是一个农民两天的工钱。评估价值低于实际价值的做法一直延续至今，这使得纳税人有种“占便宜”的感觉，而更愿意接受这个税种。

英国也同样出现过严重的财产税逃税现象。由于很多人试图隐藏和移动个人财产，因此个人的财产税难以征收。在高收入者中问题更加严重，因为这些人往往有几个国家的居民身份从而可以通过资产移动来避税。从1662年到1689年，英国征收了壁炉税（hearth tax），这种做法推广到欧洲大陆其他国家。这个税被用来作为建筑物价值的一种估计。评估者记录每个房子壁炉的数量和大小，并据此评估其价值。只有1个壁炉的房子（一般是农民的家）评估价值较低，而有20或30个有暖气房间的豪宅则被高估。但是这个税受到了纳税人的厌恶，最终被取消了[①]。

2.1.1.1.2 英国房地产税的现状

目前，在英国的房地产税制度中包括了两个部分，对个人住宅征收的市政税（Council Tax）和对非住宅房地产征收的商业差饷（Rates）。

（1）市政税（详见附录1）

1993年4月1日，市政税替代了之前的人头税，成为地方政府的主要税收来源。市政税对住宅的保有环节按照评估价值的一定比例征收，征收对象主要是住宅。

在确定税率方面，政府将住宅价值分为若干等级，每个等级设置相应的税率。英格兰和威尔士地区，政府将房地产按照其评估价值划分为9级，每一级有相应的税率。

税收优惠方面，英国政府制定了很多类型税收优惠，享受税收优惠的群体比较广泛。例如，对一位成年人独居的房屋可享受25%的税收优惠，对于

① Richard Henry Carlson. A Brief History of Property Tax, Fair and Equitable[M]. February 2005.

空置或非主要住宅可享受50%的税收优惠。对于学生公寓和军队营房等，则享受税收豁免。对于低收入家庭，也可以申请税收减免。

（2）商业差饷

商业差饷的课征对象是非住宅房地产，包括商店、办公口、酒吧、仓库、工厂等房地产。计税依据为政府评估的市场租金价值，纳税人为使用者。1990年，商业差饷划归中央政府管理，由中央政府制定税率，地方政府负责征收，统一缴纳至中央政府。商业差饷收入由中央政府统一分配给各级地方政府。

2.1.1.2 美国房地产税

2.1.1.2.1 美国房地产税的演变

1620年最早的新移民到达美国后，为了抵御当地的印第安人，开始建立堡垒，并在最初的移民中确立了一系列规则，包括参照英式做法的税收和评估制度。这些人每个人拥有同样数量的土地，但是更高产的土地评估价值更高。

以波士顿为例，最早的财产税用来支付教堂和孩子宗教教育的费用。无论一个人的宗教信仰如何，每个人都被强制缴纳一定份额的财产税。当时的财产税评估师是非政府公务人员。与受到当时美国民众反对的用于支付治安成本的英国印花税和茶税不同，财产税的收入用于支付社区的服务成本，使得这个税收得到了广泛的支持。1676年波士顿财产税记录包括了每个纳税人的姓名、土地的英亩数、房屋的价值、猪牛羊的数量、磨坊的价值以及个人财产的评估。评估者还保存做好记录的地图。每个记录的号码对应着一系列的财产、价值和税收。到了1822年，波士顿评估记录区分为不动产和个人财产，对每个纳税人进行税款的计算。波士顿的地方政府支出是比较低的。地方政府主要承担守夜人、安全、公共基础设施和教育职责。镇委员会每年召开公共听众会，讨论税收和支出。在最后决定每个评估值和税单时，需要考虑一些具有特殊困难的人，如病人、老人、贫困者以及拥有多个孩子的寡妇，对他们不仅会减免财产税，还会减免其他的税收。

最初有的州是按照评估价值征收，有的州是按照账面价值征收，有的州按照财产数量计算。在1796年，美国只有4个州将全部财产按照评估价值征税。1818年，伊利诺斯州首先采用了统一的评估征税条款。密苏里州在1820

年也紧随其后，田纳西州1834年也制定了统一的税收规定，按照评估价值课税。至19世纪末，美国一共有33个州修改了州法律，要求所有的财产都要按照评估价值课税。州政府1942年之前也主要是通过类似中国的融资平台借债，直到1837年经济衰退之后严格控制州政府举债行为，财产税才逐步成为州政府的主要收入。并且直到1933年大萧条之后，财产税在州和地方财政收入的分配关系发生根本性变化，财产税逐步成为地方政府的主要税源。

2.1.1.2.2 美国房地产税的现状

美国是一个典型的分权体制，各个州和地方的财产税具有较大的差异。最初，各州统一的财产税适用于一切财产，包括动产、不动产、有形财产和无形财产。税收及其征管体系也是适应了美国整个政府体系的发展状况。非常典型的状况是各州被划分成为不同的县，这些县承担了大量的实施州法律的责任，而市民可以自由地组成自治市、学区和各类特别区，去执行额外的公共服务职责。造成的后果是，大量政府重叠设立（尤其是独立后建立的一些州）。许多农村为主体的州，根本没有其他的工商税收税源，只能靠征收财产税取得收入。同时，不动产位置固定、征管对象有形、价值显见，因此收入可以较容易根据不同政府的行政区域进行分配，也适应了这些地方政府较低的管理水平。

但是，到了20世纪初期，财产税却遭到了越来越多的诟病，当时的一个著名学者甚至称财产税是个“最坏的税收”[①]。其弊端主要体现在：相对于日益复杂的财产状况，征管机构的有限管理能力日益凸显；征管人员的征管积极性不高；收入来源形式的变化，导致公平性问题明显等。

1907年，美国全国税收协会主导的改革中，引入了所得税，同时无形财产和一些个人有形财产不再进入财产税税基。尽管如此，对于县、各类自治市、镇和学区，以及提供如灌溉、排水、道路、公园、图书馆、消防、医疗等各类公共服务的特别区政府来说，财产税依然是各地方政府的主要收入来源。各类政府职能在空间的重叠并未给财产税在各级政府之间的共享带来很多问题，财产税收入按照法律规定在各个地方政府之间进行了准确的划分。

---

① Seligman. E. R. A. Essays in Taxation. New York: Macmillan Company. 1905, originally published in 1895.

2.1.1.3 新加坡房地产税

新加坡的现代历史可以追溯到19世纪初期，当时英国的扩张并将其作为英属殖民地。英国本土征收的财产税（当时被称为rates）也开始在新加坡征收。1947年新加坡引入所得税，并成立了新加坡所得税部。1965年新加坡独立后，成立国内收入部，并于20世纪90年代正式成为新加坡国内收入局（Inland Revenue Authority of Singapore, IRAS）负责包括所得税和财产税在内的国内税收的征管管理。1970年，包括财产税法在内的12个税收法案正式出台，并一直延续至今。

新加坡的财产税设计较为简便易行，收入也比较稳定。2008年金融危机后，新加坡对没有出租的空置个人住房进行了一定的税收返还，财产税的收入有所下降。2013年新加坡预算中取消了这一税收返还，并对财产税的比例税率进行改革，引入了累进税率，使得最高边际税率有了大幅的提高。

专栏一　新加坡财产税的发展沿革

1820年　对鸦片和酒征税以为警察经费筹资，博彩业收入则用来保持街道清洁。
1825年　房屋首次被估值课税以弥补上述收入来源的不足，并用来支付各种各样的市政工作的成本。
1832年　对城镇内的所有房屋课以5%的税收。
1840年　对城镇内所有房屋课税的税率提高至8.5%。在城镇外部，所有房屋也被课以一种新的税收。
1848年　对城镇和乡村的所有房屋分别课以10%和5%的税收。
1856年　市或地方政府机构得以建立，以提供更好的服务。
1935年　乡村局（rural board）得以建立，以涵盖特定地域更多的部分。
20世纪50年代　地方政府行政机构被进一步简化。
1951年　在皇家宪章（Royal Charter）的授权下，市政当局被合并成市政局（City Council）。
1954年　伦道尔委员会（Rendal commission）建议将市政局和乡村局合并成城市和岛屿委员会（city and island council）。
1955年　新一届政府向地方政府指派了一个委员会来研究将市政局和乡村局的权力和职能下放的合意性。
1956年　地方政府法令（Local Government Act）开始实行，这一法令现在已演变为财产税法案（Cap254—1985年版）。地方政府部门管理上的合并已经完成。
1961年　市政局评估和房地产部门（City Council Assessment and Estate Department）、土地局和乡村局估价人员与国内税务局（Inland Revenue Department）合并，成为国内税务局财产税司。
1992年　国内税务局成为法定权力机构，被视为新加坡国内税务局（Inland Revenue Authority of Singapore, IRAS），财产评估和评税处（Property Valuation and Assessment Division）是IRAS的附属机构。

目前，新加坡对房地产保有环节征收财产税，纳税人为房地产所有者。财产税计税依据为年租金价值，即假设房屋在出租条件下的年租金收入，不包括家具设备及维护的费用。年租金价值的确定是根据可比实例的租金而确定。对于土地，年租金价值为完全产权市场价格的5%。对于酒店、码头等特殊房地产，年租金价值的计算使用法律规定的收益法公式进行计算。对于不产生租金的房地产，则使用成本收益来估计市场租金。

对于公共宗教场所、接受政府补助的公立学校、慈善用途房地产和公益事业房地产可以免缴财产税。此外，新加坡总理有权通过政府公报的方式对某类型房地产的财产税进行部分减免或者豁免。对于所有者自住的房屋，如购买并居住在新建或者转售的政府保障性房屋（HDB）中的个人，或者购买并居住在商品房中的个人，可以享受财产税优惠。对于同时拥有两套住房的家庭，只有一套可以申请所有者自住房屋优惠。如果其中一套为政府保证性房屋，则优先适用所有者自住房屋优惠。

2004—2008年，新加坡财产税收入稳步提高，这与新加坡房地产市场的发展有密切的关系。由于房价的上涨导致居民财产税负担的增加，新加坡政府在2008年和2009年依次出台了税收返还政策。因此，2009年之后新加坡财产税规模有所下降，在税收收入和财政收入中的比重也相应下降。

2.1.1.4 马来西亚房地产税

在马来西亚，为地方政府支出筹资的财产税被称为房地产税。该税以财产为课税对象，其课税基础为财产的应纳税价值，即所拥有财产的年度价值。因为《马来西亚地方政府法案》允许州政府酌情决定适用年度价值或资本价值作为房地产税的税基，除了使用“增加值”（即资本价值）的柔佛州外，马来西亚半岛其余所有的十个州均以年度价值为税基。

马来西亚房地产税以英属期间的房地产税制为基础。英国对马来西亚的影响始于1786年，当时东印度公司已经控制了槟榔屿。马六甲，先是在英国手中，然后在1814年归属于荷兰，后又通过1824年的英国—荷兰条约重新归于英国统治。马来西亚的现行地方政府制度最初引入于1801年，当时在槟榔屿成立了一个估税委员会。该委员会行使类似地方政府的职能，如实施规划和促进城镇发展，维护法律和秩序，通过房地产税组织收入等。该委员会原是一个纯粹的非官方组织，但政府在1827年通过立法承认了其存在。

这里最早的法规是根据东印度公司的章程制定的，而后者则遵循《地方政府房地产税法案》和《印度立法法案》，这些法案在1878年时适用于槟榔屿、马六甲和新加坡。英国的影响在1874至1914年间不断扩展，英国控制地区的城镇中逐渐建立了市政委员会。以《1875年英国公共卫生法案》为依据的《地方政府条例》于1913年被引进；到了1950年，根据《地方政府选举条例》，通过选举产生的市政委员会开始对这些自治区实行管治。

当马来西亚联邦政府从英国手中接管了整个国家的管治权而取得独立时，有五类主要的地方政权在联邦政府控制下运作：建立了市政委员会（完全选举式）的槟榔屿乔治城；拥有财政自治权的吉隆坡和马六甲；拥有城镇议会（选举和提名代表组成）的大城镇，大多数也拥有财政自治权；拥有城镇议会或乡村委员会（提名代表组成）的小城镇；以及自治的地方议会（选举产生）。

当时多数地方政府均处于动荡和濒临破产的境地，受困于长期的资金和劳动力短缺。地方政府仅维持着一个简单的房地产税制，但可以获得相当规模的联邦政府援助。马来西亚半岛也处于混乱之中，这源于地方政府的重复立法，以及一个自治市中地方政府类型和层级的多样化存在。1964年，联邦政府成立了一个皇家委员会，以调查马来西亚半岛地方政府的工作情况。该委员会于1968年向联邦政府提交了报告——Anthi Nahapan报告，但由于发生种族骚乱，政府并没有实施其所有的建议。然而，《地方政府法案（暂行规定）》引进了新的具有经济可行性的行政结构，这种行政体制可以提供符合现代标准的财产服务、实施发展项目、执行城镇规划措施等。

接下来是重建时期（1974—1989）。尽管法律规定要建立城市议会，但自治市政府和地区政府是这期间半岛上仅有的两类地方政权。各政府取消了地方政务委员会的选举制度，其成员改由国家直接任命。各自治政府在现时客观发展的基础上，将地方政权转变成了“章鱼”或“带状”结构，而Anthi Nahapan报告中关于地方政府治理覆盖整个国家的建议在这过程中并没有被采纳。因此，61.5%的人口（吉隆坡除外）位于地方政府辖区范围内（之前为55.8%）。在面积方面，地方政府辖区范围占马来西亚半岛的12.7%（之前仅为3%），且地方政权的数量从373个降到了95个。

目前，马来西亚地方政府的收入来自于房地产税、特许权使用费、租赁费、利息和服务收费以及联邦和（或）州政府的拨款。对大多数地方政府而言，房地产税是最主要的收入来源。马来西亚现行的房地产税制度在附录1中进行了详细描述。

2.1.1.5 中国香港地区房地产税

香港的财产税被称为“差饷”，而经常所提到的“物业税”是对香港地区房地产经营收入课征的所得税。差饷税开征于1845年英国殖民时期，在首部《差饷条例》第2条中明确，“就土地、房屋和处所征收经评估的饷项，是用以支付警队粮饷所需”。当时认为“殖民地的香港政府应当自行支付维持警队所需的开支”，这表明它的用途从诞生之日起就是为了支付地方政府公共服务。这一税项最初被称为“差役饷项”，后来逐渐演化为“差饷”，随后修订的条例将差饷税款所支付的公共设施和服务范围进一步扩大。

1845年所制定的首部《估价例则》明确，“总督会同议政局可实施每年评估应税差饷租值”。不过碍于当时资源所限，难以每年进行重新评估。1851年的修订条例引入了“沿用”现行差饷估价册的概念，因而无须每年重估差饷。1973年修订条例撤销了每年重估差饷的规定，因此旧的差饷估价册一直维持有效至新差饷估价册公布生效为止。但由于有几次重估差饷的时间相隔太久，造成应课差饷租值在重估后大幅飙升，财政司宣布每三年重估一次差饷。1999年后，重估差饷又改为每年进行一次。

经过不断地完善，差饷成为香港政府较为稳定的收入来源，占政府财政收入的比重约为7%。但是由于近年来香港政府推出宽减差饷措施，使得这项收入在财政收入中所占比重下降为3%左右。

2.1.2 单一土地税的提出与实践

2.1.2.1 亨利·乔治与单一土地税

亨利·乔治（Henry George，1839—1897）的《进步与贫困》一书正式出版于1880年1月。那个时期，工业革命已经基本完成，资本主义蓬勃发展，甚至在19世纪末，西方建立起了横跨亚、非、拉的全球殖民主义体系。然而，在这样的繁荣中，年轻的亨利·乔治在纽约这个大都市里，却看到“王侯般豪华的住宅旁边”是“贫穷和堕落、匮乏和耻辱”。他发出了引人警醒的提问：“为什么在这块财富能使人人富足，并富足有余的土地上会存在如此不平等的情况呢？为什么堆积如山的财富会与如此严重和可耻的匮乏连接在一起？”[①] 亨利·乔治为此痛苦不已，他看到“到处囤积土地：人们致力于获得土地和占有土地，不是为了使用，而是等待它的涨价”。所有希望使用土地的人为了土地而相互竞争，他预见到“随着人口的增长，这种竞争将愈演愈烈。那些垄断土地的人实际上成为不得不使用土地者的主人”。因此，在书的后面部分，乔治提出，土地私有是造成虽然社会进步但是贫富差距拉大的重要原因，因为社会发展导致土地价值的上升并不是由于土地所有者劳动的结果，因此其增值应该归公，作为地方财政收入的唯一来源。他不仅提出土地私有不能实现对土地的最佳使用，而且提出实现真正进步的途径就是“把地租化作国家的税收”，并且“取消除地租外的全部税收”[②]。

1879年，亨利·乔治完成了他的《进步与贫困》。迄今为止，这本书被译成世界上各种主要的语言，“在东西两个半球上出版”，印数超过千万册。这本书认识到，“只要现代进步所带来的全部增加的财富知识为了个人积累巨大财产，……进步就不是真正的进步，它也难以持久。[③]”乔治的土地税思想在后来的实践中发展成不同的制度。制度差别源于对这一思想两个重要构成部分的不同认识。一是该涨价归公是因为增值源于社会，二是涨价归公收入的用途。

亨利·乔治的土地税收思想在很多国家产生了深远的影响。澳大利亚和新西兰就是深受他的影响而实行了土地税。澳大利亚的土地税由不同的地方政府征收，在具体做法上有所不同，但受到亨利·乔治的影响，征税对象趋向于土地价值，尤其是东部各州对土地价值法的追崇最为强烈。新西兰也是一个实行单一土地税的国家。

德国的土地税制度起源于土地改革派领袖阿道夫·大马士革（Adolf Damaschke，1865—1935）的土地改革思想。但是大马士革的土地改革思想也受到了乔治思想的影响。不过大马士革的思想与乔治有些区别。大马士革也主张涨价归公，但是与乔治主张的区别是只坚持涨价归公，而不考虑其收入在城市政府财政支出中的地位，即对其单一土地税制进行了改良。大马士革特别注重土地用途的改变产生的新增收益的分配。他首先提出采用土地价值税（后来为土地增值税）作为土地涨价归公的手段。这一改革建议先后被一

---

① [美]亨利·乔治. 进步与贫困[M]. 北京：商务印书馆，2012：3-4.
② [美]亨利·乔治. 进步与贫困[M]. 北京：商务印书馆，2012：363.
③ [美]亨利·乔治. 进步与贫困[M]. 北京：商务印书馆，2012：17.

些城市采纳（法兰克福、科隆等），并很快推广到全国，作为土地改革运动的伟大成果。后来德国取消了土地增值税，将这个工具合并进了所得税，所以在财政统计中，德国现在没有土地增值税收入。

中国的民主主义革命家孙中山先生也是赞成亨利·乔治的主张的。他建立国民政府以后，提出了“三民主义”的思想，其中“民生主义”的核心思想就是平均地权和节制资本，“当改良社会经济组织，核定天下地价。其现有之地价仍归原主所有，其革命后社会改良进步之增价，则归于国家，为国民所共享”。孙中山先生认为，这一方案的实施既可以防止垄断，也能使“公家愈富”，从而促进“社会发达”。这一重要思想正是需要通过对土地的增值征税，将税收用于公共产品和公共服务的提供来实现。在这样的指导方针下，当时的政府进一步提出“申报地价、照价征税、涨价归公、照价收买”等一系列的改革措施与政策。

史料上记载，1922年孙中山先生在广州成立大元帅府后，专门设立了土地局，筹备开征土地税的相关事宜，还专门聘请了德国土地专家单威廉负责研究土地问题及平均地权的实施办法，拟在广州试行。只可惜由于时局变化未能及时施行[①]。

1930年当时中央政府制定颁布的《土地法》明确了土地及土地改良物的规定，指出了土地税、土地改良物税、土地增值税及不在地主[②]税等税收的具体实施细节，包括税率、税基及相应的税收减免等。这部《土地法》虽然没有能够在当时得到很好的实行，但是仍然为中国未来的房地产税改革提供了很好的参考。

2.1.2.2 澳大利亚的单一土地税

澳大利亚为联邦制国家，行政管理分联邦、州、地方三级政府，全国划分为6个州和两个地区。实行行政、立法和司法三权分立，其行政事务由内阁负责，内阁由总理主持。联邦国会是国家的立法机构。议会实行两院制，即众议院和参议院。各级政府行政管理层次分明，联邦政府主要负责国防、外交、贸易、大学教育、福利、就业、社会保险、州际基础设施等事务；州政

① 北京大学中国经济研究中心宏观组. 中国物业税：理论、政策与可行性[M]. 北京：北京大学出版社，2007：13.

② “不在地主”是指只拥有田地而不拥有田面，即只向政府交税，而无权直接使用土地的土地所有者。

府主要负责中小学教育、医疗卫生、福利、交通运输、公共秩序与安全、环境、财政、城市供水、州内基础设施等事务；地方政府主要负责废物管理、产妇医疗保健、公园和花园、地方道路、其他市政①。

1857年，塔斯马尼亚对土地价值征税，是澳大利亚第一个实行这种办法的州。塔斯马尼亚现行立法是在1952年通过的，它以估定年值或年租赁价格作为土地价值评估的基础。

1887年，昆士兰州在农村地区实行了土地价值法（未改进价值）。1890年，尽管发生了全国甚至全球性的衰退，昆士兰还是把这种制度扩展应用到城市地区。这是昆士兰州使用的唯一估价方法。

1893年，南澳大利亚被允许采用土地价值法征税，但严重的限制条款阻碍了这种方法的全面采用。当时，只有四个地方政府采用了对土地价值征税的方法，其他的地方更倾向于改进价值法。

在西澳大利亚，《公路法案》在1902年允许公路委员会采用土地价值法和价值法中的任一种方法来增加收入，大多数都采用了土地价值法。1945年，所有城市市政机构都被赋予了同样的权利。

1920年，维多利亚通过了自主课税法案。在随后的10年里，墨尔本28个市政当局中的9个采用了新的税制，包括对土地价值法的选择。每个市政当局都可以自主选择自己的税基。

新南威尔士第一个土地税立法——1895年《土地与所得税额核定法案》采用的是未改进价值法。1906年，新南威尔士取消了年租赁价格法，并规定城市和农村的市政地方都要采用最低税率的未改进价值法。并且，通过对土地和楼房都征税来提高这种方法的平衡性。1922年《悉尼海港桥法案》（The Sydney Harbor Bridge Act 1922）授权在悉尼的市政当局和受其影响的各郡开征按照未改进价值计算的土地税。1905年和1906年的地方政府法案都许可地方政府以未改进价值为税基征税。

1910年联邦政府实施了《土地税额核定法案》。这个法案是在未改进价值法的基础上设计，目的在于减少大块土地的持有。但这个法案由于在立法上违背宪法而在1952年被废止。目前，联邦土地税法已经被各州税法案所取代，如新南威尔士的1956年《土地税法案》和1956年《土地税管理法案》，大部分的州都采取土地未改进价值征税，即单一的土地税。新南威尔士土地

① 资料来源：澳大利亚税务局. www.ato.gov.au.

税在1986年以前是累进税，之后变为2%的单一税率。各州的土地税的税收收入只纳入各州的财政收入。

澳大利亚现行的土地税制度在附录2中进行了详细的描述。

2.1.2.3 德国的单一土地税

2.1.2.3.1 德国房地产税演变

德国房地产税在一些文献中也称为土地税。房地产税为地方税，由市级政府征收，主要依据的法律是1973年《联邦房地产税法》及其修正案。因此，尽管德国房地产税为地方税，但是却依据全国统一的法律来进行征收管理。事实上，法律没有规定市级政府必须征收房地产税，但是所有的市政府都在征收房地产税。

但是德国的土地税已经进行了改革，从单一的土地税扩展为土地和房屋并征的房地产税。不过二者仍然有所区别。房地产税分为两类，一类是对经营性土地和林地征收的房地产税A，另一类是对其他土地和改良物征收的房地产税B。对农村生产用地征收房地产税A，计税价值为产出价值，根据土地的不同质量将土地分为六等，产出的单元价值以国家统一的土地评估调查评定的价值作为纳税价值，税率为0.6%；对其他用地征收的房地产税B，土地市场价值由州的专家评审委员会作出，税率在0.26%～0.35%。

第一次世界大战前，德国市级税收的50%来自所得税，25%来自房地产税，营业税在当时只占10%左右。第二次世界大战以后，市级税收的主要税种为营业税和房地产税。这两项税收1950年占税收收入的90%，其中房地产税收收入占比为43.3%。1950—1957年，房地产税比例逐步下降，1957年为20.8%。

1970年财政体制改革，市级税收收入结构发生了很大变化，重要因素是联邦和州参与营业税的分配，同时，市镇参与所得税分配。此后，所得税成为市镇的第二大税种，导致房地产税收收入占比重下降。1960—1979年，房地产税收入占比例基本在17%以下。1980—1993年，房地产税占比逐步提高，大部分年份达到18%～20%。1993年以后，房地产税比例提高到20%以上，主要原因是东部新州的房地产税收入增长较快。1991—2003年，东部新州房地产税A增长了49.5%，房地产税B增长了310.7%。2003年全德国房地产税收入达到90亿欧元，占市级税收收入的28%。房地产税比例提高的另一原因是由于营业税收入的下降。目前，德国财产类税收收入仅占政府收入的很小的一个比重。2007年，财产类税收收入仅占当年GDP的0.9%，低于OECD其他国家的水平[①]。财产类税收中，房地产税的比重更小，仅占GDP的0.5%左右，而OECD国家平均的比重为1.3%。

2.1.2.3.2 德国房地产税现状

德国现行土地税中，纳税人是指在确定纳税标准价格时课税对象的所有者。通过遗产继承或转让获得的地产、住房，或者部分属于通过遗产继承或转让获得的地产的人同样也是这部分地产的纳税人。若该征税对象同时归多人所有，则该征税对象的纳税人为全体所有者。

除纳税人外，该课税对象的用益权人和享受共同使用权的人共同承担责任。若征税对象全部或部分转让给另一个，则受让人除了以前财产外还应承担征税对象全部或部分土地税，该土地税以转让前征税年度确定的金额为准。此项规定不适用于已申请破产的财产或已进入执行程序的财产。

土地税的征税对象为国内所有的土地及建筑物，包括农业用地、森林。德国法律规定土地税分为A、B两类：A类是农业用地和森林；B类是房地产。A类土地税的课税对象包括：从事农业或林业活动所涉及的土地、建筑物、机械和牲畜。B类土地税的课税对象包括建筑物及其附属设施，但不包括机械等固定资产。

2.1.3 东亚国家房地产税发展

直到19世纪以前，由于地理和文化的阻隔，东亚国家基本是在一个独立于西方世界的环境中发展自身经济的，对房屋和土地的征税也大多没有实行按照评估价值征收的保有环节税收，以土地为基础的赋税是政府收入的主要来源之一。但是随着东方世界的大门被西方国家打开之后，由于战争、贸易等各种原因掀起了学习西方的浪潮，包括税制在内。而这种全盘西化并没有使这些国家建立起和西方国家一样的房地产税制，往往是和传统税制交织在一起的复合方式，并且变动较大。由此可见，制度是一种随时随地而适应的，不能推之四海而皆准，正如其不能行之百世而无弊[②]。一国的税制只有

① OECD Economic Survey. Germany 2010.
② 钱穆. 中国历代政治得失[M]. 北京：九州出版社，2013:2.

在自己的土壤之上才不至于水土不服。这里，以日本和韩国的房地产税的发展作为例证。

2.1.3.1 日本房地产税

2.1.3.1.1 日本房地产税演变

日本现代税收体系的建立始于明治维新后的20年，即1888年左右。一直以来，日本政府收入主要依赖土地税收，1888年土地税收入占总税收收入54.8%。日本1887年引入了现代所得税体系。在之后的几十年中，所得税规模不断扩大。在此期间土地税收规模逐渐缩小，但仍然是政府主要收入来源。随着所得税相关法律的完善和征管能力的加强，所得税逐渐成为政府最重要的税收收入。

“二战”期间，为了适应战争的需要，日本对税收体系进行了整体调整。主要包括将所得税从向个人征收扩大到向企业和个人同时征收；将新的所得税分为综合所得税和分类所得税两部分；扩大货物税征收范围并提高税率。“二战”期间税收体系调整的最大作用是使直接税成为主要税收来源。1941年直接税（个人所得税和企业所得税）占税收收入的64%。

战后为了应对通货膨胀，日本开征财产税，用于对国民收入进行再分配。由于战后日本国民被强制花完其应急储备，因此财产税并没有有效地控制通货膨胀。但是通过25%～90%的大幅累进税率，财产税还是对国民收入进行了有效的再分配。分类所得税和综合所得税并行的所得税体系于1947年废除，取而代之的是采用纳税人自行评估的新所得税体系。

1947—1948年，日本对地方税收体系进行了调整。为了建立完善的地方财政体系，政府将一些中央税收划归为地方税，包括土地税、房屋税、营业税、矿产税和娱乐税。

1950年，在Carl S. Shoup教授的领导下，日本开始新一轮的税收改革。税收改革将个人所得税和企业所得税置于税收体系的核心位置，并对企业所得税定位进行调整。对于个人所得税的征收，其收入所得既包括证券股权收益，也包括资本转让中的资本利得收益。为了在通货膨胀中更好地确定资产的价值和账面价值的差异，日本对资产进行再评估。同时，降低资产转让中的个人所得税税率，采用6%的固定税率。此外，在降低所得税最高档税率的同时，日本开征净财富税，征收对象为从不动产中获得大笔收益的个人。

地方税方面，1950年税收改革赋予各级地方政府独立征收税收和附加税的权利，包括土地税、房屋税、企业税、酒店消费税等。

1950年，税收改革主要参照了西方税收体系的做法，有很多地方并不适用于日本现状，因此在随后的时间，一些开征的税种相继被废除。包括企业所得税的修改、对证券交易资本利得税的征收、净财富税等。

随着经济的复苏和发展，日本税收改革将主要任务转向中央地方税收收入合理分配以及建立合理的税收负担上面。因此在这段时期税收政策集中于一系列减税计划，主要是针对所得税的减免。另一个重要的改革是对间接税实行自行评估。

20世纪60年代开始，日本政府政策逐渐向提高公民福利转移。随着经济的快速发展和社会结构的变化，原有的税收体制已经不能适应经济和社会发展的需要。在1987—1988年，日本进行了激烈的税收改革，主要内容包括减少个人所得税，扩大消费税征收对象范围，提高遗产和赠与税的起征点并缩小累进税率幅度等。

1991—1992年，日本经过土地税收改革，强化了交易收益的课税并建立了土地价值税。此项改革的目的在于公平分配税收负担，促进土地合理利用，减少土地作为财产的利润，控制土地泡沫。此后，土地价值有所下降并保持稳定，降低了税收负担。1998年土地价值税暂停，同时1995—1999年对土地交易资本利得税收的调整，日本政府降低了“泡沫经济”土地的税收负担。由于“泡沫时期”土地价格迅速的上涨，遗产税在1988年后持续进行缩减，随后在“泡沫时期”之后出现的土地价值大幅下降，遗产税的税负更是大幅下降。

2.1.3.1.2 日本房地产税现状

日本当代税种中，按照房地产保有、交易等环节对这些税收进行分类，属于房地产交易环节的税收包括：个人所得税、遗产税与赠与税、注册许可税、印花税、个人居民税和房地产交易税；属于房地产保有环节的税收包括：地价税、固定资产税、特别土地持有税、商业办公场所税。此外，还有都市计划税，可以认为是固定资产税的附加税。

日本固定资产税的纳税人为固定资产所有者，包括抵押权人以及土地使用权人。固定资产一词在法律中有明确的定义，包括土地、房屋和折旧资产。其中土地包括水田、旱田、住宅用地、盐田、矿泉地、池沼、山林、牧场、原野以及其他土地。房屋包括住宅、店铺、工厂（包括发电厂和变电所）、仓库以及其他建筑。折旧资产指的是土地以及房屋以外的、可供企业使用的资产（矿业权、渔业权、专利权以及其他无形折旧资产除外）。

固定资产税的计税依据为征收时点（1月1日）固定资产的公开市场价值。对于房地产，计税依据分为基准年度，第二年度和第三年度。其中基准年度的计税依据为房地产在该年度征收时点的公开市场价值。公开市场价值以土地课税清册、土地补充课税清册或者房屋课税清册、房屋补充课税清册登记的内容为准。对于第二年度和第三年度房地产固定资产税的计税依据，在当年度房地产没有发生变化的前提下，采用基准年度的计税依据。如果房地产在当年征税时点的特征与上一年度不同，例如发生用途改变，界址变化等，市町村长认为有必要时，可以按照基准年度类似房地产价格进行调整。对于新增房地产，其计税依据按照基准年度类似房地产的价值确定。

2.1.3.2 韩国房地产税

2.1.3.2.1 韩国房地产税演变

韩国财产税起源于封建王朝时代，租（土地税）、庸（人头税）和调（贡税）三种税构成了封建税制的基础，其中土地税是收入主要来源[①]。

1948年，大韩民国成立，建立了现代税收制度。当时韩国政府颁布了18部税收法律，主要包括《个人所得税法》《企业所得税法》《酒税法》《遗产税法》《旅游税法》《商品税法》等。新的税收制度旨在减轻在土地改革中资产价值降低的土地所有者的税负。随着朝鲜战争的爆发，为了筹集资金，韩国增设了《土地税法》和《临时加税法》。1951年，政府又颁布了《税收特殊措施法》和《临时土地所得税法》。这一时期，土地所得税取代一般所得税成为税收收入主要来源。

朝鲜战争结束后，韩国政府再次调整税收制度，取消《税收特殊措施法》和《临时加税法》，同时降低了直接税的税率，鼓励资本积累。对个人所得税也进行了进一步调整和细化。20世纪60年代，韩国开始进入经济发展快速时期，政府对税收体制进行相应的调整。这一时期税收改革的重点是完善税收制度，创造地方税税源，降低所得税税率和提高免税额。一

① 财政部税收制度国际比较课题组. 韩国税制[M].

方面，保证政府有足够的税收收入来源；另一方面，促进紧急的发展。随着经济的快速发展，房地产市场出现了过热的现象，政府颁布了《不动产投资控制税法》。

20世纪70年代，韩国经历一波经济波动。这一阶段税制改革的主要目的包括为减低中低收入群体税负等。与此相配套的改革措施包括修订所得税起征点和税收优惠政策，完善所得税制和遗产税制。针对房地产市场的过热，韩国政府在个人所得税中设置了资本利得一项，取代了1968年开征的不动产投资控制税。

20世纪80年代，韩国税收改革的主要内容包括完善增值税税制、开征土地闲置税、开征土地增值税。此后，韩国政府开设了新的综合土地税代替原有的对土地征收的财产税和土地闲置税。20世纪90年代，韩国加重了对不动产的征税，更新财产税制度。具体包括对综合土地税施行累进税率，加重土地增值税，规定拥有闲置土地的最高限额，减少房地产转让所得税收优惠范围等。

1998年，亚洲金融危机，韩国将刺激房地产投资和消费作为缓解危机的措施之一。一方面，韩国对外国企业收购房地产取消了限制；另一方面，降低资本利得税的税率，鼓励房地产投资和消费。

进入21世纪，韩国的税收改革也包括了对房地产市场的调控措施。2001年，韩国政府对之前为了调控房地产泡沫而制定的高税率资本利得税进行了调整，规范了资本利得税的课税范围，采用低税率宽税基的方式，减轻交易环节税收负担。2003年，韩国政府对遗产税与赠与税进行了调整，推行“全覆盖”的遗产与赠与税，有效控制了财富通过继承和赠与的转移方式逃避纳税。此外，由于民众对“一家一宅免税”的强烈呼声，韩国政府对拥有三套住宅的家庭课以重税，并且对短期持有房屋的纳税人提高交易税税率。

2004年，为了稳定房地产市场，韩国政府设立了综合房地产持有税，对超过国民平均标准的住宅和土地征税，并且税基更加接近市场价值。综合房地产持有税加强了房地产保有环节的税收力度，配合房地产所有权转移的登记税税率的降低，有效地促进了房地产交易。综合房地产持有税作为国税，税收收入由中央政府转移给各个地方政府，并优先用于满足地方政府财政需要。

2005年，韩国政府进一步加重了对房地产资本利得收入的课税。资本利得税计税依据由之前的政府标准市价改为实际交易价格。对于拥有三套以上住宅的家庭，取消部分税收优惠。同时对于拥有两套住宅家庭的房地产交易所得也实行了较高的税率。除了资本利得税，韩国政府也加重了综合房地产持有税的税率，将拥有房地产数量的计算方式从按人改为按家庭，并且降低了起征点。因此这一轮的税收调整旨在提高拥有多套住宅家庭的税负，减少房地产市场泡沫。

在之后的几年中，为了控制房地产市场泡沫，推行一户一宅政策，韩国政府几次修改资本利得税的相关规定，主要包括扩大征收范围，对拥有多套房家庭的房地产交易所得征收重税，提高长期持有住宅的年扣除比例，降低起征点和税率。综合房地产持有税方面，韩国政府也进行了若干调整，使其更加合理。主要措施包括，设置税收上限，提高税收起征点，对老人和长期持有的住宅增加税收优惠力度，降低税率的同时提高商业房地产起征点。

2.1.3.2.2 韩国房地产税现状

韩国现行的针对房屋和土地的流转环节税收包括，对所得课征的个人所得税、增值税、遗产税和赠与税；对交易行为课征的取得税、印花税和登记税。保有环节包括，财产税、综合房地产持有税、城市规划税。此外，地方教育税、乡村开发特别税和公共设施使用税是作为专项税。

财产税是对不动产保有征收的税收，主要征税对象有土地、建筑、房屋、船舶和飞机。此外还包括高尔夫会员权、度假公寓会员权和综合体育设施的利用。会员权的价格里包括押金和会费。韩国财产税原则上采用土地和建筑物分开计税。但是对于住宅，课税对象为房屋及其附属土地。因此针对房地产保有环节征收的财产税又可以分为土地税、建筑物税和住宅房地产税等。

综合房地产持有税和财产税一样，将住宅和土地分开征收，各自有规定的纳税人。对于住宅，财产税纳税人中拥有住宅房地产价值超过6亿韩元的，作为综合房地产持有税纳税人。如果为家庭唯一住宅的情况，住宅房地产公示价值超过9亿韩元的，作为综合房地产持有税纳税人。对于土地，如果课税对象为财产税中规定的一般土地，包括空地等，且土地价值超过5亿韩元，其财产税纳税人为综合房地产持有税纳税人。如果课税对象为财产税中规定的特殊土地，包括商业办公用地等，土地价值超过80亿韩元的财产税纳税人为综合房地产持有税纳税人。

2.1.4 转型国家的房地产税改革

东欧转型国家在经济转型过程中，尽管各国所选择的方式、步骤和措施上有区别，但它们都对过去高度集中的政治和经济体制进行改革。在政府和市场的关系上，进行了政府向市场放权的过程；在政府之间的关系上，开始了上级政府向下级政府分权的过程。

2.1.4.1 土地制度改革

转轨国家在改革初期，所面临的是如何改变计划经济下土地资源的低效利用，以及如何改变住宅等作为一种福利手段无偿分配所带来的一系列弊端。因此，从根本上改革房产和土地制度，就成为经济体制改革的应有之义。除阿尔巴尼亚外，大多数中东欧国家在实行土地私有化政策的过程中，纷纷将土地归还给了原所有者。关于对土地交易的政策上，所有中东欧国家和亚美尼亚、格鲁吉亚、摩尔多瓦和阿塞拜疆4个独联体国家不仅承认土地私有权，而且法律上也允许土地交易；俄罗斯和乌克兰虽在法律上承认土地私有权，但却严格限制土地买卖，土地交易也仅限于出租一种用途。吉尔吉斯斯坦直到1998年才承认土地私有权，并规定土地交易都需在取得产权后的5年后才可进行，防止进行土地的炒作；其余国家（包括多数中亚国家和白俄罗斯）基本上不允许土地私有化，但对土地交易的态度却有所不同。在哈萨克斯坦和塔吉克斯坦以及1998年前的吉尔吉斯斯坦，土地使用权是得到法律保障的，并且可以转让，而在土库曼斯坦、乌兹别克斯坦以及白俄罗斯，土地交易则是被禁止的[①]。

表2-1　　　　转型国家的土地政策对比

区域	国家	私有化程度	私有化方式	分配方式	产权流动性
中东欧	波兰	所有土地	归还+分配	无	可买卖、出租
	罗马尼亚	所有土地	归还	地块落实到个人	可买卖、出租
	保加利亚	所有土地	归还	地块落实到个人	可买卖、出租

① Csaba Csaki、Zvi Lerman，杨丽. 中东欧和前苏联国家农村土地改革的比较. 世界农业，2001(11).

续表

区域	国家	私有化程度	私有化方式	分配方式	产权流动性
中东欧	爱沙尼亚	所有土地	归还	地块落实到个人	可买卖、出租
	拉托维亚	所有土地	归还	地块落实到个人	可买卖、出租
	立陶宛	所有土地	归还	地块落实到个人	可买卖、出租
	捷克	所有土地	归还	地块落实到个人	可买卖、出租
	斯洛文尼亚	所有土地	归还	地块落实到个人	可买卖、出租
	匈牙利	所有土地	归还+分配	地块落实到个人	可买卖、出租
	阿尔巴尼亚	所有土地	归还	地块落实到个人	可买卖、出租
	亚美尼亚	所有土地	归还	地块落实到个人	可买卖、出租
	土库曼斯坦	所有土地	无；农民最多可得到50公顷土地	农场内部租赁	禁止转让使用权
	格鲁吉亚	所有土地	归还	农场内部租赁	禁止转让使用权
独联体	摩尔多瓦	所有土地	归还	先明确所有权，后将地块落实到个人	禁止转让使用权
	阿塞拜疆	所有土地	归还	先明确所有权，后将地块落实到个人	禁止转让使用权
	俄罗斯	所有土地	归还	个人有所有权，但不落实地块	可出租，未明确交易权
	乌克兰	所有土地	归还	个人有所有权，但不落实地块	可出租，未明确交易权
	吉尔吉斯斯坦	所有土地	归还（原使用权转变成所有权）	个人有所有权，但不落实地块	五年后可进行交易
	哈萨克斯坦	所有土地	无	个人有所有权，但不落实地块	可转让使用权，未明确交易权
	塔吉克斯坦	无	无	个人有所有权，但不落实地块	可转让使用权
	乌兹别克斯坦	无	无	个人有所有权，但不落实地块	可转让使用权
	白俄罗斯	仅限于家庭经营地块	无	无	禁止转让使用权，未明确交易权

资料来源：根据“北大-林肯城市发展与土地政策研究中心”房地产税资料整理。

在这种情况下，东欧国家开始土地、房屋等不动产产权改革，这次改革成为建立市场经济新秩序的关键。1989年以后，俄罗斯、中东欧和中亚国家在经济上实行非国有化。这些国家在制度建立初期，普遍对生产资料，尤其是土地进行了所有制变革，实现了国有化。在改革以后，这些国家普遍实行了所有制变革，或者通过“休克疗法”实行国有产权的全面私有化，或者对原有的国有制进行了所有权结构上的变革。这其中，除了国有企业所有权的变革外，最主要的是不动产产权制度的变革。除白俄罗斯和中亚地区的农地仍属国有外，其余中东欧及大多数独联体国家允许全部土地私有化。

除阿尔巴尼亚外，大多数中东欧国家在实行土地私有化政策的过程中，纷纷将土地归还给了原所有者，也是从政治上培育一个新政权的支持阶层；独联体国家以及阿尔巴尼亚则采取了“耕者有其田”“农地农用”“农地农人”的方法，即在公平的原则下将土地无偿分配给劳动者，主要是农民；匈牙利和罗马尼亚采取了一种折中的办法，即将土地归还给原所有者的同时，也无偿分配给农业劳动者，以体现社会公平。而中亚地区国家，只是将土地使用权分配给个人，所有权仍然属于国家，因此谈不上私有化，类似于中国所实行的土地承包制。

关于对土地交易的政策上，所有中东欧国家和亚美尼亚、格鲁吉亚、摩尔多瓦和阿塞拜疆4个独联体国家不仅承认土地私有权，而且法律上也允许土地交易；俄罗斯和乌克兰虽在法律上承认土地私有权，但却严格限制土地买卖，土地交易也仅限于出租一种用途。吉尔吉斯斯坦直到1998年才承认土地私有权，并规定土地交易都需在取得产权后的5年后方可进行，防止进行土地的炒作；其余国家（包括多数中亚国家和白俄罗斯）基本上不允许土地私有化，但对土地交易的态度却有所不同。在哈萨克斯坦和塔吉克斯坦以及1998年前的吉尔吉斯斯坦，土地使用权是得到法律保障的，并且可以转让，而在土库曼斯坦、乌兹别克斯坦以及白俄罗斯，土地交易则被禁止[①]。

2.1.4.2 税收制度改革

伴随着市场化和土地制度的改革，东欧转型国家普遍实行了税制改革。主要内容是：建立了以所得税和增值税为核心和主体的税制结构；建立了中

① Csaba Csaki、Zvi Lerman，杨丽. 中东欧和前苏联国家农村土地改革的比较. 世界农业，2001(11).

央、共和国（省、州）和地方三级管理的税收管理体制；建立和完善了地方税税种；加强了税收征管力度。改革后新税制最突出的特点是税种增多、新设地方税种、增加地方财政收入、以税种规范中央与地方、国家与企业之间的分配关系。其中针对不动产进行课征的财产税、土地税、建筑税、农地税等多税种体系（见表2-2），成为税制改革的主要内容之一。从表2-2可以看出，亚美尼亚、捷克、爱沙尼亚、格鲁吉亚等计划建立的以市场评估为基础的财产税制度，取得了一定的成效，但在整个地方税收收入的比重还是较低；而有的国家仍是以流转环节的不动产税收为主，市场化税基处于形成的过程中。

表2-2　　转轨国家的房地产税体系的建立和改革

国家	土地	建筑物	动产	其他相关税种	改革计划
阿尔巴尼亚	农地税1994	建筑税1994	无	无	是
亚美尼亚	土地税1994	财产税1995，1998年修改	工业厂房、设备和交通工具	转让、赠与和继承	是，市场为基础的财产税
白俄罗斯	土地税1991	不动产税1991			
保加利亚	1998，农地出租	财产税1952		转让、赠与和继承	是
克罗地亚	是			转让	
捷克	房地产税1993	房地产税1993	无	转让、赠与和继承	是，市场为基础的财产税
爱沙尼亚	土地税	无	无	土地使用费	是，市场为基础的财产税
格鲁吉亚	农地税1995 非农地1997	自然人、法人财产税1993	是	转让	是，进行了修改
匈牙利	成片土地课征1991	建筑税1991		转让（超过1.2万福林的）	2008年制定统一财产税，2009年开始改革
拉脱维亚	房地产税1998	房地产税1998；前2年对土地	厂房、设备（旧不动产税）	转让、继承和赠与	市场为基础税制初步形成
立陶宛	土地税，1990，1992年修改	企业不动产税1995		转让	是，市场为基础税制初步形成

续表

国家	土地	建筑物	动产	其他相关税种	改革计划
摩尔多瓦	土地税	不动产税	厂房、设备（财产税）		
波兰	农林地税；城市财产税1991	城市财产税1991		继承、赠与和转让	是，对不动产的财产税和地方课征权在增长
罗马尼亚	土地征税1981；国有土地使用费1975	对建筑物征税1981	无	成片农地收入、1000平方米土地转让课征	市场化税基在形成
俄罗斯	土地税	自然人、企业财产税1991	厂房、设备、部分交通工具	转让、赠与和继承	
斯洛伐克	房地产税1993	房地产税1993		转让、赠与和继承	市场化的财产税
斯洛文尼亚	建筑用地征税1995	财产税	船只（财产税）	转让、赠与和继承	正在推行市场化的财产税
乌克兰	是	是		转让	

资料来源：欧洲国际开发银行的国别报告并参照现行税制情况进行更新。

2.2 土地公有与房地产税

在关于房地产税的争论中，有一种普遍的观点是，房地产税主要适用于土地私有制国家。如果实行土地公有制，由于土地归国家所有，国家通过土地出让金等形式已经获得了土地租金，因此没有必要再开征房地产税了。实际上，房地产税和土地私有制并没有必然联系，但是一个良好的房地产税收制度确实是和土地增值的分配机制有密切联系。

随着人口的增长和经济的发展，土地所蕴含的巨大增值潜力很早就引起了人们的关注，尤其是工业化革命之后，土地增值的规模和速度更是以惊人的程度增长。土地完全私有所带来的贫富悬殊和社会不公无论在东方还是西方都成为一系列社会动荡甚至暴力革命的根源。人类社会尝试采取各种方式进行更加合理的土地增值分配，公有制、征税、收费等都在不同的国家得到实践。无论什么形式，都是政府作为公共部门要获得一部分土地增值，从而为公共服务和基础设施提供资金，防止由个人完全地垄断而增加土地价值。

人们普遍认为，在西方国家，房地产税是主要的土地价值捕获方式。实际上，即使到现在，包括美国、加拿大这样的国家都还存在着不同程度的公有土地制度。在加拿大，国家公园的土地都是国有的，私人可以通过租赁的方式在公有土地上建房。美国的巴尔的摩和雪城等城市，一些住宅也都是通过租赁的方式获得土地。研究发现，其他一些存在公有土地的西方国家，也同时存在着土地出让金或年地租加房地产税的形式，如中国香港、澳大利亚的堪培拉、以色列以及瑞典、荷兰、芬兰等。租用公有土地的承租人需要一次性缴纳土地出让金或每年缴纳土地租金，同时完全与私有土地一样还需要每年缴纳房地产税①。另外还有一类是东欧的转型国家，如乌克兰、波兰等，在土地私有化过程中也保留了一定程度的公有土地，并且开始建立房地产税制度。

2.2.1 土地公有和房地产税为什么可以并存?

按照西方的房地产税理论，税基是土地和地上改良物的市场综合价格。由于政府提供的公共服务和基础设施，房屋和土地的市场价值将会增加，政府又通过增加的房地产税为公共服务和基础设施融资。房屋所有者是基础设施改良的受益者，并通过缴纳房地产税为这种收益付费。在土地私有制条件下，土地所有者将土地进行转让时，同时转让的是这些收益和成本。在这种观念之下，英式房地产税国家，房地产税的法定义务不仅是所有者的，也是实际使用者的。这种受益税的理论使得即使是租赁土地也和私有土地一样需要缴纳房地产税为使用公共服务和基础设施而付费。

要理解为什么房地产税并不和土地公有冲突，需要分析地价、地租和税收之间的区别。地价是指土地在自由市场中交易的价格，一般指的是土地所有权的交易价格，在公有制下往往是土地一次性支付的租赁价格。地租则是在农业或其他产业直接生产者所创造的剩余价值被土地所有者占有的部分，是与土地所有权同时产生的，是土地所有权在经济上的实现形式，即使是公有制下的租赁土地按照获得的经济价值也可以每年征收租金。而房地产税本质上是公共物品的价格，纳税主体缴纳的房地产税接近于他们从地方政府中

① 康宇雄，黄国平. 向非私有土地征收房地产税的几个有关问题[M] //谢伏瞻. 中国不动产税收政策研究. 北京：中国大地出版社，2005.

接受的服务的价格，购买这些服务的税收都被资本化进入房地产的价值。而除了历史原因，这些国家或地区之所以选择公有土地租赁而不是出售，一方面是因为开发者的资金限制，另一方面也是为政府保留土地所有权，从而决定特定土地的用途。如瑞典市政府租赁土地使用权给个人和企业有两个目的：一是政府可以通过不断提高地租的方式来实现土地增值带来的收益，二是用地租的收益来弥补因补贴保障性住房建设带来的住房成本。因此，无论是否是公有土地，这些存在土地公有制的国家都开征了不同形式的房地产税。

中国香港地区就是一个典型的地价、地租、房地产税并存的例子。中国香港的土地为政府所有，政府采用“批租”的方式出让一定年期的土地使用权。香港地区的土地“批租”由地政总署负责，采用公开拍卖或者招标的方式出让土地使用权，中标者与政府签订“地契”，成交价就是土地出让金。中国香港地区土地使用权“批租”也是有年期的，1997年之前，“批租”的年期有75年、99年和999年三种，1997年之后，新“批租”的土地使用年期一律为50年。除了要按照土地价格缴纳土地“批租”时候的费用，土地使用过程中，土地使用者还需要缴纳“地税”。“地税”是在中国香港法律中规定的，政府地契的拥有者有义务缴纳地税。虽然叫地税，但是从本质上讲，地税就是地租。地税按照评估价值进行征收，税率由《联合声明》确定，并在地契中有明确记载，目前为应课差饷值的3%。差饷作为中国香港地区的房地产税，法律规定物业的拥有者或者占用者都有义务缴纳。差饷的税基是差饷物业估价署每年对全部物业的评估价值。税率不固定，每年由立法会根据政府预算确定，目前的税率为5%。差饷的征收方式是以年为单位按季度缴纳。2010年，中国香港财政收入3184亿元，其中土地出让金占全部财政收入的12.4%，差饷收入占3.1%，地租占1.8%。

2.2.2 土地公有条件下的土地价值捕获机制

在土地公有条件下，政府一般通过租赁的方式将土地出让给开发者，租期结束后，土地及地上改良物都应该归还给政府。在这种制度下，政府有四种方式获得土地增值：（1）最初土地的出让价格；（2）年度土地租金；（3）租赁变更时改变租期；（4）租赁到期时重新续租。这四个时点上的价值获得比例在不同国家具有较大的差异，英式房地产税国家即使保留一部分公有土地，但最初土地出让价格往往较低，政府主要通过后三项实现收益并且区分不同的土地用途设定租金。这种方式既保留了政府对土地的控制，同时又容易与房地产税相结合。而较高的预先支付的土地出让价款，虽然不能取代房地产税，但是已经实质上收取了相当部分的土地未来增值收益。

土地制度在每一个国家都具有深厚的历史和社会背景，各国的土地价值捕获方式也是各有利弊。房地产税只是土地价值捕获的方式之一，也往往与其他土地价值捕获方式同时存在。

2.2.2.1 土地出让金收入

公有土地租赁时的一次性的出让收入是土地最初出租时的溢价。由于土地的价值中除了自身的禀赋之外，也有由于经济、人口增长等因素产生的增值，因此政府可以从中获得一部分收益。但是这部分出让收入的高低在不同国家或地区存在着较大的差异。比如中国香港地区土地出让收入在政府获得的土地收入中占比是最高的，大约在50%以上。而澳大利亚的堪培拉土地出让收入仅约为40%[①]。堪培拉的土地出让金较低主要出于两个原因：一是土地出让中的寻租行为可能导致的腐败，堪培拉在20世纪70年代甚至一度废除了土地出让金[②]，而中国香港地区则通过严格的土地租赁管理制度和廉政制度来保障土地租赁的进行。二是地方政府之间的竞争，较高的土地出让金会增加土地的价格。中国香港地区拥有自身在金融、法律、税负等方面的优势，而堪培拉却面临周边地区的土地使用价格竞争，因此堪培拉的土地出让金要低于中国香港地区。但是，对于承租人而言，他们可能更愿意一次性缴纳土地出让金。如荷兰最初允许土地租赁时将租期内的所有年租资本化并在合同初期付清所有费用，合同到期时才将土地出让金修改到与当时土地价值持平的水平。随着土地价值在六七十年代的迅速上涨，一些城市开始实行浮动地租，每5年按照通货膨胀率调整地租，为此大部分纳税人更愿意一次性付清合同的所有费用，阿姆斯特丹有95%的承租人采取一次性付清的方式。

---

① Hong, Yu-Hung. Myths and Realities of Public Land Leasing: Canberra and Hong Kong[M]. Land Lines: March 1999, Volume 11, Number 2.

② 1971年澳大利亚堪培拉废除地租，转由征收50%的改良费。

2.2.2.2 年度租金收入

年度租金收入一般是针对土地在租赁期间产生的经济收入。地租的计算并没有明确的公式，比较通用的做法是将土地的价值乘以利息率得到每年应缴纳的地租。

如荷兰不是以拍卖的方式决定土地出租合同的价格，几乎都是由政府设定，开发商讨价还价的空间很小。地价的合同价格是这样确定的，A为估计合同期限内使用已开发土地纯收入，并计算这些收入的折现值；B为估计建设土地的资本费用；A－B就是合同期限内土地使用权的资本价值。虽然开发商也可以选择一次性支付，但更多的是采取按年缴纳。在瑞典等国家，地租一旦确定，在整个租期内都不会改变。

2.2.2.3 土地增值的其他收费

在租赁土地的用途变更或者租期改变时通过收费的方式获得土地增值，也是这些采取公有土地租赁国家的普遍做法。其中，以色列有着世界上可能最为严格的土地增值的纳税制度，土地自然增值的一部分要归土地管理部门所有，其中一种是以出售或馈赠的形式转让土地[①]，这时需要缴纳“同意费”。承租人出售或者馈赠他们的土地租赁合同时要征收“同意费”，这个“同意费”是土地市价与最初购买价值差额的40%；另一种是有关额外开发权利的允许费，2002年10月前为合同价款的50%，后来下降为31%。除此之外，还有改良费，对由于修改计划、变更计划、使用目的不一致而产生的增值征收50%的改良费，现在也降到了31%。除此之外，房地产税平等地适用于公有土地租赁合同。

2.2.3 不同土地公有状态下的房地产税

在笔者所研究的国家中，其土地公有状况可以大致分为三种类型。第一种是在私有土地占主导基础上的特定土地公有制度，如美国、加拿大的自

① 以色列对房地产没有征收遗产税，最近引进遗产税的尝试失败。

然保护区用地、军事用地等。第二种是具有地方自我选择性质的公有土地制度，如澳大利亚的堪培拉、荷兰、瑞典、以色列。第三种是从公有制向私有制改革过程中仍然保留的公有土地，如乌克兰、波兰。

2.2.3.1 特定土地公有制度与房地产税

美国公有土地主要存在于一些特有的土地上，租赁期限一般至少50年，最长可以达到99年，超过99年的土地租约在税收上则视为出售。并且，这种租赁类似于给予政府一个买入期权，给予租赁者一个卖出期权。到了第一个10年或20年，租赁者可以选择是否续租。在加拿大，联邦政府与省政府拥有的土地，即“皇冠土地”，如出让给个人和公司使用，需要签订租约，并支付给相关政府租赁费或租金。这些公有土地都必须同时缴纳房地产税，租期的长短不影响房地产税的评估价值和纳税义务。

2.2.3.2 地方自治的土地公有制度与房地产税

澳大利亚的首都堪培拉利用公有土地制度进行城市建设的经验一直被大家所称道。1788年英国人在澳大利亚建立殖民地后曾宣布土地归英国皇室所有，一直到1830年，土地都是按照租赁合同进行分配的。从1831年开始土地买卖成为当地殖民政府的一项重要财政收入，土地集中现象也日趋而严重。为此，澳大利亚在土地政策上采取了一些较为激进的改革。一个是单一土地税，在新南威尔士、昆士兰等很多州得到了推行。到1901年成立联邦政府建立新的国家首都时，经过多方博弈，澳大利亚在宪法中确立了“联邦政府的所有皇室土地不得以任何理由出售或分配给任何私人个体”，首都堪培拉确立为国家首都后，也一直实行公有土地租赁制度。但是，由于续租只需要支付名义上的管理费，这种土地租赁可以看成是永久性的。并且，堪培拉没有征收土地税，而是征收市政财产税即房地产税，根据租赁合同的原始价值征收。

荷兰大约从19世纪开始，一些大城市就可以买卖和分配土地，为建设长期租赁土地做准备。到现在为止，阿姆斯特丹、海牙等城市中的大部分土地还是归市政府所有，阿姆斯特丹占80%，海牙占65%。

瑞典公有土地租赁方法于1907年开始采用，最初只有首都斯德哥尔摩使用这种方法。到了20世纪三四十年代，其他一些城市也开始采用。承租人需按照合同规定使用土地，并且不能向市政府要求废除租赁合同，但是市政府在住宅合同租期满60年后或其他土地租赁合同满20年后，可以废除合同。

以色列是经济发达国家中为唯一一个由国家拥有大部分土地的个例，国有土地租赁制度在以色列土地制度中占主导地位。基于历史原因，以色列国有土地占93%，来自于三个部分：以色列国家所有、犹太人国家基金所有和国家发展当局所有。但是土地租赁合同所赋予承租人的权利却越来越接近于私有土地。

这些国家房地产税大多是已经在土地公有之前或者几乎同时形成，租赁土地和私有土地一样负有缴纳房地产税的义务，因此也不存在二者的冲突问题。

2.2.3.3 转型中的土地公有制度与房地产税

乌克兰在苏联解体之后开始了土地私有化的改革，但是允许各城市自主选择使用租赁权还是土地私有权。直到1999年，基辅是唯一一个只使用公有土地租赁的城市，许多城市都是两种制度并存。同时，乌克兰开始对土地和房屋征收房地产税。

波兰转型之后，几乎所有非城市土地都是私人所有，只有部分城市土地以公有租赁的形式被使用。波兰土地的租赁期限是40~99年，长期租赁者拥有永久的土地使用权。同样，波兰也在1991年开始对城市房地产征收城市财产税。

其他东欧转型国家也大多经历了这样的房地产税逐步建立的过程。

因此，土地是否公有与开征房地产税并没有直接关系，但是房地产税改革必须与整个土地增值的捕获机制相协调。第一，政府在土地公有制度下，仍然需要通过多种机制来获得土地增值利润，同时还需要兼顾保证土地规划、控制土地价格、防止土地投机、促进经济发展等目标。第二，土地出让价款和土地租金的设定所依据的原则与房地产税不同。地价和地租主要考虑土地的未来价值、开发的资本费用、土地用途等因素，而在西方国家，尤其是地方政府采取以支定收方式的英式房地产税国家，房地产税主要是与政府需要提供的公共服务和基础设施直接相联系。

3. 中国房地产税收的发展沿革

某一制度之设立，绝不是凭空忽然地创立；它必有渊源，早在此制度创立之先，已有此制度之前身，渐渐地在创立。某一制度之消失，也决不是无端忽然地消失了；它必有流变，早在此制度消失之前，已有此制度之后影，渐渐地在变质。

——钱穆，《中国历代政治得失》，2012

3.1 历史上的中国房地产税

房地产税作为一种财产税，征税对象可以是土地或者房屋。我国自夏商以来就一直有土地税，房屋税也出现过几次，如唐代的“间架税”、五代十国和宋朝的“屋税”，清末和民国时期在个别地区开征过的“房捐”等。但是，都没有延续并转型为现代的房地产税，这其中要从政治、经济、文化等进行全面的研究。鉴于篇幅和水平有限，在此仅做一点探索。

我国历代政府都没有设法去建立个人财产税制度或为之完善其社会基础，这与我国大一统的国家传统具有重要的联系。在财政制度上，我国与西方国家的一个重要区别在于秦代就建立国家专营制度。从最初的盐、铁专营，到后来的茶叶、矿产、土地等领域，也就是战略性、稀缺性、民生必需的物资，由政府通过垄断专卖的方式来获取收入。英美国家由于缺少大一统的国家制度，政府唯一或最主要的收入来源就是赋税，在这一点上，无论是社会主义经济学家或资本主义的自由经济学派都没有分歧。卡尔·马克思曾说，“赋税是政府机器的经济基础，而不是其他任何东西”，“国家存在的经济体现就是捐税”。在当代的制度经济学理论中，道格拉斯·诺斯也认为，政府是“一种提供保护和公正而收取税金作为回报的组织，即我们雇政府建立和实施所有权”。个人财产作为政府无法放弃的重要税源，政府不得不去建立与之相配套的社会环境以得到群众的支持，这也客观上促进了西方国家民主制度的发展。但是中国从商鞅变法之后就确立的政府专营制度，为中央集权国家提供了源源不断的财源，因此一直延续至今，包括现在的国有企业、土地出让制度、资源的特许权制度等，都使得政府无须向个人直接征收财产税即可以获得充足的收入。因此，在这种状况未改变的情况下，政府也难以有根本的动力去培育个人房地产税征收所需要的各项社会和政治环境。

比如说，被认为拥有中国古代最好的地方行政的汉代①，全国一共只有一百多个郡，一个郡管辖10~20个县，县级政府的官员可以和中央官员几乎平级调动，在一定程度上是能为当地居民负责的地方官。并且，当时的财政制度相对西方已经较为先进，如已经意识到王室财政和政府财政要进行区分，政府的主要收入来源是田租、算赋和吏赋，王室的收入来源最初包括江海山泽所得、市井税、口赋。但是，需要注意的是，除了赋税之外，西汉确立的另外一个重要制度是从秦朝商鞅变法开始的盐铁官卖。在古代，山泽之财富是属于天子所有的，后来人民被允许按季节进入山泽采铁、煮盐、伐木、捕鱼，同时征收实物税收。汉武帝时北伐匈奴，急需用钱，开始实行盐铁专卖，来增加国家税收。当时，在28个郡设盐官，40个郡设铁官，可见收入是非常可观的。这一制度类似于国有资产经营收入，在西方近代西德才开始创立所谓“国家资本主义”②。盐铁专卖制度使得政府对个人财产税源的依赖度大大降低。

地方行政的不断没落使得中国的基层财政始终没有建立完整的收入体系。地方行政到了宋代几乎没有了自主权，地方官只是暂时由中央派来监管地方事务。由于五代的战乱，宋代把财富、兵力都集中到中央，不留一点在地方，也就更谈不上地方自有税源了。元代开始了行省制度，有中央无地方，利于军事控制。明清也沿用了这一制度，只是名称上有所不同。而且，

① 钱穆．中国历代政治得失[M]．北京：九州出版社，2012.
② 钱穆．中国经济史[M]．北京：北京联合出版社，2014.

地方行政更加薄弱，县上级是府，府上级是司，司上级是省，真正“管民的官不仅少，而且小”①。地方行政的式微，也是中国没有产生以为地方政府筹资为目的的房地产税的一个重要原因。

地方税的缺失使得房地产税所需的基础数据也时断时续。如唐代的田赋制度最初是“租庸调”，就是将力役和田租合在一起，都有田地为依托，并且当时就已经造了非常详细的人口册和土地册，这也奠定了政府向个人土地征税的基础。但是在唐德宗时改为 “两税法”。两税法是夏秋两季各征一次税，这样一来，只需要按照有多少田就征多少税。并且，是先规定田租定额，然后政府照额征收，再把收来的田租作为政府每年开支的财政来源，类似于美国地方政府征收房地产税实行的“量入为出”制度。但是“两税法”以后，我国的田赋制度就变成，按照前一年的田租收入标准制定下一年的征收额，也就是“量出为入”，政府也省却了每年统计田地和人口的麻烦，使得原来的基础渐渐失去。宋代实行的是均税制度，也就是重新测量土地，希望使得租税平均，被称为“方田制”。但是，在实行的时候，弊端百出，欧阳修、王安石先后失败。明清时，国家对于赋税有两个重要的册籍，一个是“黄册”用于登记户口，另一个是“鱼鳞册”用于登记田亩。清代后期一百多年间，黄册没有了，户口很久不调查，但鱼鳞册一直延续下来。鱼鳞册原本对于土地的类型、贫瘠程度、业主姓名等都有详细的记载，不过由于地方政府力量不足，也没有专门的机构来进行登记，民间则采取各种舞弊手段，使得鱼鳞册也成为一本糊涂账。

更有甚者，缺乏基层政府治理基础的财产税成为财富剥夺的工具。曾经出现过的极端情形在汉武帝在公元前119年，由于军费大增和紧急救灾的情况下，颁布了“算缗令”，规定凡属工商业主、高利贷者、囤积商等，不论有无“市籍”，都要据实向政府呈报自己的财产数字，规定凡2缗（1缗为1000钱）抽取1算（200文），即一次性征收10%的财产税。而一般小手工业者，则每4缗抽取1算。“算缗令”受到了有产者的极力反抗，汉武帝不惜采用告发、酷吏等方式强制执行，三年下来造成大量的中等以上的商贾之家几近破产。这种特殊的个人财产税完全是为了解决政府的财政需要，没有考虑纳税人的纳税能力和纳税意愿，与财产没收类似，破坏了有产者的财产安全感，降低了其进行工商活动的积极性，与现代财产税制度有着根本的区别。

除此之外，现代房地产税制度没有在中国产生的原因还包括，不稳定的

---

① 钱穆. 中国历代政治得失[M]. 北京：九州出版社，2012:120.

产权关系、经济和社会的曲折转型、非市场导向的人口流动等（侯一麟等，2014）。在各个朝代中，土地税和房屋税都不由地方政府控制，也不与地方政府的公共服务相匹配，可以说，现代意义的房地产税制度并没有在中国成功地孕育和成长。

3.2 新中国成立后的中国房地产税

现阶段，我国涉及土地和房地产的税种主要有 12 个，包括直接以土地和房地产为课税对象的税种5个，即土地增值税、城镇土地使用税、耕地占用税、房产税和契税；与房地产紧密相关的税种5个，即增值税①、企业所得税、个人所得税、印花税和城市维护建设税及教育费附加。

从征收环节来看，可以划分为4类：与房地产开发有关的税收，主要包括增值税、印花税、所得税、耕地占用税、城市维护建设税及教育费附加；与房地产交易有关的税收，主要包括增值税、企业所得税、城市维护建设税以及教育费附加、契税、印花税、土地增值税；与房地产保有有关的税收，主要包括城镇土地使用税、房产税。

3.2.1 房产税、城市房地产税与城镇土地使用税沿革

新中国成立后，政务院于1950年颁布的《全国税政实施要则》中规定在全国统一征收房产税和地产税。1951年《城市房地产税暂行条例》中规定，按照房屋标准价值和土地标准价值分别征收城市房地产税，且房屋和土地实行差别化税率。此外，条例中还允许在标准房价和地价不易求得的地区使用标准房地价或标准租金价值所以计税依据。在标准价值的确定上，条例规定每年由房地产地价评价委员会进行评定，按照房地产分区和类型确定标准价值。

1986年和1988年，先后出台了《中华人民共和国房产税暂行条例》和《中华人民共和国城镇土地使用税暂行条例》，对房屋和土地设置了不同的税种，并且采用不同的计税依据进行征收。其中，房屋按照房产原值或者租金收入进行征收，而土地则按照面积从量计征。这一时期，对于外资企业，

① 经国务院批准，自2016年5月起，在全国范围内全面推开“营改增”试点，建筑业、房地产业、金融业、生活服务业等全部营业税纳税人，纳入试点范围，由缴纳营业税改为缴纳增值税。

仍然使用1951年《城市房地产税暂行条例》的城市房地产税。房产税和土地使用税对内外资采取不同的操作方式适应了吸引外资在中国投资的需要。

随着经济的发展，内外有别的税收制度已经不能适应经济和社会的需要。2006年，对外资适用的城市房地产税与城镇土地使用税合并，实现了土地使用税的内外资统一计征。2009年，城市房地产税与房产税合并，实现了房产税的内外资统一计征，如图3-1所示。

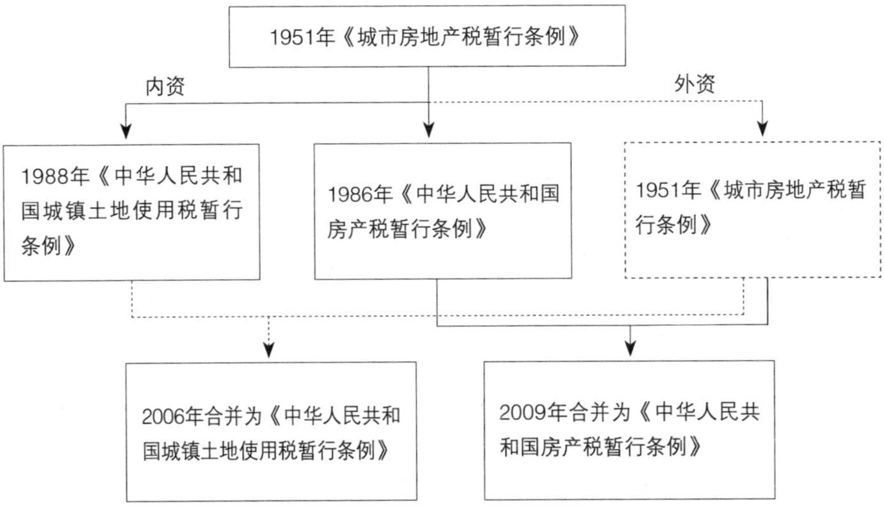

图3-1　中国房地产税收沿革

3.2.2 契税、土地增值税与耕地占用税沿革

1950年，中国政府颁布了《契税暂行条例》，对土地和房屋所有权的买卖、典当、赠与和交换征收契税。计税依据为实际成交价格或者现值。由于国家对于土地和房屋的国有化，土地交易基本停止了，房屋交易也很少，因此契税一度处于停滞状态。改革开放以后，房地产市场逐步活跃，契税也再一次成为地方政府重要的税收来源。为了更好地适应房地产市场的发展，1997年颁布了《中华人民共和国契税暂行条例》，对国有土地使用权出让和转让、房屋买卖、赠与与交换征收契税。计税依据为实际成交价格，明显低于市场价格的则为政府核定的价值。

土地增值税于1994年开始征收，目的在于更好地利用税收手段管理房地产市场，并且使政府分享房地产增值收益。土地增值税对房地产转让中取得的各种收入进行征收。其计税依据是扣除规定项目后的房地产转让价格，采用四级超额累进税率。

1987年，根据《中华人民共和国耕地占用税暂行条例》开始征收耕地占用税，旨在促进土地资源的合理利用，切实保护耕地。耕地占用税按照面积计征，按照当地人均耕地面积划分不同的等级，人均耕地面积越少，税率越高。2008年，耕地占用税进行了调整，提高了单位面积的税率。

3.3 中国房地产税现状

党的十八届三中全会公告中明确提出，“加快房地产税立法并适时推进改革”。目前，我国尚没有综合的房地产税，而与房屋和土地相关的税种包括房产税、城镇土地使用税、土地增值税、耕地占用税和契税，2012年占地方公共财政收入的总比重为21.4%，五个税种的比重分别为2.9%、3.2%、5.7%、3.4%和6.1%。虽然总体房地产税收入比重不断上升，但开发流转环节的耕地占用税、土地增值税和契税所占比重达到了71.4%，而保有环节的房产税和城镇土地使用税仅占29.6%，形成了重流转、轻保有的房地产税收结构。并且，房产税的征收范围仅限于商业用房，计税依据为房产原值或租金，城镇土地使用税为税率较低的定额税率，既无法发挥房地产保有环节税收的价值捕获和收入调节功能，又限制了房地产保有环节税收的收入汲取能力。

3.3.1 中国房地产相关税收体系

我国目前房地产所涉及税种和征收情况可以用表3-1进行表示。

表3-1 我国土地和房产相关税种一览表

税收分类	税种	纳税对象	计税依据	税率
开发流通环节	耕地占用税	占用耕地建房或从事其他非农建设的单位和个人	实际占用的耕地面积	0.5~10元/平方米
	土地增值税	凡有偿转让国有土地使用权、地上建筑物及其他附着物并取得收入的单位和个人	纳税人转让房地产所取得的收入减除规定扣除项目金额后的余额为增值额	30%、40%、50%、60%（四级超额累计税率）

续表

税收分类	税种	纳税对象	计税依据	税率
开发流通环节	企业所得税	中国境内有生产、经营所得和其他所得的企业	应纳税所得额	25%
	个人所得税	在中国境内有住所，或者无住所而在境内居住满一年的个人	财产转让所得：财产转让收入减除财产原值和合理费用后的余额	20%
	印花税	在中国境内书立、领受规定凭证的单位和个人房屋产权转移时	合同价款	0.03%
	契税	在中国境内转移土地、房屋权属时，承受的单位和个人	房屋产权转移时双方当时签订的契约价格	3%~5%
	增值税	在中国境内提供应税劳务、转让无形资产或者销售不动产的单位和个人	增值额	11%
	城市维护建设税及附加	从事工商经营，缴纳增值税、营业税和消费税的单位和个人	纳税人实际缴纳的“三税”之和	所在地为市区：7%；所在地为县城、镇：5%；所在地不在市区、县城或镇：1%
保有环节	城镇土地使用税	国内企业和个人	占用的土地面积	幅度定额税率（元/米^2·年）大城市，0.5～10；中等城市，0.4～8；小城市，0.3～6；县城、建制镇、工矿区，0.2～4
	房产税	国内企业和个人	房产原值；租金收入	1.2%；12%

3.3.2 中国房地产相关税收规模

图3-2所示为2003—2008年房地产相关税收规模变化。从整体来讲，房地产相关的各项税收都呈增长趋势。其中，城镇土地使用税自2007年增长明显

加快，原因是2007年国家提高了城镇土地使用税的税率。2007年开始的土地增值税清算，明显增加了土地增值税收入，2007年和2008年全国土地增值税收入分别为403亿元和537亿元，与上一年相比增长幅度为74.14%和33.33%。

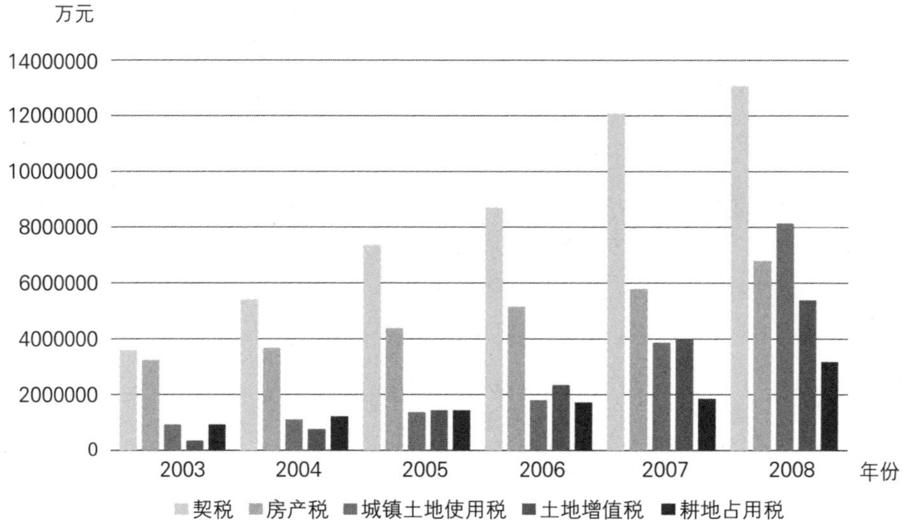

图3-2　中国房地产税收规模（2003—2008年）

从税收规模与地方政府税收收入的比重来看，房地产相关税收在地方税收收入中的比重也是逐年提高，2008年为15.72%。但是与世界发达国家相比，比重依然偏低，如图3-3所示。

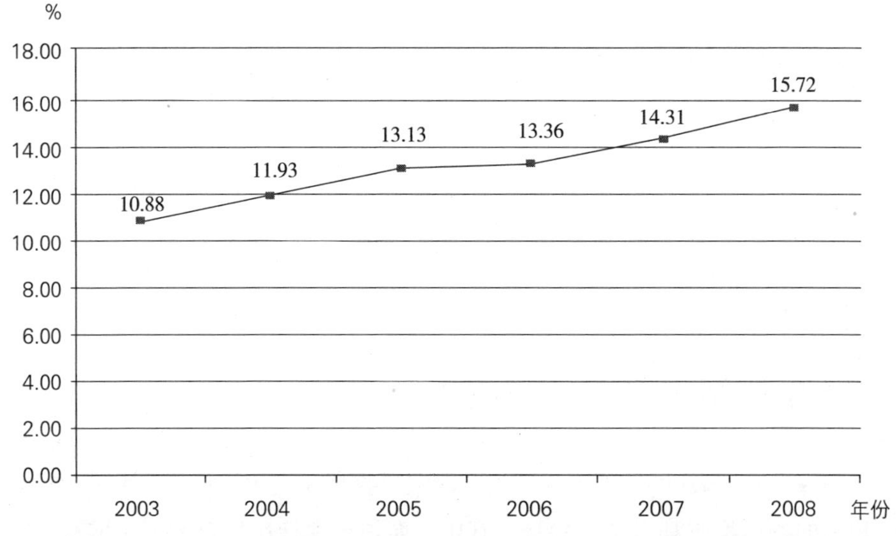

图3-3　中国房地产税收占地方政府税收收入比重（2003—2008年）

房地产保有环节的税负较轻，尤其是在地方财政收入的相对比重较低，已经难以反映土地和房地产价值的变化。1994—2008年城镇土地使用税和房产税平均收入仅占全国地方财政收入总量的4.18%左右，占全国税收总量在2.37%左右（见表3–2）。

表3–2 1993—2012年我国房地产保有环节税

单位：亿元人民币

年度	城镇土地使用税	房产税（城市房地产税）	合计	占地方本级财政收入（%）	占税收总额（%）
1994	32.53	60.26	92.79	4.01	1.81
1995	66.65	81.67	148.32	4.97	2.46
1996	39.42	102.18	141.60	3.78	2.05
1997	43.99	123.93	167.92	3.80	2.04
1998	54.21	159.85	214.06	4.29	2.31
1999	59.07	185.53	244.60	4.37	2.29
2000	64.94	209.58	274.52	4.29	2.18
2001	66.18	228.59	294.77	3.78	1.93
2002	76.84	282.40	359.24	4.22	2.04
2003	91.60	323.90	415.50	4.22	2.03
2004	106.20	366.30	472.50	3.98	1.84
2005	137.34	435.96	573.30	3.85	1.99
2006	176.81	514.85	691.66	3.78	1.99
2007	403.10	575.46	978.56	4.15	2.14
2008	816.9	680.34	1497.24	5.23	2.44
2009	920.98	803.66	1724.64	5.3	2.9
2010	1004.02	894.06	1898.08	4.7	2.6
2011	1222.24	1102.38	2324.62	4.4	2.6
2012	1541.72	1372.49	2914.21	4.8	2.9

资料来源：《中国税务年鉴》《中国财政年鉴》《中国统计年鉴》。

3.4 中国房地产税改革历程

3.4.1 我国房地产税改革的历程

2003年起，国家税务总局选定一些地区开展了房地产税计税价值评估。最早开始房地产税评估的城市是北京，选定了大兴区亦庄开发区作为试点片区，开展评估技术的研究工作。

2006年，国家税务总局确定了第一批试点地区，包括北京、辽宁、江苏、深圳、宁夏和重庆。在这一时期，试点的内容主要针对房地产批量评估技术和CAMA系统的建立上。其中北京市重点研究了成本法在房地产税评估中的应用、南京市重点研究了市场法、重庆市还尝试开发了CAMA系统。

2007年，国家税务总局在总结前一阶段试点经验的基础上，进一步扩大了试点地区范围，增加了安徽、河南、福建和天津四个省市。全国试点工作范围扩大到10个省市的32个县市区。这一阶段的试点工作集中在进一步探讨批量评估方法的应用，以及CAMA系统的开发。通过各地方的试点工作，也总结出一些房地产税评估的技术标准和基本流程。

2009年，国家税务总局确定杭州和丹东两市的CAMA系统软件为全国批量评估标准软件，并在全国开始推广使用。这一阶段，房地产批量评估技术和CAMA系统开始广泛应用于房地产交易计税价格评估领域，服务于契税征管工作，取得了很好的效果。

2009—2010年，国家税务总局要求全国每个省（自治区、直辖市和计划单列市）至少选择一个地级市开展应用批量评估技术核定房地产交易计税价格工作。这一阶段，房地产批量评估技术和CAMA系统开发进入到快速发展时期，一些具有实力的评估公司通过承接政府项目的方式进入房地产交易计税价格评估领域，通过实践也总结出很多有益的经验。

2011年1月28日，上海和重庆两市开始试点对个人住房征收房产税。

通过几年的试点工作，国内在房地产税改革方面达成了一些重要的共识。

第一，房地产税改革对于中国十分重要。在几年的试点中，不仅是在技术上进行了大量的研究和探索，在房地产税与整体税制关系、对经济和社会的影响等等方面也进行了广泛的探讨。通过对房地产税理论及其影响的研究，国内对于房地产税改革重要性基本达成共识。房地产税作为对个人财产保有环节的税收，对于整体税制改革、地方财政体制、完善政府治理等都具有积极的促进作用。

第二，房地产税评估技术不再是主要障碍。通过几年的探索和实践，在借鉴很多国际经验的基础上，国内在对于批量评估的认识以及CAMA系统的认识上都有了更加深入的认识。尤其是对于契税评估与房地产税评估间的差别，也有了更加深入的认识。国家税务总局开展了多次房地产交易计税价格评估的培训，为各地地税部门培养出一批评估领域的人才。此外，在各地开展房地产交易计税价格评估中，通过地税部门与评估公司的合作，很多评估公司在批量评估领域也有了更加深入的认识。因此。在房地产税改革中，国内很多地方已经具备价值评估和CAMA系统开发能力。

第三，房地产税改革的需要相关法律和制度的配套。目前房地产税制设计还处于讨论阶段，具体的实施方案还有待于政府相关部门的决策。从目前政府部门的方案来看，在现行房产税基础上进行改革，按照评估价值、普遍征收房产税是比较可能的做法。这就需要相关法律法规的配套，尤其是房地产税立法、评估法、征管法规的建立或完善。此外，还需要产权登记制度的配套，保证房地产税评估数据的准确。房地产税改革也要注意与相关税收的协调方面。在这个方面，一些地区已经在设计合并城镇土地使用税和房产税，统一征收房地产税的改革方案。以上这些都是房地产税改革中的关键方面。

3.4.2 上海市个人住房房产税试点

2011年1月28日，上海市人民政府出台了《上海市开展对部分个人住房征收房产税试点的暂行办法》（以下简称《暂行办法》），开始试点对个人住房征收房产税。《暂行办法》中规定，对个人征收房产税的目的在于“合理调节居民收入分配，正确引导住房消费，有效配置房地产资源”。

在上海，2012年前三个季度房产税和城镇土地使用税收入分别为约70亿元和30亿元，分别占上海市总税收收入的0.85%和0.28%，与流转税、所得税等主体税种相比，收入规模较低。

3.4.2.1 试点范围

上海市行政区域。

3.4.2.2 征收对象

上海市居民家庭在本市新购且属于该居民家庭第二套及以上的住房（包括新购的二手存量住房和新建商品住房）和非本市居民家庭在本市新购的住房。

3.4.2.3 纳税人

住房产权所有人。产权所有人为未成年人的，由其法定监护人代为纳税。

3.4.2.4 计税依据

参照应税住房的房地产市场价格确定的评估值，评估值按规定周期进行重估。

试点初期，暂以应税住房的市场交易价格作为计税依据。计税价值为应税住房市场交易价格的70%。应税住房市场交易价格实行纳税人申报，如申报的交易价格明显偏低且无正当理由，地方税务机关有权核定其交易价格，按核定后交易价格的70%缴纳房产税。

3.4.2.5 税率

暂行标准税率为0.6%。对于应税住房单价低于上年度新建商品住房平均价格2倍及2倍以下的，暂行税率为0.4%。

3.4.2.6 税收减免

居民家庭在本市新购且属于第二套及以上住房的，以家庭为单位，合并新购住房面积人均不超过60平方米（含），新购住房暂免征收房产税；人均超过60平方米的，新购住房超出的部分面积征收房产税。

居民家庭中有成年子女共同居住的，经核定可计入该居民家庭计算免税住房面积。

本市居民家庭新购一套住房后一年内出售该居民家庭原有唯一住房的，新购住房已缴纳的房产税，可予退还。

符合相关规定引进高层次人才，重点产业紧缺急需人才，持本事居住证并在上海市工作生活的，其新购家庭唯一住房暂免征收房产税。

持上海市居住证满3年并在本事工作生活的购房人，其新购家庭唯一住房暂免征收房产税；持本市居住证不满3年的购房人，待持有居住证满3年并在本事工作生活的，已缴纳房产税可予退还。

对于因房屋征收或拆迁而购买或取得的住房，暂免征收房产税。上述住房超出国家及本市有关房屋征收或拆迁点的补偿标准的部分，应按照房产税规定计算确定房产税征免面积。

农村居民通过宅基地置换试点政策取得的住房暂免征收房产税。

3.4.2.7 税收用途

用于保障性住房建设等方面支出。

3.4.2.8 征收管理

房产税由地方税收机关负责征收。房产税从取得应税住房产权次月起计算，按年计征，不足一年的按月计算，于当年12月31日前办理申报纳税。涂过居民家庭住房情况发生变化，涉及房产税纳税事项调整的，纳税人可向地方税务机关申报，重新办理房产税纳税信息申报认定，于重新认定的次月起调整纳税。

征管流程上，购房人在办理房地产登记前，应主动提供家庭成员情况和由市房屋状况信息中心出具的其在本市拥有住房相关信息的查询结果。地方税务机关对于新购住房是否应缴纳房产税予以审核认定，向购房人提供书面告知。应税住房发生权属转移的，原产权人应缴清房产税税款。当事人必须持有税务机关出具的认定结果文书方可向登记机构办理房地产登记。

对于拖延或拒绝缴纳房产税的纳税人，根据《税收征收管理法》，地方税务机关有权向其追缴税款、滞纳金，并按照规定处以罚款。按照规定，未按时足额缴纳房产税的，逾期缴纳的税款从次年1月1日起按日加收滞纳税款万分之五的滞纳金。

3.4.2.9 部门职责协调

上海市市政府成立由市财政、地税、住房保障房屋管理、建设交通、规划国土资源、公安、民政、人力资源社会保障、统计等部门组成的房产税试点工作机构，办公室设在区县地方税务局。以上部门有责任提供相关信息，对应税住房相关情况予以认定。建立全市统一的房地产信息管理平台，实现个人住房信息数据库信息共享。在市政府统一领导下，由市地税、财政、住房保障房屋管理、规划国土资源等部门共同组织实施。

3.4.2.10 评价

上海市房产税试点是在原有房产税基础上进行的。通过市政府出台《房地产税试点暂行办法》，由市政府牵头，协调各相关部门共同推进房产税试点工作。这样的做法有利于各部门利益的协调，为部门配合和信息共享建立的基础。

房产税试点在现行房产税基础上扩大了征税范围，开始对部分个人住宅的保有征收房产税。目前，房产税覆盖的个人住房仅包括《暂行办法》生效后居民家庭购买的二套及以上新建商品房以及二手房。以现行房产税为基础的做法避免了新开征税种可能造成的重复征税、民众反对等问题，减少了试点的阻力。

计税价值方面，暂行办法规定房产税按照市场评估价值征收，但是开始阶段暂按纳税人申报交易价格70%征收房产税。从长远角度看，上海房产税试点的目标是建立按照市场评估价值征收的房产税，短期内，由于评估能力、数据基础以及评估机构设置等等问题，房产税试点暂为按照申报的交易价格征收，利用已投入使用的二手房交易计税价格评估系统，对申报的价格进行审核，保证如实申报。可见，上海的试点工作采取了渐进的方式，充分利用了契税征管中所使用的交易计税价格评估系统，先对部分个人住宅开始征收房产税。随着市场价值评估体系和技术的完善，逐步过渡到按照市场价值征收的房产税。

试点工作也考虑到对于居民基本住房需求的保护。这也与试点工作“合理调节居民收入分配，正确引导住房消费，有效配置房地产资源”的目的相一致。对于居民基本住房需求的保护体现在以下几个方面。

第一，房产税试点的覆盖范围仅包括新建商品房以及新购二手房，且只针对家庭第二套及以上住宅。对于家庭第一套住宅并没有征收房产税。

第二，对于普通住宅予以优惠。一方面，按照交易价格作为划分，通过两档税率，对普通住宅（交易价格低于或等于上年度新建商品房平均价格2倍）予以税收优惠；另一方面，按照人均住房面积，对于家庭人均住房面积低于60平方米的部分予以免税。目前，国家提倡的中小套型住宅建设标准为90平方米，如果照此标准衡量，上海房产税试点的减免力度还是比较大的。

第三，对于居民家庭改善性购房予以保护。《暂行条例》规定，新购住房一年内出售家庭原有首套住房的，予以退税。此外，对于婚姻等需要首次新购住房的，也予以暂免征收。

第四，对于房屋拆迁，取得的房屋，房产税试点也对于符合人均60平方米以下的部分予以免税。对于拆基地置换试点，《暂行条例》也作了衔接规定。

3.4.3 重庆市个人住房征收房产税改革试点

2011年1月28日，重庆市人民政府出台了《关于进行部分个人住房征收房产税改革试点的暂行办法》以及《重庆市个人住房房产税征收管理实施细则》，开始试点对部分个人住房征收房产税。试点工作的目的明确为“调节收入分配，引导个人合理住房消费”。

3.4.3.1 试点范围

重庆市主城九区，包括渝中区、江北区、沙坪坝区、九龙坡区、大渡口区、南岸区、北碚区、渝北区、巴南区。

3.4.3.2 征收对象

《暂行办法》规定，试点范围采取分步实施方式。第一阶段的征收对象方包括：个人用用独栋商品住宅；个人新购高档住宅（交易单价达到上两年主城九区新建在商品住房成交均价2倍及以上）；无户籍、无企业、无工作的个人新购第二套及以上普通住房。第二阶段的征收对象将会包括个人所有的多套普通住房。

3.4.3.3 纳税人

纳税人为应税住房产权所有人。产权人为未成年人的，由其法定监护人纳税。产权出典的，由承典人纳税。产权所有人、监护人、承典人不在房产所在地的，或者产权未确定及租典纠纷未解决的，由代管人或使用人纳税。应税住房产权共有的，共有人应主动约定纳税人，未约定的，由税务机关指定纳税人。

3.4.3.4 计税依据

试点开始阶段的应税住房的计税价值为房产交易价。条件成熟时，以房产评估值作为计税依据。

3.4.3.5 税率

试点房产税税率分为三档，根据交易单价而递增。独栋商品住宅和高档住房建筑面积交易单价在上两年主城九区新建商品住房成交建筑面积均价3倍以下的住房，税率为0.5%；3倍（含3倍）至4倍的，税率为1%；4倍（含4倍）以上的税率为1.2%。

在重庆市同时无户籍、无企业、无工作的个人新购第二套以上（含第二套）的普通住房，税率为0.5%。

3.4.3.6 税收减免

税收减免包括免税面积、免税、税收返还和缓缴四种。

以家庭为单位，一个家庭可以对一套应税住房扣除免税面积。本市居民纳税人在试点办法施行前拥有的独栋商品住宅，免税面积为180平方米；新购的独栋商品住宅、高档住房，免税面积为100平方米。对于家庭拥有多套新购应税住房的，按时间顺序对先购的应税住房计算扣除免税面积。

试点办法规定对于农民在宅基地上建造的自有住房，暂免征收房产税。

对于重庆市同时无户籍、无企业、无工作的个人拥有的普通应税住房，如纳税人在重庆市具备有户籍、有企业、有工作任一条件的，从当年起免征税，如已缴纳税款的，退还当年已缴税款。

因自然灾害等不可抗力因素，纳税人纳税确有困难的，可向地方税务机关申请减免税和缓缴税款。缓缴税款最长可为3个月。

3.4.3.7 税收用途

个人住房房产税收入全部用于公共租赁房的建设和维护。

3.4.3.8 征收管理

个人住房房产税于取得房屋次月开始缴纳，按年计征，不足一年的按月计算。个人住房房产税由应税住房所在地地方税务机关负责征收。

每年8月31日，税务机关将应税住房的应税信息通过直接送达、邮寄、公告等方式告知纳税人。纳税人在每年10月1日—31日间完成纳税申报并缴纳税款。

对于纳税人在规定期限内不缴或少缴应纳税款的，地方税务机关可以书面通知纳税人开户银行或者其他金融机构从其存款中扣缴税款、滞纳金及罚款。欠税公告后仍不缴纳的，纳税人欠缴个人住房房产税情况纳入个人征信系统管理。欠缴个人住房房产税的纳税人在出境时，必须结清应纳税款、滞纳金以及罚金后方可办理出境手续。

3.4.3.9 配套措施

试点办法中规定，主城九区新建商品住房成交建筑面积均价由国土房管部门发布。

建立存量住房交易价格比对系统，对存量住房进行评估，作为房屋交易价格的审核。当加以价格明显低于征收机关评估的参考价格且无正当理由时，按征收机关确定的参考价格征收房产税。

试点办法规定由财政、税务、国土房管、户籍、工商、民政、人力社保等主管部门要共同搭建房地产信息平台，建设个人住房信息系统。国土房管部门在试点办法实施之日起3个月内将存量独栋商品住宅的基础信息传递给税务机关，并实时更新这些信息。试点办法还规定不提供应税住房完税证明的，不予办理产权过户等手续。

在对于欠缴税款的处理上，银行配合税务部门强制从纳税人存款中扣缴税款、滞纳金及罚款。

3.4.3.10 评价

重庆市个人住宅房产税试点是在现行房产税基础上进行的。由市政府发布《重庆市人民政府关于进行部分个人住房征收房产税改革试点的暂行办法》和《个人住房房产税征收管理实施细则》，在全市九个主要城区进行。

征税对象方面，重庆市房产税试点的开始阶段主要针对独栋别墅和高档住宅。不仅对于新购高档住宅，对存量的部分也进行征收。此外，对于非本市居民购买的纯投资性住宅，也作为试点的征收对象。在现阶段，重庆市房产税更类似与奢侈税，征税范围还比较小，因此在税收规模上也很小。按照暂行办法中的规定，重庆市房产税发展的方向是将多套普通住房纳入征税范围。这也与“调节收入分配，引导个人合理住房消费”的税收目的相一致。

在与现行房产税衔接方面，暂行办法中也作了相应的规定。对于购买用于出租的高档住宅，按照试点暂行办法征收房产税，替代之前按租金收入征收的房产税。

计税依据方面，试点初期按照市场交易价格征收。条件成熟时，按照市场评估价值征收。交易价格以国土房管部门的合同登记价格为准，地税部门使用存量住房交易价格比对系统对于明显偏低的交易进行审核。

征管方面，试点暂行办法和实施细则中明确赋予税务征管机关对纳税人所申报信息进行依法检查的权力。此外，对于各部门的协调作了详细的规定，保证地税部门及时获取涉税信息并保证税款的收缴。部门的协作主要包括以下几个方面。

第一，国土房管部门与地税部门的协作。协作的内容包括四个方面。①国土房管部门向地税部门提供存量都统商品住宅的基础信息，以及新购高档住宅的基础信息，其中包括房屋产权信息、属性信息以及合同信息。② 国土房管部门负责公布每年主城九区新建商品住房成交建筑面积均价信息。③ 国土房管部门通过产权登记管理来确保房产税的缴纳。④ 国土房管部门根据地税部门提供的欠税信息来对欠税住房实施交易限制。

第二，地税部门与出境管理机关合作，对于欠缴税款的，税务部门可通知出境管理机关阻止其出境。

第三，地税部门与金融机构合作，对于逾期仍未缴纳房产税的，税务机关通过书面通知的方式，从纳税人开户银行或其他金融机构的存款中扣缴税款、滞纳金及罚款。

第四，地税部门与新闻媒体合作，通过网络、报刊、电视、广播等渠道，对欠税的纳税人进行定期公告。对于公告后仍不缴纳税款的，则纳入个人征信系统管理。

3.4.4 对重庆、上海房地产税试点的评价

第一，政策总体温和，注重居民合理住房需求的维护。总体来看，两地方案规定的征税范围都十分有限，基本局限于部分个人新购住房，税率水平也处于偏低的水平，并未超过外界的预期。仅就个人新购住房而言，两地方案中充分考虑了居民的合理住房需求，上海本市居民家庭在本市新购的家庭第一套住房、重庆非“三无”人员新购的普通住房以及“三无”人员新购的第一套普通住房都在征税范围之外。此外，两地还以居民家庭为单位分别按人均面积和总面积设定了免税面积，进一步减轻了纳税人的负担。

第二，方案侧重房地产市场调控。上海主要根据购房人身份和购房套数区分投机需求和正当合理需求，针对性打击投机和投资性购房行为，并根据应税房产的成交价设置了0.4%和0.6%两档差别税率借以引导个人理性购房。重庆方案则通过区别对待不同类型的房产来发挥调控作用，即对独栋商品住

宅征税按存量征税、对高档住房按增量征税，而对普通住房按部分增量征税，针对性更强。此外，重庆方案根据房产的成交价设置了0.5%、1%和1.2%三档差别税率，与上海方案相比调控力度更强。

第三，税收用途明确。两地试点方案中有着一个共同的特点，即明确提出房产税税收的用途。上海方案规定征税所得将全部用于保障性住房建设，重庆方面则更为明确地提出要将个人住房房产税的收入全部用于公共租赁住房的建设和维护。

第四，暂时以应税住房交易价格作为计税依据。上海方案规定计税依据为应税住房的评估值，重庆方案也规定在条件成熟时使用房产评估值作为计税依据，但目前两地实际上都暂以住房交易价为计税依据。出于税收公平性的考虑，房产税的计税依据应与房产的市场价值保持同步，从长远看个人住房房产税的计税依据最终将采用房地产评税价值。

因此，由于上海和重庆的试点方案都存在一些不足，地方特色明显，并不是完全作为全国推广的考虑。但是，试点的效果仍然可以为房地产税的整体设计提供一些依据。

3.5 房地产税改革的必要性

3.5.1 现行房地产税制和土地税费金制度存在的主要问题

（1）税轻费重。房地产行业在开发过程中除了税收之外，还存在名目繁多的收费。据上海有关部门的调查，房地产开发项目从前期筹备、动迁、建设到验收的整个环节，共涉及182个收费项目，其中，征地拆迁费30多项，建设及施工期收费20多项，勘察设计费近10项，各种增容及配套建设费110多项，而且经核查其中有83个属于不合理、不合法的项目。各种收费的金额在住房销售价格中所占比重，约为15%，比税收所占10%的比重，超出近一半。这些收费提高了房屋建造成本，同时也容易引发政府的腐败行为。

（2）地方政府过度依赖土地出让金收入。2010年全国土地出让金收入2.7万亿元，全国财政收入为8.3万亿元，土地出让金收入占财政收入比重高达32.5%。而且各省政府财政对土地出让金的依赖程度差别巨大。例如，2007年，土地出让金占地方财政收入比重最高的四川省达到67%，而青海省仅为2.4%。一次性收取几十年的土地出让金，大大提高了地价和建设成本，是导致商品房价出现泡沫的重要原因。另外，这种土地批租制实际上是将后50～70年的土地收益一次性收取，是本届政府在花后届政府的钱，是“寅吃卯粮”搞建设，其结果必然导致对土地的滥用，不利于城市土地资源的可持续发展①。

（3）以土地和土地收入为抵押的各种地方融资形成高额的地方债务。近年来，地方政府通过城投公司等各种形式的地方融资平台，抵押土地，或者以土地相关收入为担保，进行“疯狂”融资。不少地方的隐性债务及利息已经超过地方财政收入的数倍。如果没有合适的财政规则来约束地方政府的过度支出行为，一些地方政府可能会因过度举债而破产②。

（4）流转环节税费重，保有环节税费轻。房地产流通阶段是房地产价值的实现环节，国家应该利用税收手段参与价值的分配，但是我国现行的房地产税制对这一阶段的调节力度过大，导致税费负担过重，影响了房地产资源的正常流通。在房地产保有阶段我国对这一阶段的税收政策落实不到位，一方面，国家无法参与房地产自然增值的分配；另一方面，导致房地产资源的闲置和利用的低效。这种“轻保有”的局面，一方面，相当于给了土地保有者以无息贷款，导致了土地利用的低效率；另一方面，使得国家无法对房地产保有期间的自然增值部分参与分配，导致财政收入的流失。而“重流通”的局面，则抑制了土地正常的市场交易，助长了土地的隐性流动。

（5）税制设计不合理，无法保证土地增值的合理分配。如耕地占用税税率偏低，难以起到合理用地和保护耕地的作用，全国平均每平方米因占用耕地而征收的耕地占用税仅为4元左右，尚不到建设投资额的1%。房产保有环节的城镇土地使用税和房产税中，城镇土地使用税额仅为每平方米不到10元（实际征收中最高征收标准只有7元），房产税按照房产原值和房租征税，使得公共部门无法充分获取土地增值收益，难以起到调节作用。

因此，转向规范化的房地产税制是化解这种极不具有稳定性和可持续性的收入困境的理性之路。而要实现这种变革则需要土地管理制度和财政体制的联动改革。

① 安体富. 重构我国房地产税制的基本思路[J]. 税务研究，2004(5).
② 贾康. 对当前经济形势的研判、前瞻与建议[J]. 中国金融，2009(12).

3.5.2 土地财政的现状与风险

3.5.2.1 土地出让金和房地产税的性质之争

从十一届三中全会提出“物业税”改革以来，理论界和政策制定者都在讨论房地产税与土地出让金和地租的关系。总结各方的观点，主要分为三种。第一种观点认为，中国土地是国家所有，土地出让金与房地产税是重复征收，不应该征收房地产税；第二种观点认为，应该改变现行土地出让方式，从批租改为年租，与房地产税合并；第三种观点则认为，土地出让金与房地产税是两种性质不同的事物，可以并行征收。

确实，从性质上来分析，房地产税和土地出让金，也就是地价、地租和税收之间的区别。地价是指土地在自由市场中交易的价格，一般指的是土地所有权的交易价格。而土地出让金是获得土地使用权时应当支付的市场价格，是租金的一种形式。地租是在农业或其他产业直接生产者所创造的剩余价值被土地所有者占有的部分，是与土地所有权同时产生的，是土地所有权在经济上的实现形式，是社会生产关系的体现和反映。西方理论中受益税的理论认为，房地产税本质上是公共物品的价格。纳税主体缴纳的房地产税接近于他们从地方政府中接受的服务的价格，用于这些服务的税收都被资本化进入房地产的价值。

但是，应该认识到，我国的土地出让金具有“暗税”的性质，从本质上说和税收一样使得国民财富在政府和民众之间进行分配。中国社会科学院财经研究院（2014）的研究也表明，在政府性基金项目中，许多项目是直接针对特定商品或服务无偿征收的，具有间接税的性质。而国有土地出让金占到政府性基金收入的一半以上。2012年国有土地出让相关收入为28892.3亿元，占政府性基金收入的76.97%。

目前在中国的资金流量表中，土地出让金被计入“其他非金融资产获得减处置”项目中。2007年土地出让收入全额纳入预算管理后，扣除征地拆迁、土地开发成本等成本补偿性支出后的余额为地方政府的净收入。扣除四项成本性支出项目后，地方政府的土地出让净收入为8497.09亿元。住户部门取得的土地资产处置收益实际上是经由政府征地过程中支付补偿取得的。

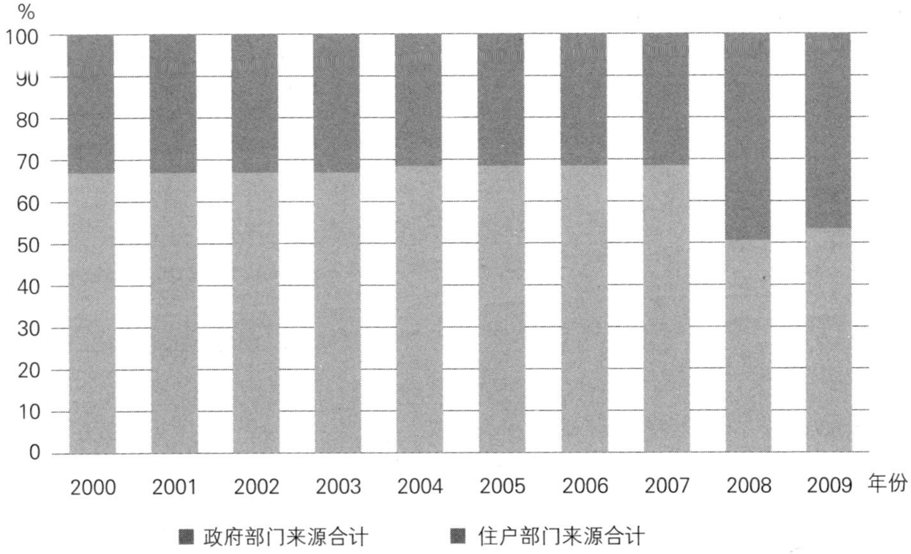

资料来源：国家统计局数据库。

图3-4　非金融企业部分流出的国有土地出让收入资金分配

从图3-4中我们可以看出，虽然住户部门自2007年之后在土地出让收益分配中的地位有所提高，但政府部门仍然占据着主导地位，占50%以上。土地出让金通过房地产开发的传导，推高了房价水平，成为了政府向居民征收的一种"暗税"。

另外，房地产税被认为是地方政府提供公共服务和公共产品的一种融资工具。目前我国的土地出让金正是发挥着这样的作用。1994年分税制改革，为了获得地方政府对税收收入集中的支持，土地出让收入划归地方所有[①]。2007年之前土地出让金收入先纳入预算外专户管理，再将扣除征地补偿和拆迁费用以及土地开发支出等成本性支出后的余额缴入地方国库，主要用于地方土地开发、基础设施建设等支出，可以说在各地如火如荼的城镇化中发挥了重要作用，甚至有的地方用于弥补一般行政运行经费。尽管2007年之后土地出让金纳入地方政府性基金预算管理，但是仍然属于由地方政府支配的收入。考虑到土地出让收入在不同层级的地方政府间存在着划转的情况，这里用支出口径来衡量"土地财政"资金在各级地方政府间的分配情况。

① 张清勇．纵向财政竞争、讨价还价与中央—地方的土地收入分成——对我国20世纪80年代以来土地收入的考察[J]．制度经济学研究，2008(4).

表3-3　各级地方政府在纳入预算管理的土地出让金支出中所占的比例

单位：%

年度	省级	地市级	县级	乡镇级
1998	7.66	69.25	21.72	1.37
1999	7.13	57.50	32.43	2.94
2000	5.42	61.85	29.48	3.24
2001	9.05	58.30	30.06	2.60
2002	10.35	53.61	33.69	2.35
2003	9.97	49.00	37.42	3.61
2004	10.73	51.59	34.23	3.45
2005	10.90	52.17	33.99	2.94
2006	10.28	48.48	38.70	2.54
2007	6.77	52.55	38.13	2.55
2008	7.32	47.67	41.70	3.31
2009	5.14	46.72	44.87	3.28

资料来源：财政部预算司编《地方财政统计资料（2000—2007）》，财政部国库司编《2008年地方财政统计资料》《2009年地方财政统计资料》。

如表3-3所示，地市级政府和县级政府在土地出让金支出分配上居于绝对主导地位。在西方国家，房地产税一般是作为最低一层政府的收入来源，使其最符合受益原则。而在我国，承担了大量当地公共服务和公共产品职能的乡镇政府只获得一小部分土地出让金收入，造成了基层财政的困难。

在我国多级财政体制下，乡镇是与百姓最为贴近的一级，承担的职能也是最为泛化。《他乡之税》的作者通过对平城长达30年的跟踪调研，发现乡镇干部“收税收费、招商引资、计划生育、社会治安无所不干”，工作重心从20世纪80年代中后期的执行国家粮食政策，为水利教育筹资，到90年代以乡镇企业产值为核心，再到2000年之后以招商引资为目标。有学者估计，一个乡镇一年收到的上级文件总量达300~500种，要写的总结有70~100份[①]。与职能不相匹配的是，乡镇的收入处于不确定的变动之中。尤其是1994年税

① 杨雪冬. 市场发育、社会生长与公共权利构建[M]. 郑州：河南人民出版社，2002.

制改革基本确立了中央和省的财力划分，但是市与县、县与乡镇之间的财政关系变动却比较频繁。甚至很大部分县对乡镇仍然保持“核定收支、超收分成、短收不补”的财政包干制。如河北省2006年乡镇体制中，50%分级包干，50%统收统支。有的情况下由于上级政策变动或自身需要，出现了收支一年一定，月月考核的状况①。

财政联邦主义的理论说明了，由于信息不对称和交易成本的存在，最低层级的政府最能够及时地了解和提供当地居民所需的公共服务和公共产品，他们的支出因此需要一个稳定的收入来源。房地产税正是适应了这样的需要。而我国目前的财政体制下，乡镇政府的财力来源处于不稳定状态，严重影响了基层公共服务和公共产品的提供。土地出让金收入由于受到土地价格的影响具有不可统筹、不可持续的特征，乡镇政府在分配中也处于弱小的地位，使得我国的基层财政难以像西方国家的地方政府一样自主地决定公共服务提供的项目和数量。

3.5.2.2 地方政府依赖土地出让金收入的风险

土地出让金而非房地产税成为地方政府重要的收入来源是在一定历史条件和制度条件下的产物。在一定时期内，土地出让金缓解了地方政府财力不足状况，增加地方政府的可支配财力，促进地方经济增长，推进城市化进程、创造就业机会，促进公共品供给及融资，其正面效应不容否定。但地方政府如果过度依赖“土地财政”，会带来一系列的问题。

十余年来，地方政府通过土地财政经营城市化的模式大概可以描述为，地方政府通过土地储备中心进行土地收储和初级开发，以土地使用权证向银行或其他机构进行抵押贷款等融资活动。贷款的偿还除了依靠项目本身产生的收益，更主要是希望通过开发区招商引资，带动当地工业、商业的发展，由未来土地相关税收增加和土地增值来埋单。由于中国没有开征房地产保有环节的税收，收益实现主要来自于商、住用地一次性的土地出让收入。有的地方政府甚至倡导所谓“反向融资模式”，即在没有相应财政实力支持的情况下，先通过融资平台获得项目和资金，期待未来的税收增加和土地增值来消化债务。还有不少地方政府拥有的土地等资产往往有限，原有的平台公司

① 张学清. 中国地方税改革与发展[M]. 北京：经济科学出版社，2005.

借债太多，就把核心资产划拨到新的平台公司借新债还旧债。

近年来，部分城市的地方政府为了解决巨额城市建设资金的问题，借助投资公司、政府性公司等被赋予土地储备功能的金融工具向银行抵押获得融资，他们用于抵押融资的主要资源就是土地储备。这种融资模式的维持，依赖于两个条件：第一，房屋价格持续上涨，从而为土地价值提供保障。第二，政府不断扩大土地储备规模，以保持一定资源规模，银行才相信风险是可控的。因此土地财政会驱动政府不断进行土地储备，且规模越来越大，城市建成区的面积就会不断扩张，城市空间粗放扩展。相关研究表明，从1996年到2007年，即在中国的城市化突飞猛进的时期，中型城市的人口密度实际是在降低的(至少是户籍人口)。内蒙古自治区康巴什“鬼城”空无一人，此例虽较为极端，但类似情形几乎在全国所有城市都不同程度地存在。

因此，房地产税改革不应该在维持现有土地出让制度不变的条件下进行。土地出让金虽然作为不同性质的所得，但是已经变相地成为政府所征收的一种“暗税”，不仅扭曲了地方政府的投融资行为，而且无法解决基层财政的财力需求。只有改革土地出让制度，才可能在税负稳定的前提下为房地产税的改革提供空间，也是通过房地产税改革理顺中央地方财政关系的应有之义。

4. 房地产税的经济效应

税收改变了人们和企业的行为，并且常常由于这些扭曲造成较为严重的经济后果。因此，在设计税制结构和征管制度时，要注意使征税尽量不对经济产生太大的危害。

——John Mikesell， Fiscal Administration:Analysis and Applications for the Public Sector， 2011

4.1 房地产税改革的理论模型

4.1.1 我国从土地租赁到房地产税的模型构建

目前中国地方政府出让国有土地使用权的方式可以视为通过土地租赁来为公共物品的提供和城市基础设施的扩建提供资金支持。并且，某一地块的租赁与向该地块提供的基础设施（如街道、供水、照明、排水）等并没有直接联系。通常情况下，按照土地的使用类型分为50年、70年的固定期限。

假设地方政府决定出租某块土地T年，年租金固定为w，则租金流的价值可以表示为：

$$V(T)=\int_0^T w\mathrm{e}^{-rt}\mathrm{d}t \quad (1)$$

其中，w为年租金，r为贴现率，e为指数函数，T为租赁期限。那么，土地的租赁价值又可以表示为：

$$V(T)=\frac{w}{r}\left(1-\mathrm{e}^{-rt}\right) \quad (2)$$

公式（2）表示，租赁价值是每年支付租金的资本化价值，就好像一个永续年金。

实际上，陶然等（2007）研究发现，分税制改革之后地方政府为了吸引投资，对于工业土地采取了低地价方式，即以低于市场利率的价格出租土地。如果每年的市场租金利率为w_{m}，对应的租赁价值是V_{m}，则这部分的收入损失可以表示为：

$$V_{\mathrm{m}}(T)-V(T)=\frac{w_{\mathrm{m}}-w}{r}\left(1-\mathrm{e}^{-rT}\right) \quad (3)$$

在这个时期，地方政府的土地出让策略是希望通过商住用地的高租赁价格和未来的税收收入来弥补这部分损失。可以通过理论推导证明，地方政府的这种策略并没有实现最优化，也就是没有挖掘出足够的融资潜力来为城市发展所需的基础设施融资。

基于Anderson（2009）的模型，假定地方政府拥有土地，并充当开发商的角色，或者将土地租赁给开发商。开发商需要同时决定开发的时间以及最佳的开发方式，即开发的资本密度（按每单位土地的资本量来衡量）。设S为已开发土地的资本密度。函数R（S，t）是土地租金函数，表示资本密度为S的情况下，在时间t时竞争土地使用权的租金最高竞拍价。假设租金函数：（1）随S的增加而增大；（2）关于S为凹函数；（3）随t的增加而增加。开发的成本函数用C（S）表示。那么一块土地的收益现值可以表示为，开发前累积的土地租金，加上开发后的土地租金，减去开发成本，用公式表示为：

$$V(S,T)=\int_0^T w\mathrm{e}^{-rt}+\int_T^{\infty}R(S,T)\,\mathrm{e}^{-rt}\mathrm{d}t-C(S)\,\mathrm{e}^{-rt} \quad (4)$$

开发商需要选择最优的资本密度S和开发时间T来实现V（S，T）的最大化。首先，对S求导，得到最优的资本密度条件是：

$$\int_T^{\infty}R_S(S,T)\,\mathrm{e}^{r(T-t)}\mathrm{d}t=C'(S) \quad (5)$$

再对T求导，得到最优的时间条件是：

$$rC(S)+w=R(S, T) \tag{6}$$

式（6）的含义可以理解为，等号左边是等待开发的边际收益（MB），包括开发的利息成本及其开发前的土地使用收入（开发土地租金的土地机会成本）；等号右边是等待开发的边际成本（MC），即预计被开发土地的租金。

在当前地方政府的土地出让策略中，由于商住用地的土地出让价格被推高，房地产价格飞速上涨，等待开发的边际成本（MC）也处于上升态势。提高边际成本（MC）的结果就是，开发时间T缩短，资本密度S降低。也就是说，土地的收益现值$V(S, T)$实际上低于它应有的潜在价值。

如果从一次性的土地使用权出让费用转变为每年缴纳的房地产税，将会产生一系列复杂的交互作用，同时影响开发的时间和资本密度。

4.1.2 征收房地产税后的效应分析

开征房地产税到底会产生什么样的影响，甚至对于房价影响的争论，实际上最根本的问题是其税收归宿，也就是谁最终承担这个税负。同时，再看对于房地产的开发时间和资本密度有什么样的影响。为了便于对中国的改革方案设计提供理论支持，这里提出三种模式。这三种模式都是在国有土地出让金制度不变的情况下。

第一种，房屋和土地分别征收，收取的房地产税不用于公共基础设施建设和地方服务投资（或者扩充到基础设施投资在近期受到限制），房地产税被充分资本化，转变为土地价值。

Brueckner（1985）考察了对土地和房屋采取两种税率的长期效应，土地税和房屋税实际上会产生一种替代关系。Anderson（1999）的研究发现，在替代弹性为0的特殊情况下，两个税率是一种线性替代关系，而其他情况下，两个税率之间的替代关系是非线性的。

假定向土地（税率为τ）和房屋（税率为θ）征税的混合额外负担可以表示为：

$$EB_T=EB_T(\tau)+EB_T(\theta)$$

在税收的经济影响上，相对于房屋税而言，土地税效益更高，因为土地税率的边际额外负担小于房屋税的边际额外负担。如果是降低房地产税产生的扭曲，那么在税制设计上应该实行土地的高税率和房屋的低税率。

但是由于房地产税被充分资本化到土地价值中，因此开征房地产税后将导致土地价格的进一步上升。因此，这种方式比房屋和土地合并征税的方式对土地价值产生的影响更大。

第二种，房屋和土地合并征收相同的税，收取的房地产税不用于公共基础设施建设和地方服务投资（或者扩充到基础设施投资在近期受到限制），房地产税被充分资本化，转变为土地价值。

在这种情形下，税收负担最终落在土地使用者身上，但是承租人能够将新税种的一部分负担转移给政府，如图4-1所示。开征房地产税后，供给曲线从*D*移动到*D'*，土地价值从LV_0下降到LV_1。如果土地出让收入由市场决定，那么政府收取的土地出让收入会下降。也就是说，承租人将一部分负担转移给了政府。因此，执行新的房地产税制度之后收入可能会低于之前的土地使用权出让制度。

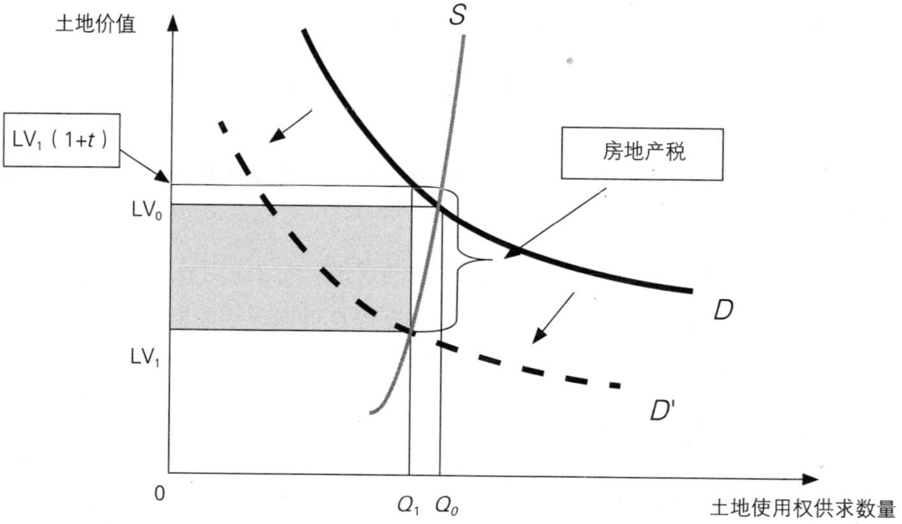

图4-1　房地产税的税收负担分配

第三种，房屋和土地合并征收相同的税，收取的房地产税完全投资于当地基础设施建设和公共服务，并且这些投资不受任何固定投入的限制。

在将房地产税作为地方政府收入来源的国家中，由于基础设施和公共服务的增加也会资本化到房价中，即增加房地产的价值，抵消房地产税对房地产价值的影响。最后，房地产税和公共支出的叠加效应取决于多个因素，如一个地区的居民在地方公共服务需求方面的同质性状况、居民的迁移状况、居民收入的居住地依赖性，以及地方政府提供的服务是否具有多样性，能否满足多种需求等（Mieszkowski和Zodrow，1989；Tiebout，1956）。

如最后的净资本化效应为零，即收取房地产税后不会减少土地出让收入。由于公共支出的增加，土地价值和土地出让收入将回升到改革前的水平，房地产税就会成为地方政府的额外收入。因此，房地产税改革的效果取决于房地产税收入的利用，公共物品投资和税收资本化与地价和房价的关系。

4.2 房地产税与地方政府收入

4.2.1 国际比较

从各个国家的实践来看，房地产税是典型的地方税，由地方政府征收并用于提供教育、医疗等公共服务。但是在不同国家，房地产税收入在地方财政中的作用还存在着一定的区别。图4-2中列举了OECD国家房地产税占政府总税收收入的比重。可以看到，OECD国家中房地产税占政府税收总收入的比重差距很大，从最低的墨西哥不到0.01%，到最高的美国约13.65%。从地区分布上看，北美和西欧国家房地产税所占比重相对较高。

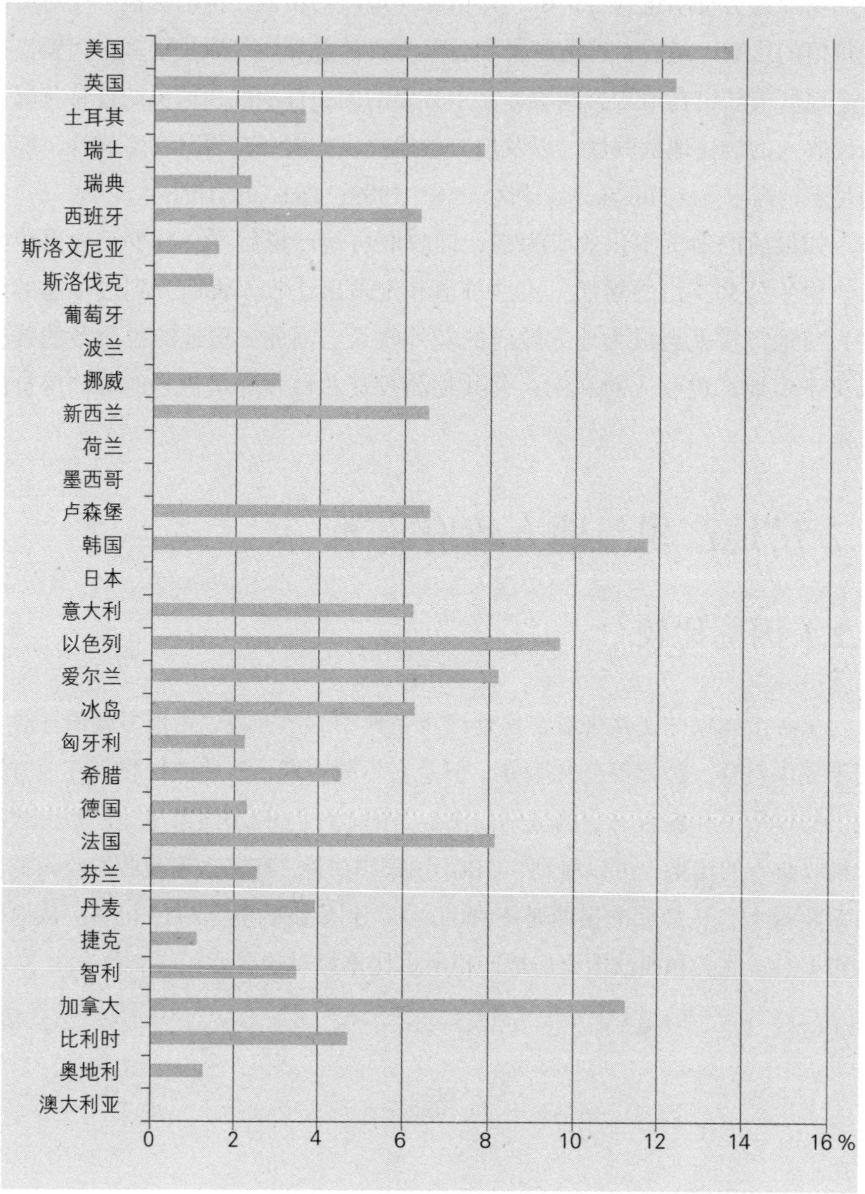

图4-2　OECD国家房地产税占政府税收收入的比重①

在美国的财产税收入分布中，各种类型的地方政府收入的差异也有所区别。其中，学区政府、市镇政府和县政府的收入占整个财产税收入的比重最

① 数据来源于OECD数据库。

大，而特别区政府占比重较小。其中主要原因在于，特别区政府主要是基于给排水、消防、图书馆等某项公共服务而存在，使得其有可能越来越多地依靠收费、各类经营性收益融资，进而财产税所占比重较低。

新加坡由于面积较小，相当于中国的一个省或美国的一个州，它的财产税收入占到税收总收入的6%左右。如图4-3所示，在2008年金融危机后，财产税收入有所下降，2010年才逐步恢复，但仍然只占6.37%。

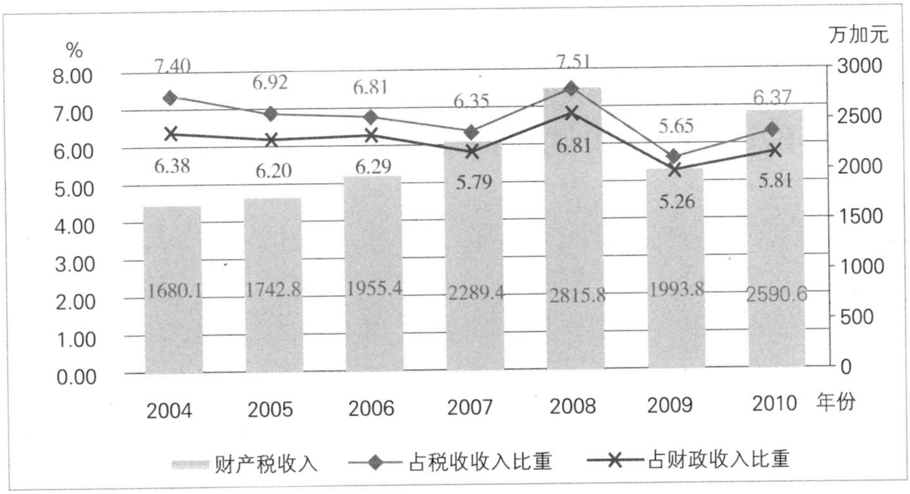

图4-3 新加坡财产税收入以及占税收收入和财政收入的比重①

澳大利亚联邦政府不依赖财产税收入，而州政府和地方政府的收入来源中财产税占了重要位置。尤其是地方政府，以财产税作为最主要的税收收入来源。在2009—2010财政年度，财产税收入占州税收总收入的37%，居于其次的社保税占31%。

因此，房地产税在地方财政的作用，一方面决定于地方政府的功能设置，即事权的大小，另一方面也取决于该国的政治制度和财政制度。

考察发达国家的地方税收结构，主体税种的选择主要有三种情形：以房地产税为主体税种、以所得税为主体税种、以房地产税和所得税为双主体税种。选择财产税作为主体税种的国家主要有爱尔兰、加拿大、美国、澳大利亚、英国、新西兰等。而瑞典、丹麦、芬兰、挪威等北欧福利国家，以及瑞士、捷克、德国、比利时等国，所得税在地方税收体系中占据主体地位，其

① 数据来源于2011年新加坡统计年鉴。

比重超过80%。日本是典型的以所得税和房地产税为双主体税种的地方税制结构国家，所得税收入占地方税收入的比重达到47.4%，房地产税收入也占到30.9%。

而发展中国家地方政府受经济发展水平、税收征管手段与技术等方面的限制，税收收入主要以货物劳务税为主。从近年来的发展趋势看，随着经济的发展、收入的增长和私有财产制度的确立，房地产税逐渐受到重视，在地方政府税收收入中的地位日益重要，但是仍然位于货物劳务税和所得税之后。

4.2.2 重庆市房产税试点的影响分析

按照重庆市方案，2011年10月起，重庆市进入对存量的独栋别墅的征收期，应税住房为8791套，建筑面积达215.1万平方米，征收率达90%以上，2011年征收的总额约1亿元①。如表4-1所示，重庆市试点权房产税收入占税收总收入的比重仅为2%左右，比重低于城镇土地使用税、耕地占用税和土地增值税等其他土地和房屋相关税收。对存量房征税后，增加的1亿元左右税款，对地方税收收入影响也是比较微弱的。

表4-1　　重庆市2000—2010年与土地和房产相关的财政收入

年份	税收合计	房产税	城镇土地使用税	土地增值税	耕地占用税	土地出让金收入
2000	1373289	25363	6467	928	5860	34281.87
2001	1693598	28867	8468	981	4833	36442.62
2002	1976838	36414	9598	2039	4594	110943.18
2003	2385534	42134	11890	4104	16641	213003.94
2004	2938140	46535	15877	15688	24488	715145.39
2005	3495484	57507	20740	29273	31325	709532.36
2006	4219703	65551	44602	43844	43001	1083456.45
2007	5507337	71510	84565	73648	44941	1705125.24

① 刘志强，谢卫群，李丽辉．试点范围扩大在即 房产税“动静不大”影响不小[EB/OL]．人民网，http://finance.people.com.cn/GB/17525867.html.

年份	税收合计	房产税	城镇土地使用税	土地增值税	耕地占用税	土地出让金收入
2008	6783836	93284	131559	106982	84872	1094088.05
2009	7872332	121294	141379	75939	148903	1430287.30
2010	6215564	140200	185005	297956	303116	1619200

注：土地出让金收入（数据来源于历年《中国国土资源年鉴》），指的是土地出让纯收益，因为只有纯收益才能代表政府实际得到的财政收入。其中，2003年以前的纯收益未统计，按照2003年之后纯收益占成交价款的平均比重估算得出。2009年和2010年的纯收益也按照这种方法估算。

从微观角度分析，2005—2009年重庆的别墅和高档公寓的平均建筑面积为140~158平方米，能够达到180平方米起征点的仅占很小一部分。由于现行方案影响有限，税负差异、资本流动以及征管困难等问题还不会充分显现。随着存量房征税改革的进一步深入，各种问题将逐渐暴露出来。

表4-2　　重庆市2007—2009年不同类型住房的销售情况

年份	别墅、高档公寓			经济适用房			90平方米以下住宅		
	价格（元/平方米）	面积（平方米）	销售额（万元）	价格（元/平方米）	面积（平方米）	销售额（万元）	价格（元/平方米）	面积（平方米）	销售额（万元）
2007	5263	1744556	813950	1746	2358441	338575	2723	10701871	2914039
2008	6322	1173824	742133	1751	3327902	582674	2930	10991578	3220757
2009	6120	2712030	1659772	2014	1865042	375546	3403	14690891	4999828

并且，按照重庆市的试点方案，房产税不是一种受益税，即按照地方居民享受公共服务的多少确定财产税的规模，而更像是一种资本税，即房产作为一种资本，可以通过出租或出售获益[①]。由于房地产部门是资本密集型部门，对其征税后房地产价格会下降，也就是房产税将由不动产所有人所承担，拥有房产越多的人承受的税负越重。这也是目前房产税改革的一个重要

① George R. Zodrow. The Property Tax As a Capital Tax: A Room with Three Views[J]. National Tax Journal, 2001, 54:139-156.

动因，即希望通过房产税“挤出”房地产市场中的“过度”投资，从而降低房地产的价格。但实际上，基于这样理念的税制设计，会使房产税产生两个方面的后果，一种是资本税效应，即降低资本的收益率，并最终导致全国的资本所有者平均负担其税负，扭曲资本在全国范围内的有效配置；另一种是消费税效应，在税负相对较高地区房屋和商品价格上升而劳动报酬和土地价格下降，在税负相对较低地区房屋和商品价格下降而劳动报酬和土地价格上升。如果全国范围内普遍开征房产税，房产税的消费税效应将被相互抵消，而主要表现出资本税效应。但是在目前仅个别地区开征，并且选择性地对部分住宅征收，将加剧房产税的消费税效应，在一定时期内使得试点地区的各种商品（包括住房）价格上升，劳动报酬和土地价格下降。这将影响到居民的实际可支配收入和政府的土地出让收入。下一部分将进一步对房地产税对房价的影响进行分析。

4.3 房地产税与房价调控

房地产税对房价的影响主要是基于税收的资本化原理。资本化是指政府对财产的征税行为影响了潜在购买者对这一财产的出价。如果房地产税是保有环节的税收，在一个购买者眼里，税收是拥有财产的成本，所以一个需纳税的财产和一个不需纳税的财产的初始价值显然是不一样的。尤其是当购买者是一个投资者，而其投资途径有多种选择，税收的影响就更为明显。因此，房地产税的资本化是把未来应纳税款在售价中预先扣除，由财产的出售者实际承担税负，从而资本化后的房地产税税负是向后转的。

但是实际中，完全资本化的例子非常少。因为税收负担能在多大程度上被资本化，取决于房地产的需求弹性（主要取决于纳税人能否自由迁徙），以及纳税人能够在多大程度上调整其所拥有的财产数额。

并且，如果房地产税是用于地方公共支出，如基础设施、公共安全、消防、教育等，而这些公共服务会大幅提高辖区内房地产的价值。这样一来，相当于资本化的反向过程，房地产的所有者也会由于由房地产税支持的公共支出而获得收益。

也就是说，如果在一个透明、公开的市场环境下，开征房地产税一方面由于资本化效应，降低一部分资产价值；另一方面如果房地产税收入用于公共支出，又会增加一部分资产价值。房地产税对于房价的影响取决于这两个方面的均衡结果。

下面对上海市房产税改革前后以及美国、日本、韩国几个国家的房地产税政策进行了实证，看看房地产税是如何影响房价的。

4.3.1 上海房产税试点对房价的影响

上海市房产税试点之后对于房价是否产生了影响呢？根据协整分析的结果可以得出房产税与房价存在着长期均衡关系，长期房产税对房价有着正效应，当房产税每上升1个单位，房价就会上升0.03个单位。但是从模型的结果可以看出政府仍需要较大的调整力度才可以使房产税和房价达到一个长期均衡状态。也就是说，房产税对上海房价的影响是比较微弱的。

4.3.1.1 协整检验

首先以季度为单位对2009—2013年上海市房产税改革前后房产税与房价之间的关系进行实证分析。选择以季度为单位对数据进行研究，由于存在季节指数的影响，需要将数据处理，剔除季节因子。在处理时间序列数据时，还需考虑序列的平稳性。对于非平稳的数据，采用传统的估计方法，可能会导致错误的推断，即伪回归。因此必须对时间序列数据的平稳性进行检验。为了排除异方差的可能性，选择了取对数后数据进行处理，通过构造散点图初步判断房产税以及房价的平稳性。如图4–4所示，房价和房产税都是不平稳序列，因此需要进行单位根检验。这里采用ADF的方法进行平稳性检验。

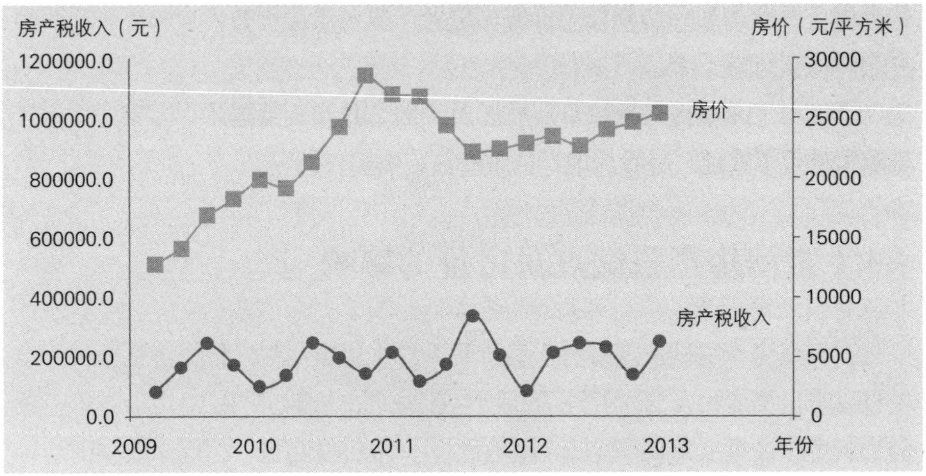

图4-4　房产税与房价的时间序列

表4-3为进行ADF检验后得出的结果。由结果可以看出，在显著性为0.1的情况下，房价和房产税都是一阶单整序列。然后进行协整分析来判断房产税与房价之间的长期均衡关系。

表4-3　ADF检验结果

变量	ADF检验值	10%临界值	结论
tax	−1.47	−2.67	不平稳
pr	−2.67	−2.85	不平稳
Δ*tax*	−5.38	−2.69	平稳
Δ*pr*	−2.74	−2.63	平稳

协整检验主要针对存在同阶单整关系的非平稳变量是否存在长期均衡关系做的检验。由于数据都是一阶单整序列，因此采用Granger和Engle提出的格兰杰因果检验方法对数据进行检验。

将数据房产税*etax*和房价*pri*定义为对数进行处理，即为*tax*和*pr*，得出的回归结果为：

$$pr=0.9413pr(-1)+0.03tax$$

$$(17.4)\qquad\qquad(2.15)$$

$$R^2=0.80$$

将得到的残差进行ADF检验得到表4-4结果，发现残差t值大于10%的临界值，因此为平稳序列，即说明房价和房产税之间为一阶协整关系。可以得到结论，房产税在长期是对房价有影响的。其影响可以描述为：当房产税变动1个单位，房价会上升0.03个单位。

表4-4 残差的ADF检验结果

ADF临界值	临界值水平	临界值
–3.14	1%	–3.85
	5%	–3.04
	10%	–2.66

上述分析说明了房产税与房价之间存在着长期的均衡关系，为了更全面地说明这两者的关系，需要进一步分析短期房产税对房价的影响。这里选择用误差修正模型进行分析。通过Eviews软件，得出了误差修正的方程：

$$D(pr)=0.94D(pr(-1))-0.02D(tax)-0.83ECM(-1)$$

$$(4.14) \quad (-2.32) \quad (-2.79)$$

误差修正表现的是负反馈机制，误差修正的系数大小反映了变量对偏离长期均衡的调整力度。因此该结果表明当短期价格波动偏离长期均衡机制时，将以–0.83的力度将其拉回。因此，我们可以看出目前短期房产税和房价之间并没有很好的正相关关系，需要较大的幅度才能达到长期均衡关系。

4.3.1.2 计量模型分析

由于前者只是对房产税和房价单独看两者的影响，为了使研究结果更准确，将房地产与其他影响房价的因素结合，在众多因素中探讨房产税与房价的关系。在此选用了计量中的多元线性回归法进行分析。

（1）变量的选择。根据一般均衡理论，将房地产市场的影响因素分为供给因素和和需求因素。而供给因素即从房地产开发商的角度选择影响房价的变量，需求因素即从消费者的角度选择影响房价的变量。如表4–5所示为所选择的变量描述：

表4-5　计量模型的变量选择

变量编码	变量名称	变量含义
Pri	房价（元/平方米）	上海市每季度商品房平均房价
inv	住宅投资额（亿元）	开发商对住宅开发投资额的平均值
Sell	销售面积（万平方米）	每季度商品房的平均销售面积
Cost	房地产开发成本（亿元）	开发商建造住房的成本
Itax	个人所得税（亿元）	上海市每季度个人所得税
gc	全市地方财政支出（亿元）	政府的财政支出情况
gdp	GDP（亿元）	上海市每季度生产总值
cpi	CPI（%）	上海市居民消费价格指数
etax	房产税额（亿元）	征收的房产税

（2）回归结果。为了消除异方差的影响，对除指数外的变量都做对数处理，得到表4-6所示结果。

表4-6　计量模型回归结果

变量	系数
常数项	–5.909897 （3.789863）
CPI	0.096941*** （0.025446）
log（*ETAX*）	0.027626 （0.051265）
log（*GC*）	–0.261779 （0.165329）
log（*GDP*）	0.227557** （0.098635）
log（*INV*）	0.507621* （0.248595）
log（*ITAX*）	0.305345* （0.146872）
调整后R^2	0.781286

注：***、**、*分别表示在1%、5%和10%的水平下显著。

根据表4-6中的结果，在显著性水平为0.1的情况下，*CPI*、*GDP*、*INV*、*ITAX*是显著的，即消费者价格指数、国内生产总值、住宅投资额、个人所得税对房价存在正效应关系。而房产税对房价并无显著影响。

这一方面是由于上海试点方案涉及的存量住房有限，税率较低，资本化的程度也较低；另一方面房地产税的用途是公用租赁住房建设，可能对商品房价格是一个负面影响，而不是能够提升房产价值的基础设施和公共服务。

4.3.2 美国房地产税与房价的关系

美国是典型的英式房地产税国家，房地产税主要是为地方政府公共服务和公共融资，在税制设计中对于房价调控的考虑较少。但是由于美国市场经济较为完善，买卖双方的充分讨价还价，房地产税确实通过资本化影响到了房价。这里以美国加利福尼亚州为例，建立以房地产税收入和房价为核心指标的一系列宏观经济变量和房地产市场相关变量的回归关系来进行证明。表4-7是选取的变量以及说明。

表4-7　　计量模型的变量选择

变量	变量说明	变量单位
RET	房产税（real estate tax）	千美元
HP	房价（housing price）	美元
PI	个人收入（personal income）	美元
GDP	国内生产总值（gross domestic product）	百万美元
CPI	消费者价格指数（consumer price index）	以1982—1984年均值为基数
IIT	个人所得税（individual income tax）	千美元
HR	住房自有率（homeownership rates）	%
DPI	人均可支配收入（Per capita disposable personal income）	美元

从美国统计局获取了加利福尼亚州自1980年到2012年共33年的相关数据，对房价以及其他7个解释变量进行回归分析并检验。表4-8是回归分析及检验的结果。

表4-8　　计量模型回归结果

变量	系数
常数项	2.743132 (4.727833)
CPI	0.000552 (0.005223)
HR	0.004179 (0.019481)
log (*DPI*)	1.384155 (3.652688)
log (*GDP*)	4.312688*** (1.511118)
log (*IIT*)	0.510538 (0.528678)
log (*PI*)	−6.688111* (3.466581)
log (*RET*)	−0.324482*** (0.112605)
调整后R^2	0.933402

注：***、**、*分别表示在1%、5%和10%的水平下显著。

通过回归结果，可以看出变量*GDP*（国内生产总值），*PI*（人均收入），*RET*（房产税）通过了误差为0.1的P检验，说明*GDP*（国内生产总值），*PI*（人均收入），*RET*（房产税）对*HP*（房价）是有显著影响的。

R方检验和F检验分别说明了回归整体拟合理想，回归方程整体显著。

由以上数据分析结果，可以总结出回归结果：

$$\ln HP = 2.74+0.00055\times CPI+0.0042\times HR+1.384\times \ln DPI+4.3127\times \ln GDP$$
$$+0.511\times \ln IIT-6.688\times \ln PI-0.3245\times \ln RET$$

通过对美国的数据进行分析，结果表明不同于我国上海的情况，美国加利福利亚州的房地产税对房价有显著的影响，并且最终的结果为负。居民的自由迁徙、房地产市场的充分竞争都为税收的资本化提供了必要条件。

4.3.3 日本房地产税与房价的关系

日本的房地产税（固定资产税）并不是早在1950年设立之初就成熟的，

它的快速发展主要在最近二三十年内。20世纪80年代，日本政府宽松的货币政策，西方资金的涌入，以及日本国民对于“土地本位制”思想的信奉等综合因素致使日本房地产价格暴涨。1991年后，国际资本获利后撤出，日本房地产开始崩溃；到1993年，房地产泡沫全面破裂。与此同时，从1991年日本政府就开始对包括固定资产税在内的房地产税制进行全面改革。在固定资产税方面，引入了一系列有着完整方案的土地评估制度，并且对征收的标准税率进行了反复的调整。

4.3.3.1 固定资产税的数据研究

（1）指数研究。对日本41个主要县市统计了1981—2004年的地价和固定资产税额。计算地价指数时，将这41个县市作为统计指数的“篮子”，以1981年为基期，并且以这41个县市中的房屋面积（包括传统木造屋）作为权重。即：

$$k_n=\frac{p_i}{p_0}$$

$$w_n=\frac{s_n}{s_0}$$

$$i=\frac{\sum k_n\cdot w_n}{\sum w_n}$$

上述公式引入参数说明如表4-9所示。

表4-9 构造指数参数说明

参数	说明
p_i	报告期地价，即1982—2004年某一年某一地年平均地价
p_0	基期地价，即1981年某一年某一地年平均地价
k_n	个体指数
s_n	时间序列下某一年某一地房屋面积
s_0	时间序列下某一年41县市房屋总面积
w_n	权重
i	地价指数

同理，计算固定资产税收指数时，定义：

$$k_n=\frac{t_i}{t_0}$$

$$w_n=\frac{s_n}{s_0}$$

$$i=\frac{\sum k_n \cdot w_n}{\sum w_n}$$

其中，t_i 为报告期固定资产税收入，即1982—2004年某一年第 i 地的固定资产税收总额；t_0 为基期固定资产税收入，即1981年第 i 地固定资产税收总额。

根据上述的指数计算公式，我们得出了1981—2004年的地价指数和固定资产税收入指数，变化规律如图4-5所示。

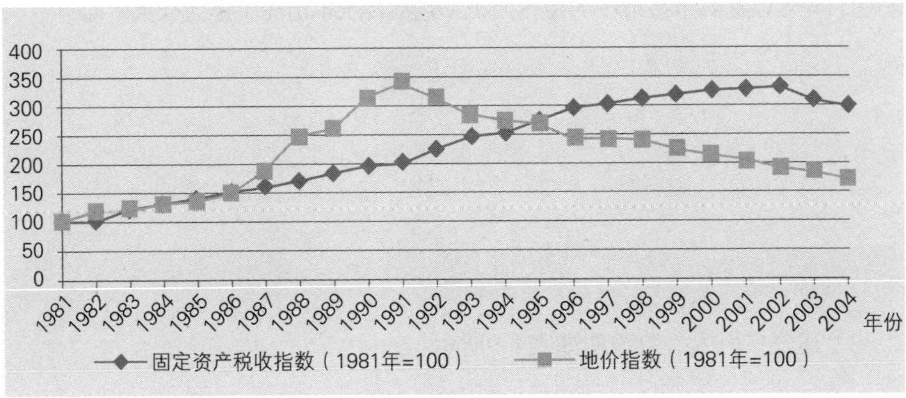

图4-5　土地价格和固定资产税收指数的时间序列

通过图表我们明显能够观察到自1981年开始，固定资产税收入与地价大致同趋势变动，从1987年起地价爬升速度开始骤增，至1991年达到最高点后迅速下降，与此同时固定资产税一直处于稳步上升趋势，两者变动方向完全相反。至2002年，两者又貌似开始同步调变动。

（2）税负研究。由于房屋评估价格的变动以及国民收入的变动，单纯考察固定资产税和地价并不能非常直观地反映固定资产税对个人的影响，因此这里引入税负的指标研究。

$$固定资产税负=\frac{人均缴纳固定资产税额}{人均可支配收入}$$

经过计算整理后得到实际固定资产税税负变化如图4-6所示：

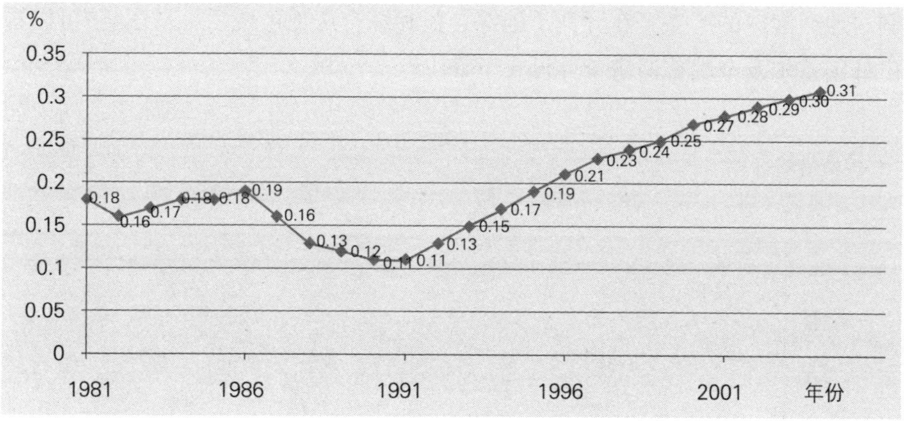

图4-6　实际固定资产税税负

由图4-6可以看出，实际固定资产税税负趋势的拐点与地价指数和固定资产税收指数的拐点一致。1981年时，税负平稳波动，自1986年起，税负开始逐步下降，到1991年日本房地产泡沫开始破裂时，税负由最低点开始逐步攀升。在所统计区间的最后一年达到了数据最高值31%。也就是说，日本为了调节房地产市场，不断提高固定资产税的税负，但是并没有达到降低房价的目标。

4.3.4 韩国房地产税与房价的关系

20世纪80年代末，韩国62.5%的土地资源掌握在5%的人手中，为了遏制土地囤积的现象，在1990年将针对土地保有的税收从财产税中分离出来，对其保有单独征收土地综合税。但土地和房产囤积的现象在接下来的几年并没有减缓，韩国在2005年引入了对富裕人群拥有的物业征收的综合房地产税，来抑制对大型住宅和高价高档住宅的需求，打击囤积房产的炒房者。

韩国楼市在2001—2004年间上涨得很疯狂，尤其是在首尔，核心地段上涨幅度每年达到10%~20%。韩国政府为了打压高房价，最关键的一个措施就是推出综合房地产税。当时韩国已经有房屋财产税。比如一套1亿韩元（现韩元兑人民币汇率约183：1）以上的住房每年要征收0.5%的财产税，不过由于征税的标的房价不到市场价的50%，所以实际税率只有0.2%左右。综合房地产税是在财产税之上额外征收，主要面对高端住宅，意在打压高房价、促进财富的再分配。

从长期来看，房屋财产税、土地综合税、综合房地产税并没能有效地遏制房地产泡沫的产生。在开征土地综合税和综合房地产税后，从图4-7可以看出韩国首尔及全国普遍房价并没有下降。

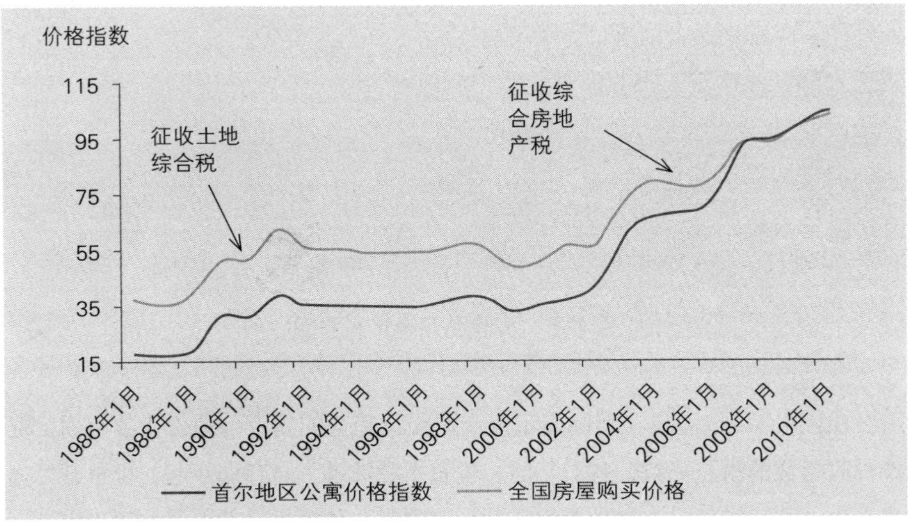

图4-7　韩国房价指数（2008年12月房价=100）

从短期来看，2005年8月推出的综合房地产税可能对部分高端房产造成一定影响，但对整体房价并没有起到明显的抑制作用。

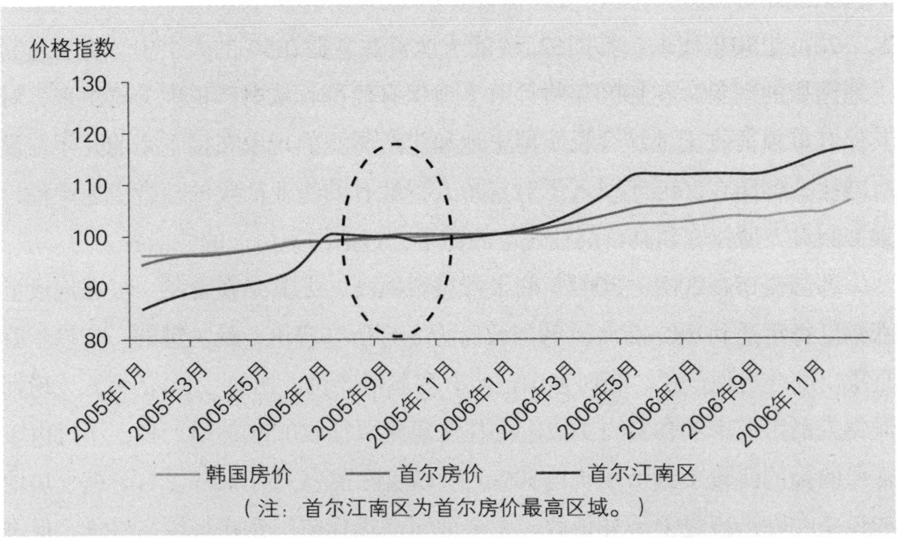

图4-8　韩国综合房地产税前后房价比较（2005年8月房价=100）

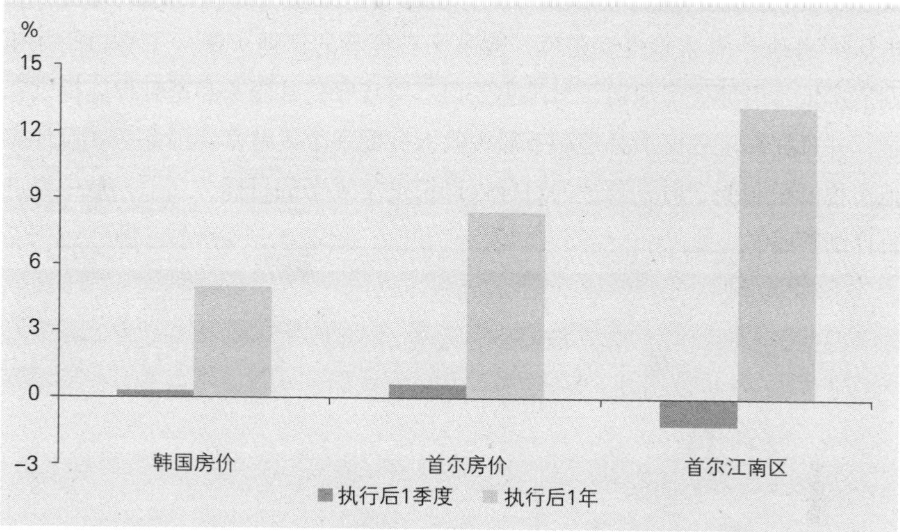

图4–9　韩国执行综合房地产税后房价变化

从图4–9可以看出在2005年8月开征综合房地产税后，首尔江南区的房价有轻微幅度的下降，但首尔及整个韩国的平均房价依然呈上涨趋势。图4–8更好地显示出，综合房地产税仅仅在极短期内对高端高价房产的价格有一定的抑制作用，并且是轻微幅度的，不到2%，而在1年后其房价已回涨约13%。

综上分析，综合房地产税的出台对抑制房价快速增长并没有取得明显效果。为了打击房地产投机行为，韩国政府又出台了更为严厉的房产转让所得税，即拥有2套住宅的家庭在购买房产2年之内出售，要缴纳50%的房产转让所得税，拥有3套以上住宅的家庭在购买房产2年之内出售，要缴纳60%的房产转让所得税。即使在购买房产2年之后，拥有2套以上住宅的家庭在出售房产时，仍需要缴纳6%~35%不等的房产转让所得税。相比保有环节的综合房地产税，这些流转环节的税收调控措施明显取得了更好的效果。

通过以上的分析可见，对于希望房地产税改革可以降低房价，调节房地产市场的观点应该进行全面的分析。作为财产保有环节的房地产税，虽然可以通过税收资本化和税收收入的公共支出，对房价产生影响，但是这种影响是长期的，并且受到一系列条件的影响。以上海试点为例，城市个人住房房价与房产税之间的相关性在短期经过误差修正或者在长期均衡情况下相关度均较小，房产税的开征并没有起到抑制房价迅猛增长的效果。住房的价格最终还是应由供给与需求决定，韩国和日本最终通过在转让环节征收税负较重的所得税和流转税，增加房屋供给等措施，控制房价，打击压缩房地产泡沫。也就是说，改革保有环节的房地产税，主要功能并非调节房价，引导住房消费，而是主要为基层政府公共服务和基础设施提供资金，并且在一定程度上合理调节居民收入分配和个人财富。因此，在设计房地产税的税制要素时，公平的目标可以说重于效率的目标，在下一章中将进行详细阐述。

5. 房地产税的税制要素

房地产税的税基就是决定最终在个人、家庭和企业之间分配的税收负担的价值。

——联合国人类发展规划（UN-HABITAT）报告《土地和财产税》，2011

5.1 纳税人的确定

一般认为，房地产税属于直接税，纳税人的确定意味着选择由谁来承担房地产税的税收负担。但是如果房屋和土地用于出租的话，房地产税仍然可能从所有者转嫁给使用者。因此，纳税人整体的税收负担还和开发和流转环节的土地和房产税负有关。

纳税人的确定一方面是税收征管的需要，也就是说谁来缴税更加的便利；另一方面也体现出房地产税的定位，即是按照受益论的观点由受益者纳税，还是按照资本论的观点由所有者纳税。按照前文的分类，可以发现，不同类型的房地产税制度在纳税人的确定上也存在着区别。

5.1.1 英国及英式财产税：所有者和使用者

对于第一类具有私有财产传统的英式财产税中，大多国家和地区规定财产的所有者和使用者均为房地产税的纳税人。因为按照受益论的观点，这类国家的房地产税功能就是为当地地方政府提供公共服务筹资的，即使不拥有，使用该房屋的人也负有缴纳税款的义务。具体规定从英国、美国、南非以及中国香港地区的房地产税制度中可以看出。

（1）英国法律规定，房屋的所有者、使用者均有义务缴纳市政税（英国的房地产税）。市政税按照家庭征收，纳税通知单按照每一户家庭进行发放。共同居住的夫妻，双方均有义务缴纳市政税。

对于纳税人具体的界定如下：

① 拥有房屋完全产权的个人；

② 拥有房屋承租权的个人；

③ 根据法律规定居住在该房屋中；

④ 不是承租人，但被允许居住在该房屋中的个人；

⑤ 没有租约或许可，但确实居住在该房屋中；

⑥ 不居住在该房屋，但拥有6个月或以上租约；

⑦ 房屋所有者但不居住在该房屋中；

在评估时点符合上述任一条件的人均为纳税人。

（2）美国税法规定，财产税的纳税人为财产的所有人。没有所有人的，实际使用人或控制人应被视为所有人缴纳财产税。

（3）中国香港地区的差饷税法规定，物业单位的业主和使用者，均有法律责任缴纳物业单位的差饷。

（4）南非2005年进行财产税改革之后，仍然规定南非范围内的一切可征税土地、建筑物财产的所有权人，包括共有人、公共用地的占用人或者市政公共财产的实际占用人均为财产税的纳税义务人。

5.1.2 单一土地税国家：所有者

第二类征收单一土地税的国家和地区中，纳税人一般为土地的所有人。因为亨利 · 乔治的思想中，土地的所有者由于“能支配别人必须在其上劳动的土地，他就能占有别人的劳动产品”[①]，是造成财富不平等分配的根本原因，对土地的征税就是对土地所有者的征税。

如澳大利亚规定土地税的纳税人为财产（土地）的所有人，包括自然人和法人。德国房产税纳税人是指在确定纳税标准价格时课税对象的所有者。通过遗产继承或转让获得的地产、住房，或者部分属于通过遗产继承或转让获得的地产的人同样也是这部分地产的纳税人。若该征税对象同时归多人所有，则该征税对象的纳税人为全体所有者。

5.1.3 东亚国家：强调实际使用者

第三类东亚国家中，房地产税的纳税人既包括所有者也包括使用者，更强调实际使用者。因为这些国家的房地产税制度吸收了西方财产税的方式，但也结合了本国的税收征管实际，更加注重税收征管的便利性。

（1）日本固定资产税的纳税人为固定资产的所有者，也包括抵押权人以及土地使用权人。纳税人的确定是根据土地或者房屋登记簿、土地补充课税清册或房屋补充课税清册中的相关记录。

（2）韩国财产税的纳税义务人为征税基准日财产的实际持有者。对于无法确定实际持有者的情况，以登记簿上记载的所有人为纳税义务人。对于共有财产，纳税义务人对持有份额的部分（无份额划分时，按均等份额）有缴纳财产税义务。建筑物和所坐落的土地为不同所有者所有时，按照建筑物和土地的市价标准额比率分摊计算，分摊部分的持有者是纳税义务人。对于信托财产，以受托人名义登记和注册的，纳税人为委托人。财产税征税基准日持有权的归属不明确，无法确认实际持有人时，其使用人有缴纳财产税的义务。

5.1.4 转型国家：从使用者到所有者

第四类转型国家大多经历了一个土地私有化的过程，房地产税的征收模式也不同，纳税人也多处于一种混合状态，但大的趋势是向强调所有者转变。

如俄罗斯实行土地和房屋单独征税的模式，对房屋分别征收企业财产税

① 亨利·乔治．进步与贫困[M]．北京：商务印书馆，2012：306.

和个人房产税，同时对土地的所有者和其使用权人征收土地税。爱沙尼亚只对土地价值征税，土地税的课税对象包括政府所有的土地以及私人所有的土地。纳税人为土地所有者、国有土地使用者、房屋有限期产权所有者（36~99年）、农产品收获权人。拉脱维亚实行的是统一的房地产税，房地产税纳税人为在土地登记部门登记的房地产的所有者。

国外相关研究还发现，各国房地产税的纳税义务人和其采用的计税依据间也有一定的相关性。一般情况下，以资本价值为计税依据的国家倾向于规定所有者为纳税义务人；而采用年租金收益为计税依据的国家，则更倾向于规定使用者为纳税人①。

5.2 征税对象的选择

不同国家在税基的选择上差别是非常大的。涉及的主要问题包括：

·哪些应该包含在税基中？可以只包括土地，也可以土地和地上建筑及设施都包括，可以只包括地上建筑，也可以设计为土地和不同类型土地上的建筑之间的各种组合；

·如何去确定征税对象的价值，多长时间进行更新？可以按照土地价值、房屋价值、租金价值、面积等不同方法去确定；

·这个税基选择是全国统一，还是依据不同地区的房地产市场发展状况有所区别？

·什么类型的土地或地上建筑可以从税基中免除？既包括通常的对政府所有的非营利房产等免税，也包括短期性的受自然灾害等影响的土地和地上建筑②。

5.2.1 房地产的存在状态

房地产税虽然是对土地和房屋征税的统称，但是归纳起来，房地产的存在形态有以下几种：

---

① William J McCluskey, 1911, “Features of property taxation” in William J McCluskey (ed), Comparative property tax system, Avebury Academic Publishing Group.

② 联合国人类发展规划(UN-HABITAT)报告《土地和财产税》, 2011, 第32页。

（1）土地。最简单的情形是一块没有建筑物的空地。马克思指出："经济学上所说的土地是指未经人的帮助而自然存在的一切劳动对象。[①]"而美国土地经济学创始人伊利和莫尔豪斯在他们合著的《土地经济学原理》中认为："经济学家所使用的土地这个词，指的是自然的各种力量，或自然资源。它的意义不仅是指土地的表面，因为它还包括地面上下的东西。"[②]作为征税的对象，一宗土地应该不只是表面，而是三维立体，包括土地的地面范围及其地上和地下的空间。但是一宗土地的价值会受到法律赋予的土地权利、土地相邻关系、土地使用管理等方面的限制。

（2）建筑物。建筑物是指人工建筑而成，由建筑材料、建筑构配件和设备（如给排水、卫生、燃气、照明、空调、电梯、通信、防灾等）等组成的整体物，包括房屋和构筑物两大类。其中，房屋是指能够遮风避雨并供人们居住、工作、娱乐、储藏物品、纪念或进行其他活动的空间场所，一般由基础、墙、门、窗、柱、梁和屋顶等主要构件组成。构筑物是指房屋以外的建筑物，人们一般不直接在内进行生产和生活，如烟囱、水塔、水井、道路、桥梁、隧道、水坝等[③]。

（3）房地。在实际生活中，实物形态上土地与建筑物往往合成一体，在估价中也把它们作为一个整体来看待。建筑物已开始建设但尚未建成（即"在建工程"）也可以成为估价对象。征收房地产税时往往是已经建设使用的房屋，在评估中包括了建筑物及其基地的价值，并且还可能包含其中的设施、设备的价值。

5.2.2 选择土地或房屋的征税实践

在所研究的国家中，课税对象可以分为两种情况。一种是对土地和建筑物合并征税。如美国的财产税，其课税对象是纳税人所拥有的房地产，包括土地和房屋建筑物，还包括一些机械设备。加拿大的房地产税征收对象包括未开发土地、土地改良物、建筑物及其他房地产。

另一种是对土地和房屋分设税种。如中国台湾地区设立地价税和房屋税。日本设立地价税（国税，暂停）、固定资产税和城市规划税，其中固定

① 马克思. 资本论：第1卷[M]. 北京：人民出版社，1975：668.
② [美]伊利，摩尔豪森. 土地经济学原理[M]. 腾维藻，译. 北京：商务印书馆，1982：19.
③ 国家税务总局地方税务司. 房地产评税理论与方法[M]. 北京：中国税务出版社，2006：11.

资产税对土地和建筑分别评估征收。在英国，市政税针对住宅征收，商业差饷针对商业房地产征收。

有的国家只对土地征税，如澳大利亚和新西兰的土地税。

较少的国家只对建筑物征税，如坦桑尼亚，具体见表5-1。

表5-1　　世界各国房地产税课税对象分类

课税对象	代表国家
土地和房屋均征收	美国、加拿大、德国、日本、英国、拉脱维亚、波兰、俄罗斯、阿根廷、智利、哥伦比亚、墨西哥、尼加拉瓜、印度、印度尼西亚、菲律宾、泰国、南非、突尼斯、几内亚、突尼斯
仅对土地征收	澳大利亚、新西兰、牙买加、白俄罗斯
仅对房屋征收	坦桑尼亚

资料来源：根据北大—林肯城市发展与土地政策研究中心资料整理。

从房地产类型角度分析房地产税的课税对象，主要包括住宅、商业、工业、农地和设备。在课税对象的选择和处理上，各国的做法各有不同。但是对某一些特定的不动产，各国都对其进行税收豁免。如政府所有的不动产、用于教育、公共卫生、慈善、宗教的不动产、老年人或残疾人所拥有的不动产、公路、公园、外交使领馆等。在一些国家，对于农地以及公民主要住所也进行不同程度的减免。

5.3 计税依据的确定

各国房地产税的计税依据可以分为三类：第一类是按照市场价值或者资本价值计税（Market Value or Capital Value System），第二类是按照年值或者租金价值计税（Annual Value or Rental Value System），第三类是按照面积计税（Site Value System）。我国目前的房产税和城镇土地使用税中实际上就是使用的租金价值和面积计税。

5.3.1 三种不同的计税依据比较

年值体系是根据财产的年收入计征不动产税，可归为所得税范畴，而资本价值体系与面积价值体系是一种财产税。面积价值体系与资本价值体系相比，由于无法反映不同土地和房屋的市场价值，税基较资本价值体系窄，可以算作是一种特殊的资本价值体系。

年值体系中的租金往往是一个假设的租金或者预期租金，所以它经常偏离市场租金导致房地产税税基缩小。资本价值体系下，房地产税税基为土地及土地改良物的评估价值，或仅从面积价值视角对土地进行评估而得出的价值，此价值与市场价值很接近，但实际上受种种因素影响也会影响到其准确性。对年值体系的评估方法被称为收益法。

与年值体系相比，资本价值体系的税率结构更关注税收的配置效应（特别是土地利用配置），这反映在对土地与改良物采用不同的税率，对改良后的土地和闲置土地实行差别税率。相反，资本价值体系较少采用累进税率结构，年值体系则比较注重通过累进税率来调节收入分配。

面积价值征税体系的房地产税税基包括了土地价值和对位于特定场所的土地进行开发而产生的价值，例如，因道路铺设和给水设施等而产生的价值，但不包括房产价值。它的目的是通过降低对改良投资的不良激励从而提高城市土地的有效使用，但这一效用在现实中体现得并不明显，也很难为人们所接受。因为人们在类似的两个地块看到一个简陋的建筑和一个豪华的建筑时，经常首先想到的是对豪华的建筑征更多的税。

三者突出的差别在于价值评估上，年值体系下的评估任意性较强，而资本价值体系对财产价值的评估更为依赖市场机制，评估更为及时和准确。这使资本价值体系下的评估值更为接近市场价值，它不仅使房地产税变得更为公平，也会对土地资源配置产生更为有效的影响。而且，资本价值体系下形成的专业化的评估队伍对于约束政府对财产价值评估产生不当影响也会起到很积极的作用。但资本价值体系的诸多优势也导致了这一运转系统的复杂化，这使得它在配套措施不健全的发展中国家很难发挥最好的作用。但随着先进的评估手段的发展和不动产登记管理体系的不断完善，资本价值体系将得到越来越广泛的采用。

5.3.2 各国的实践

表5-2中整理了世界典型国家房地产税的征税对象和计税依据。

表5-2 世界主要国家房地产税征税依据①

	国家	征税对象	征税依据
OECD国家	澳大利亚	土地；土地及其建筑物	市场价值；租金
	加拿大	土地及建筑物（有时包括机器设备）	市场价值
	日本	土地、房屋、建筑、有形商业资产	市场价值
	德国	土地及建筑物、农用财产（及其设备与牲畜）	市场价值、租金收入、建筑成本、GDR之前的面积
	英国	土地及建筑物、某些植物和机器设备	住宅、非住宅市场价值
	法国	土地和建筑物	市场价值调整后的地籍价值
	意大利	土地和建筑物	市场价值调整后的地籍价值
	西班牙	土地和建筑物	市场价值调整后的地籍价值
	荷兰	土地和建筑物	市场价值
	芬兰	土地和建筑物	市场价值
中东欧	匈牙利	未改良的价值（plot tax）、建筑物	面积或调整后的市场价值
	拉脱维亚	土地和建筑物	地籍价值
	波兰	土地、建筑物	市场价值
	俄罗斯	土地和建筑物（分别）	账面价值、地籍价值
	立陶宛	土地和建筑物（分别）	市场价值或重置价值
	爱沙尼亚	土地	评估价值
	乌克兰	土地	面积、自我评估

① 资料来源：Richard M. Bird and Enid Slack(2004), "Introduction and overview", International Handbook of Land and Property Taxation.Riel C.D. Franzsen, Property Taxation in Anglophone Africa, Land Lines, April 2007.Rene GUDAT, Going West or Going East – Fundamental Changes in the German Property Tax System, FIG Working Week 2011.

续表

	国家	征税对象	征税依据
拉丁美洲	阿根廷	土地和建筑物	市场价值
	智利	土地和建筑物	按地段计算的土地面积、建筑折旧及成本
	哥伦比亚	土地和建筑物	市场价值或自我评估的最小价值
	墨西哥	土地和建筑物	市场价值
	尼加拉瓜	土地和建筑物	征税清册中的价值、自我申报价值
亚洲	中国	占用的土地及建筑物	面积、账面原值或租金
	印度	被占用的土地及建筑物	出租价值、有限的土地使用面积或市场价值
	印度尼西亚	土地及建筑物	市场价值
	菲律宾	土地和建筑物	市场价值
	泰国	土地（土地开发税）、建筑、土地改良及及其设备、土地及土地改良（建筑物与土地税）	租金、市场价值
非洲	博茨瓦纳	土地和建筑物	资产价值
	喀麦隆	土地和建筑物	面积
	埃及	土地和建筑物，农地	年租金价值
	冈比亚	—	年租金价值
	加纳	建筑物	年租金价值
	肯尼亚	土地	土地价值（非城镇地区按照面积）
	莱索托	土地和建筑物	资产价值
	马拉维	土地和建筑物	资产价值或固定税收
	毛里求斯	土地和建筑物	资产价值
	莫桑比克	建筑物	资产价值或面积
	纳米比亚	土地和建筑物（分别）	资产价值； 小城市按照面积； 经营性的农场按照土地价值
	尼加拉瓜	—	资产价值、年租金价值、面积
	塞舌尔	无财产税	无财产税
	塞拉利昂	建筑物	年租金价值或面积

续表

	国家	征税对象	征税依据
非洲	南非	土地和建筑物	资产价值
	斯威士兰	土地和建筑物（分别）	资产价值
	坦桑尼亚	建筑物	资产价值或固定税收
	乌干达	土地和建筑物	年租金价值
	赞比亚	土地和建筑物	资产价值或固定税收

注：1. 包括城乡所有的土地使用税、房屋财产税（按财产价值）、城市房地产税（按土地建筑物）、农地占用税（按占用弄地面积）；

2. 州所有的土地不纳税，土地租金上交中央政府；

3. 部分国家资料作者进行了补充和更新。

从表中可以看到，世界发达国家房地产税的计税依据主要是市场价值或者租金价值。而对于正在进行房地产税改革的国家，按照市场价值或租金价值计税也是房地产税改革的方向。

按照市场价值计税的好处在于能够更好地反映房地产价值。此外，由于政府提供基础设施投入使得房地产价值提升，按照市场价值作为税基的房地产税可以是政府获得房地产增值的一部分，从而为提供更多更好的公共服务提供资金。相比按照面积计税的方法，按照市场价值计税更具有累进性，体现税收的再分配功能。西方发达国家基本上都采用按照市场价值计税的方式。此外，印度尼西亚、菲律宾、南非、拉脱维亚、阿根廷和墨西哥等发展中国家也采用这一方式。

按照租金价值计税的方法是将估计的租金收益资本化得到计税价值的。从理论上讲，租金价值应等于市场价值。但是由于真实市场中房地产的用途不一定是最高最佳用途，而且租金往往会受到政策的限制，因此租金价值往往不能准确反映房地产客观的市场价值。目前使用租金价值所谓计税依据的有澳大利亚的一些州、法国、英国、印度、新加坡、泰国、几内亚和突尼斯。

在非洲一些国家，由于评估和征管的技术条件有限，仍然在采用按照面积征收的方法来征收房地产税，如刚果、加纳等。采用按照面积计税的优势主要体现在易于管理。

5.4 税率的确定

5.4.1 税率设定模式

根据目前的研究，房地产税率的设定主要有两种模式。第一种是英式财产税，采用以支定收的方式。具体做法为，首先确定政府所需的财政开支，然后根据财政转移支付和其他税负收入预测收入的缺口，决定房地产税的收入总额，然后用房地产税税收总额除以房地产税基得到房地产税税率。这样的税率方式将财政收入决策和开支决策联系起来，从而有助于提高公共财政决策的效率。但是，这种税率确定的方法需要每年对财产的价值进行评估，因此需要有良好的评估技术和评估人员等技术支持。

第二种是固定税率，很多地方政府还按财产登记不同实施不同的税率（见表5-3）。在这种差别化的税率体系中，地方政府有权在不同的财产等级之间分配税负，同时也决定纳税人的总体税负规模。采用差别税率是基于以下考虑：①收益的公平性。不同财产类别从当地公共部门得到的收益应该是不同的。②基于效率，应该对供给弹性小的税基组成部分征收较重的税。③为了达到特定的政策目标，应该采用可变化的税率和差异化的税率来改变当事人的决策①。

表5-3　　各国是否采取差别税率的比较

国家	是否差别税率	国家	是否差别税率
OECD			
澳大利亚	是	德国	
加拿大	是	英国	是，两种单独的税收
日本	否，物业分类		
中东欧			
匈牙利	是	拉脱维亚	否
俄罗斯	是	波兰	是

① 理查德·伯德，埃尼德·斯莱克.世界各国的土地和财产税综述[J].比较,2006(15)：140.

续表

国家	是否差别税率	国家	是否差别税率
乌克兰	否		
拉美			
阿根廷	是	智利	是
哥伦比亚	是	尼加拉瓜	否
亚洲			
印度	是	印度尼西亚	否
菲律宾	是	泰国	是
非洲			
几内亚	是	肯尼亚	是，但几乎不分类
突尼斯	否	南非	否，税收免除
坦桑尼亚	是		

资料来源：Bird M.R. and Slack E.， Land and Taxation: A Review， World Bank， March 2002.

5.4.1.1 土地和房屋建筑物的差别税收政策[①]

各国对土地和房屋建筑物实行差别税率的通常做法是对房屋建筑物采用低税率、低估价率或免税，但也有少数国家的房屋建筑物保有税的税率大大超过土地保有税的税率。

房屋建筑物保有税适用低税率的主要理由在于减少征收房地产保有税的效率损失。然而，从短期看，效率上的好处并不存在，因为对房屋建筑物征税并没有影响资源配置，受影响的只是土地和资本所有人。如果在全国范围内征收统一税，那么从长期看，结果也是如此。除了在征税时尽可能减少效率损失外，对土地课征比房屋建筑物更高的保有税有利于土地所有人充分利用土地，刺激房屋建筑物的投资，提前土地开发的时间，鼓励对未充分改良土地进行开发以及限制土地的投机性保有。至于到底能做到何种程度，各种文献对此长期以来一直有争论。如果资本市场运转完善，则较高的土地保有

① 李剑波.不动产税制研究[D]. 中国人民大学，2007.

税刺激土地开发的程度将不会超过可期望的降低房屋建筑物税所刺激的土地开发程度。

提高土地保有税的主要作用是在提高保有土地成本的同时，降低土地获得的价值，在完全的资本市场情况下，这不应该影响任何人对房屋建筑物投资的决策考虑。如果资本市场运转不完善，由于对土地征较高的保有税而导致土地价值下降，原本由于无力筹措所需资本而被排除在土地买卖市场大门之外的人们将有能力购买土地并进行改良。这也是较高的土地保有税为什么被认为是导致更多的家庭拥有自己住房的原因，也是发展中国家的城市土地政策的又一个目标。

但是，较高的土地保有税伴之以较低的房屋建筑物保有税会降低土地价值的观点并不让人信服。从长期看，对房屋建筑物保有税课以低税能刺激对土地的改良，有利于提高土地的生产力。结果，土地的回报率可能提高，而当这些变化在土地价格中得到资本化时，土地价格将上升到新的水平。如果增加的土地税收没有伴随房屋建筑物保有税的下降，或人们主要考虑未改良土地的价格的话，那么只有在土地保有税在很大程度上被资本化体现在土地价值中后，较高的土地保有税才将逐渐产生出低地价的预期结果。就较高的土地保有税能导致土地价格下降这一点而言，它们不应被期望能降低土地价格的增长率。正如有学者（Shoup，1969）所指出的那样："土地所有人的回报率等于土地现时用途的回报率加上土地价格的升值率。闲置的、边远的、有待改良的土地现时用途的回报率可能是零或负数。如果这样，土地升值率必须包括资本供应的成本（利率）和土地的税金。这样，为了达到同其他资产一样的税后投资回报率，土地价格的增长必须比年土地价值税增长得更快。"

5.4.1.2 工商业用房地产和居民自住用房地产的差别税收政策

多数国家对居民自住用房地产比工商业用房地产适用更为优惠的不动产保有税政策，中国甚至对居民自住用房地产免征房地产保有税。这一政策本意是基于社会公平的考虑，以鼓励家庭拥有住房，从而维持社会的稳定。但从长期来看，这一政策很有可能会发生税负的部分转嫁，从而削弱该政策的累进性，甚至可能出现比统一税率的不动产保有税更具累退性的现象。实践证明，对居民自住用不动产的优惠税收政策并未真正鼓励家庭拥有住房，因此该政策的实际经济效应有可能反为中上收入阶层提供了税收减免（Bahl and Linn，1992）。此外，该政策很可能会扭曲资源配置，导致经济效率损失。

如果对工商业房地产征收较低的税，它往往是为了达到在特定的区域范围内鼓励和吸引商业投资的目的。就各辖区之间存在着豁免税收的竞争而言，它们对企业的选址决策并没有什么影响。即便只有一个辖区提供优惠条件，要想产生影响的话，它的税率差别也必须是相当大并且长期保持下去。当在一个国家全面推行工商业房地产免税的政策的时候，这将如同对工商业投资实行贴息政策或其他税收减免那样导致向有利于资本密集型发展方向的倾斜，不过，在资金相对缺乏的发展中国家，这样做可能并不能收到好的效果。

许多国家对居民自住用房地产提供税收减免。例如，在美国，这种减免采取所得税中抵扣已支付的房地产保有税和抵押贷款利息的形式，并且对所有人保有的房地产出售时得到的资本利得不征税。在许多发展中国家，对自住房产给予优惠的估价或完全的免税，这样做的直接目的是鼓励家庭拥有住房。然而这个目的与基本效率目标之间看来没有任何直接的联系。相反，它可能建立在这样的一个信念上，即家庭拥有住房能够使政治比较稳定，或它很可能为中上层阶层提供税收减免。而后面一点，也许才正是这种优惠待遇的主要的实际效应。

5.4.1.3 市区和郊区的差别税收政策

对郊县地区实行低税的理由是郊区的这些房地产较市区不动产得到服务要少，因此它们的所有人不应被要求支付与市区房地产同样税率的不动产保有税。这是主要基于城市服务定价结构的横向公平的论点。如果单独从横向公平角度考虑这个目标，这种论点基本上是正确的。虽然这些未享受到服务的房地产因其价值往往比享受到服务的不动产要低，所以已经支付了较低的房地产保有税。然而，人们往往认为得到由税收收入所投资的公共服务的那些不动产仍享受着明显的好处，事实也确实如此。

房地产保有税差别税率的实施中还有一个问题，就是一些低税率地区与较高税率地区相比实际上得到同样的或甚至更好的服务。这种情况之所以经常发生是因为不动产保有税管理不善，也就是说，它需要不断地对从低到高税率的地区作出重新分类，甚至在大多数或所有的公共服务被提供以后亦是如此。如果房地产保有税被看作是为得到提供的服务而付出的支出，它也须准确地直接地与所提供的服务数量和质量挂钩，而不是以一个过时的城乡分类（如哥伦比亚和中国台湾地区）或是一个过时的中心与外围划分法为基础（如过去的孟买和中国香港）。

5.4.1.4 改良土地和未改良土地的差别税收政策

对城市闲置土地征较高的土地保有税的主要目的是为了鼓励对它们尽早开发，我国目前征收的耕地占用税含有这样的政策用意。正如Smith（1979）曾经指出的，只有实施高的税率能对城市闲置土地的利润回报率产生重要影响。中国台湾地区1985年前征收闲置土地税并且对这项税的部分效果进行了一些研究，证据表明在不少情况下闲置土地税有利于刺激土地改良。对闲置土地课征更高的税率还有可能降低土地改良前的价值，因为预期的未来收益增加了土地改良前的价值后，对土地价值的增量部分又征收了一些税收。然而，土地价值的上涨率很可能由于征收闲置土地税而增加，这与按地块价值征税很可能加速土地价格上涨的道理差不多。那些继续持有闲置土地的投资者在闲置土地回报减少或甚至因征收闲置土地税而出现负收益时，必须通过其资本收益获得总投资回报率中更高的份额。

对闲置土地征收附加税从税收上看意义往往不大。因此，任何有利的分配效应都可能变得无足轻重。所以，看待闲置土地税几乎只要看它达到主要目标——提前闲置土地开发的时间的程度以及这一目标切实提高城市土地使用效率的程度。提前土地改良时间和提高效率之间并无必然的联系。正如Shoup（1983）指出的那样，对闲置土地征税还可能意味着出现不合适的改良，或者受闲置土地税的刺激而建造出不合适的房屋建筑物。即使私营部门在一些中心地区对未改良的土地的开发步子可能太慢，或做不到迅速地对外围地区划区（这可能是一个很少发生的问题），所有的城市空地也不可能开发得太慢。事实上，发展中国家城市经常出现通过占据或不合法的区划过早地改良土地的不良行为。为了尽可能减少因对闲置土地征税引起的不良后果，并且使之最大限度发挥纠偏效果，它的使用必须与城市政府当局设计的土地开发规划相结合，以产生最合理的城市发展模式。这将要求在某些地区内有选择地对闲置土地征收较高的税率。波哥大已经采用这种有选择性的对闲置土地征税的方法。

对闲置土地征税在行政管理上是可行的。随着计算机在房地产保有税记录保管方面的更加广泛的使用，尤其在发展中国家的大城市，对应税不动产实行跟踪是做得到的。然而，有一个问题还是存在，那就是很难准确定义闲置土地或未改良土地。根据Yoingco（1988）的说法，此问题就是为什么在菲律宾闲置土地税附加率从未实施的主要原因之一。

总之，只要闲置土地税明确地与现存的土地使用计划相联系，它的税率水平高到足以使土地所有人意识到对保有城市闲置土地所付出的代价，那么它将是促进城市土地改良的一种有效手段。尽管一些国家对闲置土地征收低于已改良土地的税率，但尚没有理由支持这一做法。

5.4.2 税率形式

在税率形式上，很多国家希望通过累进税率的设计进一步实现不动产税调节社会公平的功能，但是累进税率的实际效果却表现得差强人意。一方面是由于财产性质上的差异；另一方面是因为累进税率的执行要更为复杂。从表5-4的比较可以看出，比例税率和累进税率都有被采用，但是比例税率却占了绝对优势。

表5-4　各国房地产税的税率形式

国家（地区）	税率形式	国家（地区）	税率形式
阿根廷	比例税率	新加坡	比例税率
美国	比例税率	塞浦路斯	超额累进税率
加拿大	比例税率	丹麦	比例税率
新西兰	定额税率	英国	定额税率和比例税率
澳大利亚	比例税率	西班牙	比例税率
南非	比例税率	芬兰	比例税率
中国香港	比例税率	卢森堡	比例税率
马来西亚	比例税率	德国	比例税率
菲律宾	比例税率	奥地利	比例税率
韩国	超额累进税率，比例税率	荷兰	定额税率

资料来源：荷兰国际财政文献局。

房地产税设置累进税率的主要目的是使拥有高价房地产的富有阶层负担更高的税收，以增强税制的累进性并实现社会公平。但设置累进税率可能会抑制对土地改良。因为累进税率相比比例税率更会降低土地价值增值率，并会缩小不动产价值之间的差距。在不完全的资本市场情况下，低值土地的较高价格可能会将低收入阶层排斥在土地市场之外。然而，累进税率还有一些经常被忽略掉的配置效应。当一个不动产所有人投资于其不动产的改良，不动产的价值将增加并且将被推向一个更高的纳税档次。这可能会抑制对土地的充分利用和改良，从而导致资源配置的扭曲。相反，如果对增值的土地价值征收较高的不动产保有税，累进税率与比例税率相比将导致土地价值增值率的降低，并且因对低税率档次不动产征税而缩小不动产价值之间的差距。这种效果可能不符合公平的要求，因为（假定在不完全的资本市场）低值土地的较高价格可能会阻碍低收入阶层进入土地市场。

需要指出的是，对低值房地产免征房地产税也是累进税率的一种形式。有两种免税形式。第一种为起征点形式。这种制度有一个很大的不利之处，就是平均税率出现不连续的跳跃，因此意味着在分界点有一个无限大的边际税率。结果，这极大地鼓励了在房地产价值评估中的弄虚作假，以至于那些高于免税限额的房地产被估计得低于该起征点。而且，这种结构十分不利于对不动产改良的投资。第二种为免征额形式，这种方法规定所有房地产都可从应税房地产价值中扣除一定数额。这种方法使低于规定数额的部分房地产完全免税。当房地产价值增加至超过限额时，边际税率将由零变为基本税率。这样仍然鼓励人们低估房地产和不利于对改良的刺激，但是这种刺激作用要比在分界点边际税率无限大所产生的刺激作用小得多。对于价值高于可扣除金额的财产，在平均税率渐渐地提高到与边际税率相等的过程中边际税率保持不变。这仅对数量有限的不动产的投资决策产生程度轻微的扭曲，而同时对价值较高的房地产赋予较高的平均税负，这样便将再分配这项工作延续到了更高的房地产价值层次上。与累进税率相比，抵扣方式即使没有计算机也容易操作，而且不会带来边际税率经常跳跃或持续的变化。

与累进税率结构相似，对低价值房地产免税或抵扣同样会使低价值房地产的价值相对于高价值财产而有所提高，这又可能使低收入阶层更难获得土地。相反，那些拥有土地的低收入的人们有更多的可支配收入用于房屋建筑物投资，并且鼓励这种活动，因为只要他们不动产的价值一直低于免税或扣税的限额，他们就无须为土地及其地面房屋建筑物纳税。与对所有不动产实行比例税率相比，这将鼓励人们更多地投资低成本的房屋建筑物。低价值房地产的免税管理很简单，因为征税费用以及纳税费用对于许多发展中国家城市中的低值不动产来说可能很高。征税费用的减少在很大程度上抵消了因免税政策导致的收入损失。

5.5 房地产税的税收优惠

作为直接税，纳税人对房地产税负的敏感程度较高。并且，房地产税税基与税源存在着分离，保有环节的房产税的税基是不动产的价值（或数量），税源却往往是纳税人从课税对象之外获取的其他收入或利益（如工薪收入、其他动产等）。因此，一般的免税等税收优惠并不能有效减轻低收入人群的税收负担。

为此，各国对房地产税的优惠也不同于其他的税种，除了税基、税率的直接减免外，还与纳税人的实际收入相结合提供综合的优惠。在某些情况下，也包括旨在经济刺激的措施，如经济刺激功能包括对特定行业低税率，新商业的减免税，开发区的暂停征收，税款指定用于特定行业等措施。

第一种模式是依据房产或土地的面积。这种模式按照个人为单位或者家庭为单位设定一定的房屋居住面积作为免征额。在日本，土地在5000 平方米以下，或者特定城市地区2000 平方米以下的，将豁免“土地持有税”。在荷兰，市政当局有权对低于一定价值或者小于一定面积的不动产，实行财产税豁免。这一模式在操作上相对简便，但是没有考虑到影响房产价值的其他重要因素，如区位、自然属性和建筑物特征等，可能会造成横向的不公平。

第二种模式是依据房产的评估价值。对于按照评估价值征收房产税的国家，大多采用这一方式。如澳大利亚的很多州都设定免征额并辅之以多级税率，如在维多利亚州，当不动产价值低于14 万澳元时不征税，同时将高于14 万澳元的部分分为五个等级，分别实行不同的税率。智利和印度尼西亚对建筑物采用标准扣除额，把低价值的财产从纳税清册中剔除，也与免征额具有类似的作用。要实行这种模式，需要保证房地产价值评估的科学、准确。我国在部分省市试点中，已经在房地产税评估软件和评估方法中取得了突破。尽管按照统一标准对全国的房产进行科学评估还需要一个过程，但是评估价值中体现了房屋所有权、房屋面积、建筑年代、建筑质量、区位、周边基础设施等要素，更能体现房产的实际价值。

第三种模式是依据房产拥有者的收入水平。这种模式适合于实行个人综合所得税制度的国家，如美国，将住房的支出（包括住房按揭贷款）通过个人所得税的抵扣项进行扣除，从而达到中低收入者不纳税或少纳税的目的。财产税的“断路器”（circuit-breakers）税收抵免也是这一方法的改进。它是根据人们的收入水平来确定财产税税收补助的一种政策。如果纳税人所缴纳的财产税与其收入之间的比例超过了“断路器”法律的规定，政府会将超额的一部分返还给纳税人，或减少其应纳的所得税额或直接支付给纳税人现金，作为对所得税税收返还的一种补充。因此，“断路器”抵免减少了纳税人财产税税负中的超额负担。美国有29 个州以及哥伦比亚特区对住宅类财产给予“断路器”税收抵免政策。总之，这种模式能够将纳税人整体的纳税能力和税收负担结合起来，但是需要完善的个人所得税综合征收制度相配合。

其他补贴的措施包括低收入家庭补贴、承租人税收补贴等，其中最为常用的是延期纳税。延期纳税是适用于特定财产所有人的特定财产税的另一种税负减让措施。适用于这种政策的纳税人包括：老年人、残疾人、低收入群体和处于正在开发地区边缘上的农场主等。根据这项规定，如果纳税人的财产价值出现了大幅上升，而且这种上升不是由于纳税人自身原因所造成的，那么纳税人可以根据这项财产的原有价值纳税，但需要将所纳税款和应纳税款之间的差额进行记录。这个差额并不是被豁免掉了，而是推迟到以后再缴纳。这部分被推迟缴纳的税款，按照规定可能要全部缴齐，也可能只缴纳一部分。可能要求加收利息，也可能不要求加收利息，各国对此的规定不尽相同。

5.6 房地产税的征税限制

发达国家开征房地产税以来，也都先后遇到了争议、反对甚至抗税。如著名的美国加州13号提案[①]对美国各州财产税改革产生了巨大影响，许多州一度取消了财产税，大多数州对税收的增长幅度实行了限制；英国在

---

① Fisher, Glenn W. The Worst Tax? A History of the Property Tax in America. Lawrence: University Press of Kansas, 1996.

1990年为避免税基重估所带来的反对意见，将以租金价值为税基的不动产税改为人头税，但这一税制设置不合理、征缴率低，1992 年很快被废除，代之以市政税。

为了保证房地产税的顺利征收，地方政府一方面加强房地产税征管的各项配套措施使其评估更加准确，另一方面还通过法律约束对房地产税的征税权加以限制。在民意的驱使下，对财产税的限制是全方位的，既包括对整个税收数量、税率进行限制，又包括对不同部门权力的相互制约。

目前，美国已经有44个州实行了房地产税限制（见表5-5），地方政府根据预算计划确定的税率大多要受到州级政府的审核。不同的州对房地产税收入的增长速度、估价增长速度等都规定了最高的限额。

表5-5　　美国房地产税的限制类型

	对特定类型地方政府税率限制	对地方总支出的税率限制	对财产税收入的增长率限制	对估价增长率的限制
1995年限制的州数	32	12	28	9
1978年限制的州数	28	8	11	1

资料来源：美国政府统计数据，Census of Governments，http://www.census.gov.

上述“断路器”政策主要还是从纳税人的角度进行的限制，有些州法令也开始授权地方政府从课税对象的用途等方面施加更多的限制措施。包括对教育、水利设施、道路等设施的财产税课税实行限制，并确定特别的税率。

专栏二　美国的抗税运动

Kenneth S. Baer认为，“现代美国在1978年成型，如果需要进一步思考1978年的思想，你就会发现那一年才是现代美国的开端”。在Kenneth S. Baer所说的那几年内，这种反抗的浪潮很快就席卷全国，在美国历史上被称为“税收反抗（the Tax Revolt）”，几乎所有的州在这次运动之后都对房地产征收的财产税施加了某种限制，其中较为著名的有加州13号提案（Proposition 13）和马萨诸塞州2½提案（Proposition 2½）。对美国地方政府管理的影响，不亚于“狄龙法则”的影响力。

1. 1978年第13号提案（Proposition 13）

1978年6月，加州选民通过了著名的州宪法第13号提案（Proposition 13），即旨在降低财产税的州宪法修正案。该法案大幅削减了财产税，并制定了一系列政策开始限制税收增长。它标志着保守主义思潮重新开始活跃，也标志着罗斯福新政（New Deal）所标榜的自由主义开始终结。

加州第13号提案的主要内容包括：

限制财产税收入现价的1%；

——财产价值一律按照1975年3月1日，或以后换手时现价，或以后的建造价格；

——将房产评估价值增长上限定为2%，限制通胀带来的税基增长；

——对房地产的税收增长，须获得2/3以上的多数同意。

实施上，上述这些修正案很难实际操作，议会因此不得不制定了大量的新法令去做些补充规定及其细则。比如，其中一个修正案就允许继承人可以不必对房产进行重新评估而继承房产。实际上，加州13号提案用房地产1975年的价值，或其最后转让给非家庭成员的价值作为税基，将大大低于房屋的应有价值，这对于长期不进行房地产交易的所有权人是有利的。

从此以后，加利福尼亚地方政府更多地依赖收费、使用者付费和工商税收去筹集财政收入，一系列政府形式的设计，包括以收费为主提供公共服务的特别区政府也开始逐步地应运而生。13号提案还导致地方政府间为争夺应税投资进行自拆台脚的恶性竞争，并形成巨大的财政风险的根源。所以，在历次金融危机中的财政危机中，都能够找到13号提案的影子。

2. 马萨诸塞州的2½提案（Propositio n 2½）

2½提案是马萨诸塞州的财产税限制法令的名称，其主要内容是限制本州各自治市的不动产税收增长，1982年正式生效。2½提案中的“2½”主要是指作为提案主要内容，即对作为税基的房地产价值增长的限制为2.5%。其主要内容包括：

① 最高限度（Ceiling）。即每年各自治市从课征财产税的财产中，所取得的财政收入比例，不能超过这些财产实际价值的2.5%。即实际上规定了最高税率封顶的措施。②增长限制（Increase Limit）。即包括新增不动产在内的财产税总量，年增长率不能超过2.5%。③除外条款（Exclusions）。主要包括新增长（New Growth Exclusion）、资本性支出（Capital Exclusion）、债务（Debt Exclusion）、给排水（Water/sewer Debt）四项例外条款。

这些限制措施主要是一种税收总量的限制，包括居住、商业、工业等各类不动产。实践中，它常常从个案限制开始，但是这种个案限制的后果常常是远远低于实际的总量控制限制。2½提案所造成的侧面影响是，按不变价格计算，各自治市来源于财产税的财政收入将会面临日益下降的状况。因为，从1980年以来，美国各地的年通货膨胀率一直就高于2.5%，这就意味着地方政府真实税率弹性实际上是负数，收入一直处于下降的趋势。

由此可见，美国对财产税的限制是全方位的。既包括对整个税收数量、税率进行限制，也包括对特定人群提供优惠，包括对农地、自住房、穷人、退伍军人、残障人士、老年人等。当然，在某些情况下，也包括旨在经济刺激的措施，如经济刺激功能包括对特定行业低税率，新商业的减免税，开发区的暂停征收，税款指定用于特定行业等措施。

还有一些国家通过中央政府负责房地产税评估、地方政府负责房地产税征收的方式来防止地方政府过度征税，如税权较为集中的法国和德国等国家。法国地方政府仅起到协助中央政府征税的作用，地方政府的职责为收集辖区内的房地产数据。德国中央政府负责不动产应税价值的评估以及根据联邦立法来确定基准税率；地方政府根据地方议会的决议来确定土地税的“杠杆比率”，并负责征收。当一宗房地产位于多个地区边界上时，则通过合理的办法对其价值进行分割。

6. 房地产税评估技术在中国的运用

使用价值很大的东西，往往具有极小的交换价值，甚或没有；反之，交换价值很大的东西，往往具有极小的使用价值，甚或没有。例如，水的用途最大，但我们不能以水购买任何物品，也不会拿任何物品与水交换，反之，金刚钻虽几乎无使用价值可言，但须有大量其他货物才能与之交换。

——亚当·斯密，《国民财富的性质和原因》，1972

与传统交易价值不同，通过评估的方式确定房地产税的计税依据是新房地产税改革的重要内容。目前我国房产税和城镇土地使用税中是按照原值扣除一定比例后的余值或租金收入来计征，难以反映房地产的当前实际价值，使得土地增值的收益无法通过税收的方式合理获得。而批量评估技术的发展使得对所有应税的房地产进行价值评估成为可能，在英式财产税国家得到普遍采用。但是，也应该看到，完全依靠市场价值评估确定计税依据也存在着成本高、评估公正性难以保证的问题，因此在中国这个幅员辽阔、地域差异较大的国家需要结合其他方式建立适合中国的房地产税评税制度。

6.1 批量评估技术在中国的发展

目前备受推崇的以市场价值作为计税依据的现代房地产税制能够在多个国家得以推广，应该归功于批量评估技术的发展和成熟。因为市场价值虽然相对于交易价值更能够反映房地产的真实价值变动，但是却受到交易条件、市场环境的诸多影响，为税基的认定增加了不确定性。

6.1.1 批量评估技术的发展

根据国际估价官协会（International Association of Assessing Office，IAAO）的定义，批量评估是指在给定时间，使用标准方法，采用共同的数据，并考虑统计检验，对一系列房地产进行评估的过程。批量评估能够实现低成本、高效率地完成大规模房产价值的评估任务。具体到目前的评税体系而言，批量评估就是在特征价格模型的理论基础上，综合利用地理信息系统，依靠计算机技术辅助完成自动的评估。

“批量评估”概念的产生最早可以追溯到19世纪20年代，随着现代社会文明的发展，社会公众的税收公平意识逐步增强，因此对评税的一致性和统一性要求提高，批量评估思想就在这种情况下应运而生。当时西方就有人将统计学的多元回归分析作为一种估算技术进行研究，但是直到20世纪70年代批量评估才逐步应用于实践中。近年来，伴随着计算机应用的普及，批量评估技术实现了快速发展，评估精度越来越高。目前，批量评估已经成为当今国际具有很大影响力的新型评估技术，尤其是在西方国家财产税类的计税依据评估中被广泛的应用。

计算机最早引入税收评估管理工作是在20世纪50年代的美国，只有具有足够财政能力的地方政府才能够使用计算机辅助评估。最初计算机参与的工作包括：评估与税负计算、评估通知单和税收通知单的制作、税款的征收。从今天的标准来看，那时的第一代的计算机体积大、运算速度慢、可靠性差、而且价格昂贵。不过，相对评估师的手工操作，计算机技术还是改进了评估部门的工作效率。

20世纪60年代，第二代计算机出现。与第一代相比，第二代计算机在速度、功能和可靠性上均有了大幅提高，而且价格更为便宜，这使得计算机技术为更多的税收辖区所使用。很多地方开始使用计算机存储房地产记录，并且使成本法评估实现了自动化。美国加利福尼亚州在1966年还引入了多元回归分析方法。

20世纪70年代中期，第三代计算机出现了，运算速度提高了数倍、功能更加强大，也更可靠、更便宜。这个时期，商业统计软件和批量评估软件也大量出现。很多地方开始使用多元回归分析或其他自动化的应用软件进行市场比较法和收益法评估。由于在技术上和成本上的优势，计算机辅助批量评估系统对大部分地方的税收评估部门来说都具有相当的吸引力，只要这些部门具备相应的专业技术实力。

20世纪80年代以后，最引人注目的是微型电子计算机、台式电脑的出现。这些新型的计算机大大降低了设备的成本，使资金实力较弱的地方可以使用计算机技术辅助批量评估工作。同时，市场上开始出现为微型计算机开发的统计和批量评估软件。到了80年代后期，只要辖区内拥有10万宗房地产，税收评估部门就能够支付一个能够满足其需要的计算机批量评估系统（包括数个工作站、一台打印机和通用软件）。

地理信息技术（GIS）的发展又为批量评估系统带来新的发展。电子化的地图为评估师定位评估对象，查看周边房地产情况提供了便利。很多地区在房地产数据库结构上也开始基于地理信息系统的空间数据库结构。在评估模型上，评估师开始尝试使用空间分析模型对区域内房地产价值、特征等进行空间分析，使得评估结果更为精确。

此外，国际估价官协会（IAAO）在批量评估技术的发展上也起了巨大的推动作用。国际估价官协会成立于1934年，其宗旨是通过开展培训和研究活动促进评估活动的统一性，推动批量评估技术的使用。协会在1938年出版了《税收评估原则》，后经过多次再版。《税收评估原则》对税收评估过程进行了准确详细的描述，并且针对如何提高评估的准确性和统一性提出了80条具体的建议。在建议中，最重要的一条是应该每年对所有不动产和动产进行一次再评估。报告指出，除了法律的要求外，年度再评估的优势在于提高评估结果的统一性、提高资源利用效率、避免两次再评估中评估结果的巨大波动。

6.1.2 批量评估技术在中国

我国自十一届三中全会提出“物业税”改革以来，政府部门和实务界就可以学习和研究批量评估制度。国家税务总局和财政部于2004年和2007年分两次，共选定了十个省市进行房地产模拟评税试点。在试点近五年后，国家税务总局于2008年4月从试点的省市中选择部分城市，开始用评税技术核定计税价格。并在房地产保有环节税收制度暂未出台情况下，将模拟评税试点取得的成果，先行用于契税等房地产交易环节的实际征收。目前，北京、杭州、上海、重庆、深圳等大城市，以及大连、青岛、丹东等一些二、三线城市，基本都已经按照批量评估理念开发或者初步建立了房地产评税系统。一些房地产评估中介机构，也开始积极地参与房地产评税系统的开发和人员培养。应该说，批量评估技术在中国具备了一定推广的基础。

如杭州市的批量评估系统对杭州市16000幢房子进行实地勘察，选取交易时间、建筑面积、小区环境、周边环境、楼盘档次、物业管理、生活综合配套、重点学区、建成年代、朝向、采光、临路状况、西湖景观、钱塘江景观、其他视野景观、离CBD距离、供求稀缺性等20个特征变量，建立特征价格模型，实现短期内对全市范围内任何一处房屋进行实时评估①。杭州市将这套系统用于契税的征收，2008年补征契税567万元，使得这套系统在税款征收中发挥了一定作用。

如果说杭州市的批量评税制度建立是财税部门主导型，那么深圳的实践可以视为市场参与型。2007年，深圳市成立了房地产评估发展中心，作为专门的房地产评估部门。这个中心虽然在行政归属上为政府事业单位，但是在管理上引入了市场化的机制。中心由一个管理委员会作为决策层，对评估中心的重大事项进行决策。管理委员会由政府部门代表、社会人士代表以及评估中心主任组成。这种尝试可以视作独立第三方进行房地产评税以获取更多的公平性。在房地产契税的征管中，深圳还设计了一套争议处理体系。纳税人因为申报的应税房地产价格低于地税局确定的计税参考价格，向市地税局提出异议的，可以依次申请复核、行政复议和诉讼，这也是房地产税整体制度建设的尝试。

在一些城市的房地产评税制度建立中，还普遍出现了政府和企业的合

① 杭州市财政局直属征收管理局课题组. 房地产批量评税技术的理论探索与实践创新[M].北京：经济科学出版社，2009.

作。比如湖北省鄂州市在房地产税评估系统建立时就采用地税部门、评估公司和软件开发公司合作的模式。评估机构、软件公司前期介入，从立项开始就同征管机构一起共同规划软件设计方案，并制定了鄂州市专用的房地产评税技术规范。

从批量评估技术在中国的落地和发展来看，各地税务机关和实务部门都做出了积极努力。但是如果房地产税作为全国统一开征的税种，那么必须有全国统一的房地产评估标准、房地产评税人员资格认证以及房地产评税机构设置等核心问题尚待解决。

6.2 批量评估技术在中国面临的问题

6.2.1 批量评估技术在发展中国家的问题

从理论上讲，运用批量评估技术，以市场价值为基础的评估最能够反映不同房产价值的方法。但是这种评估方法要求具备较为透明的市场交易环境和充分的价格反应机制。并且，无论哪种市场评估方法，都运用了一定的回归模型和计算方法，以保证不同房产由于位置、大小、楼层、朝向、设施等体现不同的价值。而对于一般纳税人而言，很难理解复杂的评估公式背后各个调整系数的含义，容易造成大量的争议。

同时，市场价值评估所带来的征管成本较高。即使引入计算机批量评估系统，但是仍然需要对每一户住房的信息进行采集、整理和调整，部分征管条件较差的中西部省份会难以实现。以采用市场价值评估，并且评估征管效率居于各国前列的加拿大魁北克省为例，2009年对190万个房产进行了评估，每位经过专门培训的评估人员需要评估2923个房产[①]。我国2000年人口普查公布的数据，全国约有3.65亿户可评估的家庭住房。考虑这十年的住房增长和部分免税的农村住房，按照3亿户的住房计算，即使达到魁北克省的效率，我国每年需要约1000万专门的评估人员。在征管辅助技术达不到的情况下，这个数目可能还会有所增加。由此可见，市场价值评估的高成本可能会抵消房产税所带来的一些收益。

① Michael Lomax，北大—林肯中心财产税评估与征管培训讲稿，2009年。

实际上，一些开征房地产税的发达国家和发展中国家都没有采用完全的市场价值评估方式，而是其他替代方法，如租金法（rental-based assessment）、面积法（area-based assessment）和位置法（site-based assessment）等。租金法按照房屋的租金进行征税，面积法按照房屋的面积进行征税，而位置法则将一个城市分成不同的区块，同一区块的住房按照相同的税率征税。尽管这几种方法都无法实现绝对的公平，但是却易于计量和管理，也容易为纳税人所接受。

发展中国家一些采用了各种形式的位置评估方法，如肯尼亚、纳米比亚、南非和津巴布韦等非洲国家，加勒比海和拉美的部分国家，以及斐济、瓦努阿图等南太平洋国家。按照这种方法征收的土地或房产税在这些国家都达到地方财政收入的20%以上，其中在新西兰、斐济超过了50%[①]。英国现在对居民房产开征的市政税（the Council Tax）也不是按照市场价值评估，而是把房屋价值粗略分为8个档次，6.8万~8.8万的为标准档，其他档次都在标准档税率的基础上乘以一定的系数。这种简单分类方法也在很大程度上提高了房产税的接受度[②]。

在发展中国家中，对中国具有较大借鉴意义的是印度经改进的面积评估方法。印度，和中国一样，人口众多，收入差距大，房产的价值差异也很大。从1991年开始，印度一些州政府开始通过立法改革地方政府融资体制，包括房产税。最初印度是采用的是租金方法，但征收效果并不显著。2001年之后开始结合面积法进行改进，区分了位置、用途、面积和建筑类型几个要素，按照要素不同的组合，房屋被归为27个档次，每个档次规定了由每平方米年租金确定的参照定额税款。税负水平基本为房屋年租金价值的9%。这项改进之后，印度各州的房产税大幅增长，年收入比2000年以前增加了两倍以上，相关争议也大幅减少[③]。

因此，尽管市场评估方法能够从理论上最大限度实现公平，但是受到各种因素的限制难以实现绝对的公平。在我国房地产税改革初期可能还需要采取一些较为简单的评估方法更容易推动改革的进程。

---

① 北大—林肯研究中心工作论文《不动产税制度与征管国际经验》，2010年。

② Joan Youngman, The Property Tax in Development and in Transition. edited in Roy Bahl, Jorge Martinez-Vazquez, and Joan Youngman, Making the Property Tax Work. Lincoln Institute of Land Policy, 2008.

③ U.A. Vasanth Rao. Reforming the Property Tax System in India. New Delhi: United Nations Development Programme. 2002.

6.2.2 中国房地产评税中的难题

6.2.2.1 土地供给“双轨制”对评税造成的影响

自20世纪80年代末，我国各省市相继实行土地使用权有偿出让制度，但同时保留政府对部分建设用地划拨的权利。所谓的“双轨制”就是指我国政府作为土地所有人，对土地的供给有无偿划拨和有偿出让两种方式的制度。

采取划拨方式的土地都是用于专用项目，包括由政府财政投资建设的项目用地、经济适用房、廉租房建设用地、绿化隔离带建房用地等，所以政府并不收取土地出让金。出让方式又分为招标、拍卖、挂牌、协议四种：招标指通过对价格和开发兼具考虑，在各投标者中确定土地使用权受让人；拍卖指将使用权拍卖给叫价时的最高出价者；挂牌是指在特定的场所发布出让土地公告并说明交易条件，接受竞买人的报价申请然后更新挂售价格，根据截止期限时的结果确定受让者；协议则是指政府与选定的受让方协商用地条件及价款，达成协议并签订出让合同的行为。由此可见，通过招、拍、挂方式出让的土地，其价格基本上是由市场所决定的；而协议出让由于存在土地受用人与地方政府磋商谈判的过程，一般会大大地降低地价，是非市场化的方式。图6-1直观地表示了我国“双轨制”下的土地供给方式。

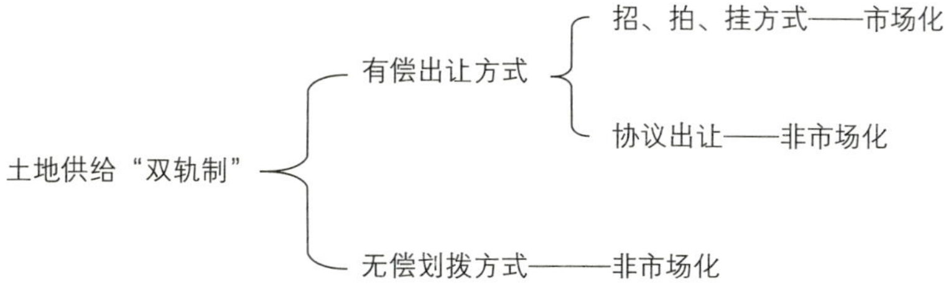

图6-1　我国土地供给制度

无偿划拨和协议出让都是非市场化的供给方式。其中，划拨是因没有经过交易，所以无市场价格可以利用。而协议出让虽发生交易行为但也不能准确衡量市场价格，这是因为根据《协议出让国有土地使用权规定》（国土资源部令第21号），除商业、旅游、娱乐等经营性用地必须采取招、拍、挂的方式，其他用途的土地符合下列情况之一就可以采取协议方式：供地计划公布后只有一个意向用地者；原划拨、承租土地使用权人提出申请；出让土地使用权人提出续期申请等。可见，除了第一种情况，其他情况采取的都是“申请”政策，因此政府在此过程中有较大的可操控权，最终的出让价格要远远低于市场价格。

在房地产评税时，评估应是土地的市场价值，所以若将以上这两种供应方式下的地价直接按零或协议价作为计税依据，显然不合理。那么对于这部分土地的评估，就不能简单地使用市场交易数据而只能用相对复杂的方法，这样不仅使得评税的成本提高，而且采用对不同的供应方式采用不同方法评估，难免会存在一定程度上的不对等性，因而还会影响税收的公平性原则。

6.2.2.2 房地产权属混乱对评税的影响

我国的经济体制改革和住房改革，造成了我国目前住房产权结构的多样性。以居民住宅为例，仅现在城镇居民住宅产权就可分为7类：商品房产权；经济适用房产权；单位利用自有土地自建房或1992年以前建房产权；房改房产权；私有房屋产权；居民购买的二手房产权；机关单位及房管局所有公有房屋产权①。不同产权的住房，所有者负担的成本可能相去甚远。因此，即使按照相同的市场评估方法，也难以保证纳税人对税负“感觉公平”。

表6-1是根据房屋和土地的权属状况，即完整与明晰程度，对城镇住宅作出的分类。

表6-1　城镇住宅分类

房产权属状况	住宅类型
完整且明晰	商品房
不完整但明晰	财政投资项目（科教文卫及军队）建设的房产、央产房（仅北京）
不完整也不明晰	房改房、限价房、经济适用房、危房改造房、回迁房、单位利用自有土地自建房、1992年以前建房产权、公租房、廉租房

从上表中不难发现，我国居民住宅的类型繁多，权属不明现象严重，这

① 蔡金水.北京房价冷思考[J].北京观察，2002(4).

会使住宅的成本中包含不同程度的土地出让金，增加了评估的难度。

6.2.2.3 土地使用权出让制度对评税的影响

目前我国实行土地出让“批租制”，即政府一次性收取一定年限的土地使用权出让金的制度。按照《土地管理法》的规定，根据用途不同，土地出让的最高年限分别是：居住用地为70年，工业和教、科、文、体、卫用地为50年，商业旅游娱乐用地为40年。

在出让过程中，不仅要一次性收取出让金，而且土地都是大片的整体出让。这种土地供应制度带来了一系列弊端。其中各界热议的问题集中在开发商垄断、土地财政、资源利用不可持续等问题上，土地“批租制”对房地产评估、评税的阻碍很少被提及，至少已经有以下几个问题：

（1）土地的时点价值难以核算

“批租制”下，几十年的土地出让金是一次性收取的，而房地产税收产生于某一时点处（或某一时期内），根据估价时点原则：同宗土地在不同时点的价值是不一样的（邢元志，2007），因此在评税时就需要核算土地的时点价值。如果暂且以1年作为评税的单位时间，用总价款除以50年、70年等使用年限的方法计算土地价值，由于没有考虑到资本的时间价值，显然不合理；若将其考虑进来，那么可以参照财务管理中“已知年金现值求年金”的方法计算每年价值，但是需要指出的是运用这个公式的前提是在 n 年的年限内，各年的贴现率 i 相等。然而实际上，由于经济波动等因素，i 在几十年内保持恒值是不可能的。可见土地的时点价值是难以核算的，再将其用于房地产税收的计税依据时就会有偏差，所以“批租制”可谓是房地产评税工作的一大瓶颈。

（2）不同年限土地的价值难以比较

上面的问题针对的还只是单宗的土地时点价值核算问题，而评估过程常常会运用到“市场比较法”，这就要涉及多宗土地时点价值的比较问题。如果是相同使用年限的土地之间进行，可比性还比较强；但如果需要对不同使用年限的土地进行比较，可比性就弱，结果的信服力也小，那么进一步的、评税的公平性就大打折扣。另外，新的《物权法》规定了居住用地使用年限到期后会自动续期，而其他用途的用地没有这项政策，这会使得评税在不同用途的土地之间产生更大的偏差。

因此，在房地产税评估中，应该结合我国土地、住房制度的特点，进行技术上的改进。下一部分中以北京市朝阳区望京地区为例对房、地综合评估的思路进行探讨。

6.3 房地综合评估的探讨

这里按照批量评估的基础方法，运用特征价格模型（Hedonic Price Model，*HPM*），对住宅的价值进行评估。特征价格模型实质上就是一个多元回归模型，其形式可以表示为：

$$f(P)=a_0+\sum_{i=1}^{n}(a_iZ_i)+\varepsilon$$

首先确定房产每平方米的价格，即房屋单价P（或房屋单价的变换形式$f(P)$）作为*HPM*的被解释变量，然后要选择影响房价的主要的特征因素引入*HPM*作为解释变量Z_i。

在选择解释变量Z_i时，第一位要考虑的自然是影响房价的最关键性因素——“地理区位”。“地理区位”的量化——土地估价，是与我国土地供应制度和房地产市场密切相关的，相对于西方国家一般的方法，这里将“地理区位”单独作为一个变量，用于捕捉土地的价值，*HPM*只测算剔除“地理区位”因素后的房产特征对房价的影响。

由于*HPM*的解释变量中并不包含“地理区位”，但又要将评税区域扩大，因此在采集数据时就要将样本选在地价相对均衡、住宅小区较多的区域。最终选定住宅相对集中的北京市朝阳区望京地区作为样本区域。根据2012年3月31日（±2日）的淘房网、58同城网和搜房网上的二手房交易信息，随机选取了12个住宅小区的600套（每个小区50套）住宅信息，剔除极端值后，剩余588套住宅信息作为样本，其中包括477套塔楼（顶楼为7层以上）和111套板楼（顶楼为6以下）每套住宅采集的信息包括房屋单价，所在小区的容积率、绿化率、物业费，该小区附近的幼儿园、小学、中学、地铁站、购物中心以及小区中心距它们的距离，房屋的户型、面积、顶层数、所在楼层、房龄、朝向、是否临街、产权等。

6.3.1 变量的选取与设置

1. 所在小区内部环境

虽然小区环境看似是一个区位因素，但仍可以被包含模型中，其原因是“内部环境”是一个小区的自身特征，与小区外部周边没有太大关联，即与小区“在哪”无关。房产所在小区的容积率、绿化率、物业费都可以作为“内部环境”这一变量的量化指标。容积率和绿化率， 由于受到规划限制，同一行政管理区域内的相同类型用地数值相差不大，而且它们更多地反映了土地的利用情况，作为评估地价的指标更为合适；而物业费则是小区配套设施、物业管理、绿化、宜居程度的综合体现。因此选取单位面积物业费这一指标引入模型。观察发现，12个小区的物业费从0.5到3.9不等，各个小区之间的差距较大。考虑到物业费毕竟是一个小区特征而非房屋的物理特征，较大的级差会弱化其他特征变量的作用。因此通过去自然对数来表平抑小区环境的影响。所以“所在小区内部环境”最终设定为*surr*=ln（单位面积物业费）。

2. 所在小区便利程度

“便利程度”指住宅小区到居民工作、学习、消费等生活地点的距离及交通状况，虽然同是小区特征，但“便利程度”并不能像“内部环境”一样被包含到模型中，这是因为这一变量的测量与小区周边条件相关，涉及外部因素应作为区位因素更为合适，所以在*HPM*中将这一变量剔除。而在评估地价时，则需要通过“交通便捷度”和“与商业中心的接近程度”的测量包含这一因素。

3. 户型与面积

通过“户型”信息可以计算得出每套房屋所包含的房间（或厅、室、卫生间）数目，通过观察计算房间数目与该房屋面积的散点图发现二者的相关性很高，计算相关系数为0.857418。鉴于两个指标的相关度，从简化模型和避免多元回归出现多重共线性的角度出发，从两个指标中二选一引入模型即可。因为“面积”更容易量化，而且数据有连续性，所以将其保留，用*area*表示。

4. 房龄

利用公式“$ages_0$=2012–建设年份”可以得到房龄。但是观察发现住宅的房龄与其所在小区有很高的相关度，通过测算$ages_0$和*surr*两个变量的相关系数高达-0.8065，为了保证房龄这一变量的独立性，对房龄这一变量进行处理：$ages=ages_0/surr$，这样就能保证*ages*这一变量能够衡量剔除小区固有影响后的实际房龄，同时也避免了多元线性回归结果的多重共线性问题。

5. 楼层

根据顶楼层数将住宅分类一类为塔楼（顶楼层数>6）；另一类为板楼（顶楼层数≤6）。在588套样本中共筛选出477套塔楼和111套板楼。对于塔楼，根据房屋交易中的经验，可以假设楼层越高房价越高，所以可将赋值公式设置为：*floor*=所在楼层/顶层数；对于板楼，楼层的影响相对复杂，为了和塔楼的量化方式对等（即变量观测值在（0，1]内），首先进行定序赋分，再令*floor*=赋分值/6。具体方式见表6–2。

表6–2　　板楼楼层赋分值

所在楼层 顶楼层数	1	2	3	4	5	6
6	3（0.5）[①]	5（0.8333）	6（1）	4（0.6667）	2（0.3333）	1（0.1667）
5	3（0.5）	5（0.8333）	6（1）	4（0.6667）	2（0.3333）	—
4	3（0.5）	5（0.8333）	6（1）	4（0.6667）	—	—

考虑到楼层在两种不同类型住宅中的影响不相同，因此还需对住宅进行

① 括号外部的整数是对板楼各个楼层的初始定序赋分值，括号内部是除以顶层数后的最终赋分值。

区分，设置虚拟变量$dum=\begin{cases}0，板楼\\1，塔楼\end{cases}$，作用于*floor*回归系数的斜率。

6. 朝向、是否临街、产权状况等

因为数据来源于网上的二手房信息，因而无法确定房屋的具体位置，虽然根据经验判断房屋朝向、临街与否的确会影响房价，但只能暂且将其放入扰动项 ε 中；至于产权状况等信息只有一部分业主会注明是否为个人私产，信息不完整，所以也放入 ε 中。

根据常识，房屋最终成交的价格往往要比业主在网上登记的价格低一些，但是由于是被解释变量总体上都虚高，对解释变量的偏回归系数的估计结果影响很小，所以对房屋单价并不作特殊处理。

另外，因为解释变量中剔除了地理区位因素，所以被解释变量应该相应的减除地价的成分，但是由于选取的是住宅功能较强的样本区域，地价在房价中所占的比例基本稳定，所以运用原始数据进行回归分析，对结果的影响不大（见表6–3）。

表6–3　　　　最终选定变量的名称与说明

变量名称	变量说明
P	被解释变量，单位面积的房价
surr	解释变量，所在小区单位面积物业费的自然对数
area	解释变量，房屋面积
ages	解释变量，房龄与*surr*的比值
floor	解释变量，所在楼层与顶楼层数相互作用的赋分值
dum	解释变量，区分塔楼和板楼的虚拟变量

6.3.2 实证分析

6.3.2.1 回归结果

选择最小二乘法，利用Eviews软件得到回归结果，见表6–4。

表6-4 *HPM*的回归结果

变量	系数	标准误差	t统计量	P值
c	19994.86	375.3413	53.27115	0.0000
surr	7564.014	337.8301	22.38999	0.0000
ages	−51.36343	4.855827	−10.57769	0.0000
area	−9.880567	2.341336	−4.220055	0.0000
floor	3498.228	534.6941	6.542486	0.0000
*dum**floor*	−2771.102	474.2016	−5.843720	0.0000

根据软件显示的回归结果，整理得出回归方程如下：

$$P=19994.86+7564.01\times surr-51.36\times ages-9.88\times area+(3498.23-2771.10\times dum)\times floor$$

（22.39）　（−10.58）　（−4.22）　（−5.84）　（6.54）

$R^2=0.504193$

6.3.2.2 回归结果分析

（1）拟合效果

虽然决定系数R^2=0.504193较低，但是可以接受的。一是由于多元线性回归中，随着解释变量的增多，决定系数势必要下降。*HPM*中本身包含了较多解释变量，因此R^2不会很高。二是可见的前人的测算结果也多在0.4~0.5之间，这样的结果实际上已经有所上升。所以该回归方程的拟合效果可以接受。

（2）系数估计值的含义

偏回归系数是指在其他变量不变的条件下，该特征变量变动一个单位，房价变动该变量的偏回归系数个单位。以“房屋面积*area*”为例，在其他条件不变的情况下，当住宅总面积增加（或减少）1平方米时，房价相应地降低（或升高）9.88元；常数项表示当所有自变量为0时，该地区的房屋单价为19994.86元/平方米。

（3）偏回归系数符号的检验

根据变量的设置于处理方式和房屋交易的经验可以预期各偏回归系数的符号：单位面积的物业费越高，小区环境应该越好，房价越高；房龄越小，房价越高；楼层取值越高，房价越高；总面积大说明户型较好，对房价有提升作用，但同时面积大造成购房负担加重，又会拉低房价，所以面积对房价是不确定的。

回归的结果显示*surr*，*ages*，*area* 和*floor*的偏回归系数分别为7564.01，-51.36，－9.88和（3498.23- 2771.10*dum），符号都符合预期。

（4）显著性检验

各偏回归系数的显著性检验（*t*检验）的*P*值都小于0.0000，说明各解释变量对被解释变量的解释作用显著，应当保留作为房价的特征变量。

6.3.2.3 利用回归结果进行预测

在假设房屋位于望京地区的前提下，并且已知房屋各个特征变量信息，便可以利用回归结果进行房屋单价的预测。例如，当一套塔楼上的房屋（*dum*=1）其所在小区物业费为e（自然对数）元/平方米，即*surr*的值为1；房龄10年，剔除*surr*影响后，*ages*仍为10；面积100平方米；所在楼层即顶楼，即楼层赋分值为1；带入回归方程得到单位面积的房价：

$$P_0=19994.86+7564.01\times1-51.36\times10-9.88\times100+(3498.23-2771.10\times1)\times1$$

$$=26784.40$$

另外，有一点需要注意，这样得到的是采集HPM模型所用数据时房屋的市场价格。由于采集数据的时间一般不会正好就是1月1日，所以用于评税时要进行房价指数的修正，才能得到评税时点的房价。

6.3.3 土地估价方法与应用

6.3.3.1 土地估价方法的选择

上述介绍的*HPM*模型剔除了“地理区位”因素，而要评估房产税计税依据，必须将这一因素量化并引入批量评估体系。对这一因素的量化可以简化为对居住型用地的估价。首先可以考虑的估价方法是基准地价修正系数法，这是三大传统房地产评估方法中“比较法”的一种，其原理就是改变先确定土地级别，再划分基准地价分区，并以此测算基准地价作为“比较价格”，然后经过区域因素和个别因素（包括交通便捷度、环境质量优劣度、建筑容积率等）的修正系数进行调整，最终得到地价。这一方法要求基准地价要及时更新，修正系数要及时调整，而北京目前还沿用着国土资源和房屋管理局在2002年公布的数据（卢新海，2010）。因此建议应当以市场交易数据确定“比较价格”，再根据市场因素和待估宗地的特点进行因素修正，这其实就是“比较法”中应用最广泛的“市场比较法”。这一方法可以省掉时间因素修正和个别因素修正的绝大多数内容，而且能够更好地与以市场比较法为基础的HPM对接。

6.3.3.2 “市场比较法”评估地价的应用

首先，确定一块近期交易的宗地作为比较对象，其价格称为“比较价格”。由于我国要求土地交易信息必须公开，所以可以在国土资源部的官方网站上查找到相关信息。需要注意的是我国城镇土地使用权供给存在多种形式，其中有市场化和非市场化交易之分，具体如图6-2所示。只有选取能够反映市场化信息的交易价格作为“比较价格”，才能进一步使用“市场比较法”评估待估土地的市场价值。因此需要选择通过 “招、拍、挂”方式或“有偿转让”方式交易的土地，作为比较对象。

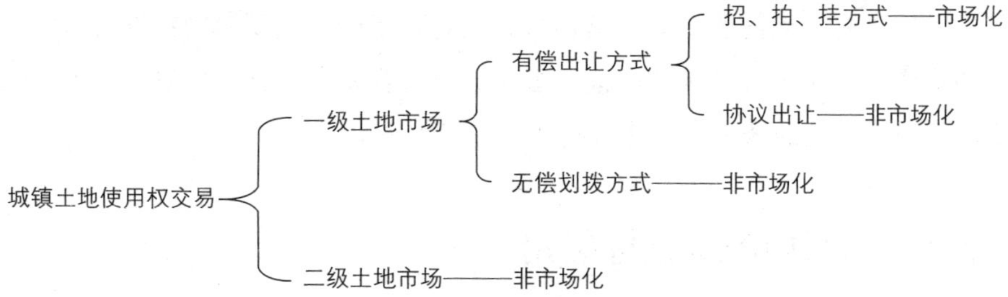

图6-2　我国城镇土地使用权的交易形式

然后，需要根据比较对象和待估宗地的特点，进行个别因素修正。修正系数的确定可以通过建立地价的特征价格模型，确定各因素的单位变动对地价的影响系数，方法同前文介绍的建立房价*HPM*类似，但这样会很复杂。所以，也可以利用北京市已有的基准地价个别因素修正系数表简化这一环节的工作（见表6-5）。

表6-5 北京市基准地价个别因素修正系数表（以Ⅱ级基准地价为例）

单位：%

影响因素	产业集聚程度	交通便捷度	区域土地利用方向	临路状况	宗地形状及可利用程度	基础设施状况	环境状况
修正系数调节范围	-5.0~4.8	-8.0~7.68	-2.5~2.4	-2.0~1.92	-3.0~2.88	-2.5~2.4	-2.0~1.92

6.3.4 设计房、地综合的批量评估方案

6.3.4.1 使用批量评估方案的前提

由于我国的房地产信息系统尚不完善，税务部门不可能对所有房产税应税对象所在的住宅小区，都能得到一定数量的市场交易数据建立*HPM*，尤其在北京，存在大量的旧宅（1992年以前单位自建的住房）和央产房（产权为中央在京单位所有的住房）不能随意买卖，因此必须设计一套批量评估方案。

使用这一方案的前提是住宅的特征信息和土地估价所需的信息是可以获取的；但是某一评税分区内的住宅交易信息不足以建立*HPM*，因此只能使用可以共用的*HPM*估计出的参数。

6.3.4.2 批量评估方案的设计思路

设计思路就是根据评估地价的差值调整*HPM*预测出的房价。方案具体可以分为以下几个步骤：① 首先利用市场比较法分别评估样本地价和待估房产所处宗地价格，所谓的样本地价就是*HPM*对应区域的所有宗地的平均价格，运用*HPM*模型，评估望京地区12个住宅小区的宗地价格，求平均值后作为样本地价，然后根据土地价格指数计算出评税时点的地价用P_D和P_D'表示；② 用 P_D和P_D'分别除以土地总面积，得到单位面积的地价P_d和P_d'；③ 再计算两个地区单位面积地价的差值，即$\Delta P=P_d- P_d'$；④ 最后对通过*HPM*预测的房价进行调整，得到待估房产的计税依据$P= P_0- \Delta P$。具体的批量评估方案思路如图6-3所示。

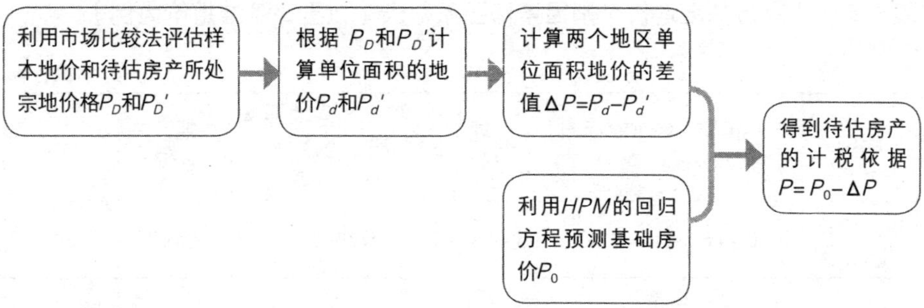

图6-3　房地综合批量评估方案的路径流程

7. 房地产税的配套制度

在税收传统的效率、可计量和纵向公平等特征之外，房产税的设计更应该使纳税人“感觉公平”。

——英国房地产税征管机构前主席帕粹克 · 多黑提（Patrick Doherty）

7.1 征管权限划分

房地产税的管理权主要包括税收立法权、税收评估权、税收征管权以及税率制定权。表7-1中对世界主要国家房地产税管辖权的设置进行了整理。从表中可以看出，房地产税管辖权与国家政治体制密切相关。表中整理的国家中，绝大多数国家其房地产税管辖权设置的政府层级具有一定的共性。立法权方面，分权程度较高的国家，如美国、加拿大、澳大利亚等国家，房地产税（或土地税）的立法权通常设立在州或者省一级政府；而集权程度较高的国家，通常由中央政府制定统一的房地产税税法。

税基评估和征管方面，也可以分为地方政府负责评估与征管和中央政府统一负责评估与征管两种模式。在财产税制度比较成熟的国家和地区，通常的做法是由地方政府负责财产税税基的评估与征管。这样做的好处在于地方政府能够更好地了解本地区房地产市场，能够更准确地得到评估价值。由于房地产税用途主要用于地方政府提供公共服务，因此有地方政府负责房地产税的征管也符合“事权财权匹配”的原则。地方政府评估辖区内的房地产价值也有其缺点，就是地区之间容易造成评估指标的不统一，导致评估结果的不公平。为了解决这一问题，在由地方政府负责评估的国家，通常做法是以州或地区为单位建立统一的评估机构或者采用统一的评估技术标准，最大限度地避免评估结果不公平的现象。例如，加拿大BC省有统一的评估局负责省内评估，美国马里兰州由州进行统一评估，日本由省级政府根据中央政府的标准制定具体评估标准。

在一些国家和地区，房地产税税基评估由中央政府统一负责。例如，英国、瑞典、立陶宛等。这些国家具有一些统一的特点，例如，国土面积比较小或者集权程度比较高。如新加坡，国土面积较小，所以中央政府统一进行评估也可以保证评估的准确性和效率。而像东欧转型国家和一些非洲国家，集权程度比较高，因此评估工作由中央政府统一负责，甚至在一些非洲国家，财产税由中央政府统一征收再分配给各地方政府。

在税率制定权限方面，主要分为三类。一类是由中央政府或省一级政府负责制定具体税率，如澳大利亚的土地税、智利、印度尼西亚、瑞典、英国、泰国、突尼斯等。第二类是中央政府负责制定税率的上限或者税收增长的幅度限制，各地方政府根据中央政府的规定制定各自的税率，如丹麦、法国、日本、荷兰、瑞士、匈牙利、哥伦比亚、菲律宾等。第三类是地方政府享有确定税率的权力，根据自身的预算确定财产税的税率，如美国大部分州、澳大利亚的差饷税[①]、加拿大、阿根廷、肯尼亚等。例如，在美国，税率的确定遵循“以支定收”原则。地方政府先作出下一年度财政预算，按照所需财政收入再反算财产税税率，具体见表7-1。

表7-1　　部分国家不动产税立法、执法等主要法律权限的划分[①]

国家		立法权	税基评估	税收征管	税率制定
澳大利亚（因州而异）	地方财产税	R	R	L	L
	土地税	R	R	R	R

① 差饷税（Rates）是对土地价值征收的税收，用于地方政府提供公共服务。澳大利亚每个州都设有此税种，在一些州，差饷税与土地税同时征收。

国家	立法权	税基评估	税收征管	税率制定
加拿大	R	R或L	R或L	R或L
智利	C	C	C，R和银行	C
丹麦	C	C 和L	L	C 和L
爱沙尼亚	C	C	L	C 和L
法国	C	C	C	C 和L
德国	C	R	R或L	C 和L
印度尼西亚	C	C	C，L和银行	C
以色列（仅特拉维夫）	C	L	L	L
日本	C	R 和L	L	C 和L
拉脱维亚	C	C	L	C
立陶宛	C	C	C	C
荷兰	C 和L	L	L	L
韩国	C	L	R和L	C
俄罗斯	C	C 和L	C 和L	C 和L
瑞典	C	C	C	C
瑞士（因郡而异）	R	R和/或L	R和/或L	R和/或L
英国	C	R或L	L	C（商业税率）； L（市政税）
美国（因州而异）	R	R和L	R和L	R和L

注： 1. 根据美国林肯基金会和OECD财政事务部对有关国家不动产税制度的调研情况。
2. C代表中央或联邦政府；R代表地区性政府（一般指州、省、郡）；L代表地方政府（一般指乡、市、区）。

在所研究的国家中，绝大部分国家是由地方政府负责本地区房地产税的征收。而只有少部分是由中央政府统一征收财产税的国家，如法国、新加坡等。而新加坡由于国土面积小，不存在地方政府征收财产税的问题，因此财

① 资料来源：Joan M. Youngman and Jane H. Malme, An International Survey of Taxes on Land and Buildings, p57。

产税的评估与征收被设置于国内税收管理部的两个下属部门中。

在由地方政府负责房地产税征收的国家，通常是评估部门向地方政府或地方议会提供纳税人应纳税款的清单，由地方政府或议会所任命的税收官负责房地产税的征收。这样的做法与房地产税作为地方税的性质相适应。随着科技的进步，房地产税征收的成本也逐步降低。在越来越多的国家，纳税人可以采用银行转账、汇款等方式将应缴纳的房地产税划入政府制定的账户中，大大减少了地方政府房地产税征收管理的人力成本。

7.2 自我评定制度

作为直接税的征收，房产税需要征管部门和纳税人之间更多地直接“打交道”。其他国家和地区的经验告诉我们，如果能够使纳税人更多地参与到税收征管过程中能够使纳税人更乐于缴纳房产税。

现代税收管理体制下，纳税人自愿遵从是以纳税义务的自我评定制度为基础的。所谓纳税义务的自我评定，是指在无须税务机关积极干预的前提下，纳税人主动履行其纳税义务并由税务机关予以确认的制度。为此，税务机关须向纳税人提供为履行纳税义务必需的信息、教育等服务。纳税人须准确完成申报，并自主缴纳税款。在此基础上，税务机关对纳税人的税收义务进行确认，并提供相应的争议解决与惩罚机制。

纳税义务的自我评定事实制度上包含三个不可分割的主要环节：一是纳税人对其纳税义务的自我评定；二是税务机关对纳税义务的最终确定；三是征纳双方对纳税义务有异议情况下的争议解决机制。这种制度在所得税中得到了广泛的使用，也正在推广到其他的直接税，如房地产税种。

中国台湾地区在地价税和房屋税的征收中，采用纳税人先自报地价的方式①。印度的房产税也引入了自我评估（self-assessment）环节，先由纳税人按照征管机关设立的不同档次进行填报，包括房屋的使用情况、类型、面积和年限等，并计算自己应该缴纳的税款②。这种做法既使纳税人清楚了房产税是怎么计算和征收的，又避免了完全由税务机关评估计税的工作量，减少了一些争议。因此，这种自我评估的方式正在越来越多的国家得到推广和应

① 常新.台湾地区房屋土地保有环节税收情况[J].涉外税务，2007(1).
② 资料来源于印度政府1998年颁布的房产税改革的指南。

用，如匈牙利、菲律宾和泰国都采用了这种方法①。

7.3 税基评估制度

7.3.1 评估机构设置

对于按照评估价值征收房地产税的国家和地区，房地产计税价值的评估是十分重要的管理内容。在各国的实际做法中，评估部门的设立通常遵循了“评估与征管相独立”的原则，保证评估的公正客观。从表7-2中可以看到，OECD国家中税收部门负责房地产税管理的国家较少，而承担实际评估职能的国家更少②。在管理职能上，税收部门的主要作用包括房地产税相关法律的制定或执行监督，各地方政府评估结果的协调，税收收入的监督与协调，评估师培训等。

表7-2　　税收管理部门财产税征收管理职能设置的国际比较③

国家	承担财产类税收*管理职能与否	承担财产税评估职能与否
1）OECD国家		
澳大利亚	否	否
奥地利	否	是
比利时	否	否
加拿大	否	否
捷克	是	是
丹麦	是	是，只负责数据库与CAMA系统维护
芬兰	是	是
法国	是	是
德国	是，只负责评估，不负责征收	是
希腊	是	是

① 资料来源于林肯土地与政策研究中心关于房产税改革国际经验的数据库。

② Tax Administration in OECD and Selected Non-OECD Countries: Comparative Information Series (2008) 52　资料来源于印度政府1998年颁布的房产税改革的指南。

③ 资料来源：作者根据Tax Administration in OECD and Selected Non-OECD Countries: Comparative Information Series (2008) 中资料整理。

续表

国家	承担财产类税收*管理职能与否	承担财产税评估职能与否
匈牙利	否	否
冰岛	否	否
爱尔兰	否	否
意大利	是	否
日本	否	否
韩国	是，只负责管理综合房地产保有税	否
卢森堡	否	是
墨西哥	否	否
荷兰	是	否
新西兰	否	否
挪威	否	否
波兰	否	否
葡萄牙	是	是
斯洛伐克	否	否
西班牙	否	否
瑞典	是	是
瑞士	否	否
土耳其	是	否
英国	是，只负责评估，不负责征收	是
美国	否	否
2）一些非OECD国家		
阿根廷	否	否
保加利亚	否	否
智利	是	是
中国	是	是
塞浦路斯	是	否
白俄罗斯	是	是

续表

国家	承担财产类税收*管理职能与否	承担财产税评估职能与否
拉脱维亚	是	否
马来西亚	是	否
马耳他	否	否
罗马尼亚	否	否
新加坡	是	是
斯洛文尼亚	是	否
南非	否	否

*根据OECD统计口径，财产类税收包括对个人和企业征收的房地产税、动产税、遗产税、赠与税、资本利得税、房地产转移税与财产相关印花税等。

进一步细致考察各国房地产税评估机构的设置，可以分为4种模式。第一类是由第三方机构负责评估，如加拿大BC省和安大略省。第二类是税务部门的下设部门负责房地产税评估，典型国家有英国、德国、新加坡、芬兰等。第三类是税收部门以外的政府部门负责评估，典型的地区是澳大利亚新南威尔士州、美国俄亥俄州、印度尼西亚。第四类是没有特定的部门负责评估，而是由地方政府议会任命或由公民选举评估师，负责辖区房地产税的评估，如美国的一些州和南非。无论哪一种模式，各国都遵循了评估与征管相独立的原则，保证评估的公正客观。

7.3.1.1 第三方机构负责评估——加拿大

在加拿大BC省，房地产税的评估与征管由BC评估局负责。BC评估局是依据BC省《评估机构法案》成立的法定机构，负责对BC省不动产进行房地产税纳税价值的评估。

《评估机构法案》中规定BC评估局的职责包括：

①建立一套完整的房地产税评估体系，并负责体系的管理；

②根据实际情况对BC省进行合理的评估分区划分；

③建立一套对评估师以及与房地产税评估相关人员进行教育、培训的计划安排；

④细化并保证对评估师以及与房地产税评估相关人员进行教育、培训的计划的标准以及实施；

⑤必要时，可以授权评估局工作人员提供《评估法案》规定以外的服务，并收取服务费用；

⑥确保公众对于BC省房地产税评估流程的知情权；

⑦为评估局职能的充分实现而产生的其他职责，或根据其他法律或省议会副议长的要求履行的职责。

在与政府的关系上，BC评估局法定机构的地位决定了其与政府之间的关系是相对独立，但又不是完全脱离的。BC省评估局是由一个1名主席和另外11名主任委员组成的主任委员会进行管理的。主任委员会负责管理与监督评估局的各项事务，并作为评估局法定代表履行评估局的责任和义务。从这个角度来讲，BC评估局是独立于政府部门的一个机构，保证了评估过程和结果的客观公正。同时，BC评估局又受到省议会的管理。《评估机构法案》中规定，BC省议会副议长负责评估局主任委员会和委员会主席的任命。此外，BC评估局的资金来源也是来自于政府的财产税收入。加拿大财产税是根据房地产税的不同用途和各类型征收对象分别确定税率，统一征收后分配给各部门使用的。因此，每年BC评估局会根据自身的预算确定评估局需要收取房地产税的税率，税收征收环节结束后，由各市政府或相关部门的部长根据《财政管理法案》的规定将相应的税收收入划至 BC评估局。所以BC评估局的资金来源主要是政府的预算收入。虽然法律允许BC评估局向其他机构提供收费的服务，但是实际中，这部分的收入只是BC评估局全部收入的很小一部分。

7.3.1.2 税务部门负责财产税评估——英国

在英国，税务与海关总署（HM Revenue & Customs）的下属部门VOA（Valuation Office Agency）是专门负责英格兰和威尔士地区商业差饷（Business Rates）和市政税（Council Tax）评估的政府部门。而税务与海关总署是于2005年新成立的部门，是国内税务部（Inland Revenue）和海关行为部（HM Customs and Excise Departments）合并成立的。其职能是包括所得税、增值税、家庭税在内12项税收的管理以及一些福利支出，同时还负责边境保护、环境税收等，因此是英国税收的主管部门。其下设的VOA在英国共有85个办公室，4300名公务员，负责各地区不动产税的评估工作。

VOA的主要职责包括：

①建立与维护英格兰、威尔士地区差饷和市政税评估清单。苏格兰地区差饷和市政税评估清单由苏格兰评估局负责；

②为税务与海关总署税收征管的目的评估英格兰、威尔士和苏格兰地区的全部不动产；

③为英格兰、威尔士和苏格兰地区提供法律规定内或法律规定外的不动产评估服务；

④向相关部门部长提供与不动产评估相关的政策建议。

作为地方税，差饷和市政税的征收和支出都由各地方政府负责。可见，英国商业差饷和市政税的评估与征收是独立存在与两个不同的管理体系中的，最大限度地保证评估的客观公平。

7.3.1.3 税收部门以外的政府部门负责房地产税评估——美国俄亥俄州和澳大利亚新南威尔士州

（1）美国

美国政府主要分为三级，联邦政府、州政府和地方政府，即市政府、县政府。在房地产税的评估与征收管理主要由州政府和地方政府对各自辖区的不动产负责。对于一些跨州的交通设施，如铁路，美国的做法是铁路经过的各州分别评估各自辖区内的铁路的价值，然后由联邦政府对各州评估的结果进行整合以及必要的调整[①]。这也是联邦政府唯一负责房地产税管理的领域。

对于其他不动产的评估与房地产税的征管，州政府负责建立评估法律与地方政府税收法律的框架，但是并不实际参与房地产税的征管。因此州政府在房地产税的管理上只起到制定标准、质量控制、评估师培训等作用，而实际的评估与征管任务则由各地方政府承担。

在机构的设置上，大多数州房地产税管理部门都是独立于其他政府部门的，从而保证财产税评估的客观公正。评估师可以通过公开选拔或任命的方式，评估师属于公务员系统，其评估结果只能应用于房地产税领域。征收官也是独立的公务员。以俄亥俄州卢卡斯县为例。俄亥俄州政府的税收部门负责财产税的管理与协调，而卢卡斯县政府的房地产评估与评税部门负责财产

① 铁路复兴与控制法案Railroad Revitalization and Regulatory Reform Act.

税的评估，县政府的税收官负责财产税的征收。

（2） 澳大利亚新南威尔士州

澳大利亚对土地征税，因此财产税在澳大利亚是土地税。土地税由州政府和地方政府管理。其中，州政府负责评税清单的制作，然后将评税清单提供给地方政府的议会，由地方政府议会根据自身情况制定税率，并进行征管。土地税的收入归地方政府支配。

以新南威尔士州为例，土地和不动产管理部（Land and Property Management Authority）负责与土地相关的所有评估工作，以及土地登记。土地评估方面，州政府任命总评估师（Valuer General）负责州内全部与土地相关的估价工作，包括土地税、地方政府税收、政府土地征收、部门间土地交易等。州的总评估师还负责代表州政府对全部的土地进行登记。这种由土地管理部门负责评估的做法是与澳大利亚仅对土地征税的税制有密切的关系的，可以大大减少信息共享的成本，便于土地的管理。

因此，澳大利亚土地税的评估由州政府下设的部门负责，而税率的确定和征管由实际使用土地税收入的地方政府负责。

7.3.1.4 任命评估师负责评估

南非房地产税由各市政府负责评估与征收。在2004年《6号法案》中规定，每年再评估项目开始之前，市政府必须任命市级评估师，负责辖区内的房地产税评估。评估师可以来自政府公务员，也可以来自私人部门。对于从私人部门选聘的评估师，必须通过公开的招募以及签订书面合同。因此，南非市级政府并没有专门的机构负责房地产税评估。

7.3.2 评估周期的选择及评估成本控制

一套有效且公平的不动产税征收制度不仅要求有最初的财产评估机制，而且需要定期对财产变化情况进行重新评估。经常性评估不仅能保证税额的合理性，而且可以降低因评估值大幅度增长而导致税负突然的、动态的变化风险。基于以上的各种原因，评估的周期应尽量缩短。但是，在考虑缩短评估周期时还要考虑成本的增加问题。由于在价值评估体系中，不动产价值经常发生变动，所以周期较短的不动产重估明显可以更好地反映当前的市场情况。从国际上看，上述评估更新办法通常采用两种方式：一是采取特定的评估周期；二是对不动产税税基进行指数化。

国际上经常采用的成本较低的评估方式是批量评估。批量评估是在特定日期内对一组房地产系统化的评估，即在特定日期特定区域对每片土地“流水线”式评估。其目的是在待评估的群体中形成评估的一致性和连贯性。评估价值必须参考税法中规定的价值定义来指定。20世纪70年代以来，美国开始运用多元回归分析（Multiple Regression Analysis）的方法来评估群体房地产，这一方法是基于市场比较法和回归分析技术建立的各地区评估模型，从而进一步确定不同特征物业的价值。不仅保证了评税的准确性，而且大大提高了评税效率，目前这一方法已广泛运用于美国和加拿大的多个地方辖区。

图7-1是美国伊利诺伊州房地产税的行政周期。

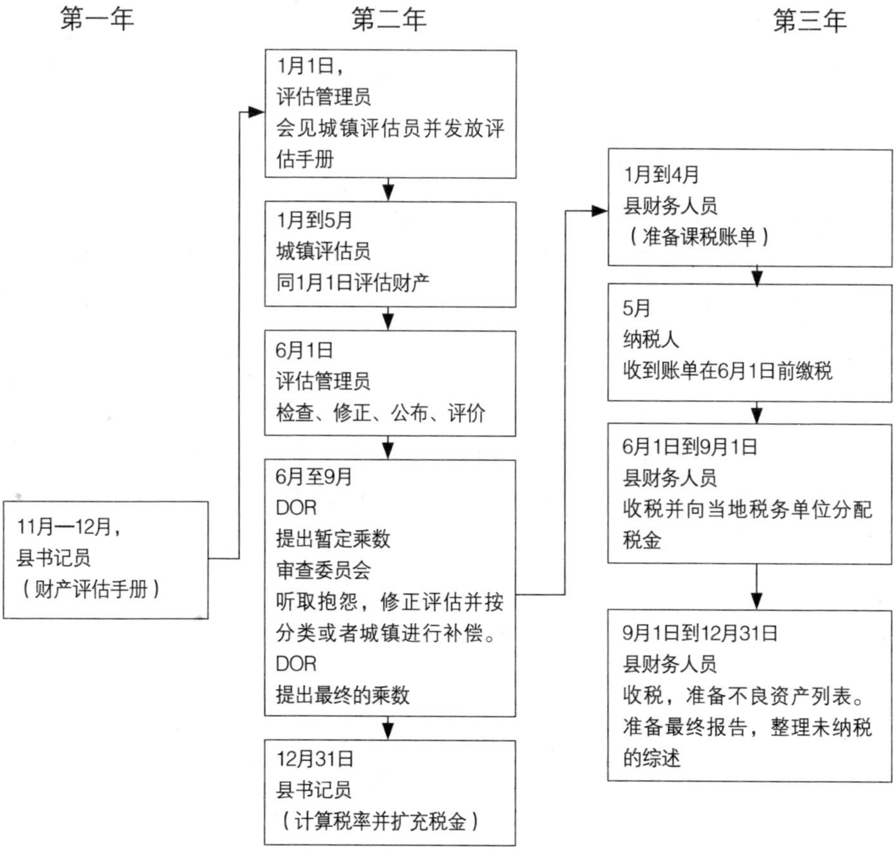

图7-1 美国伊利诺伊州财产税评估行政周期示意图

7.4 争议解决制度

即使是独立的评估机构对房地产作出的评估，仍然可能与其真实价值产生偏离，与纳税人的预期更是常常出现差异。因此，需要建立一套公正健全的房地产税评估争议解决机制。

7.4.1 一般争议解决制度

在房地产税比较成熟的国家，争议解决机制通常分为三个层次：第一层是向房地产税评估机构提出争议解决申请。通常情况下，纳税人以非正式询问的方式向评估机构提出申请，由评估机构向纳税人进行解释说明；第二层是向专门负责房地产税争议处理的机构提出争议解决申请。这类申请通常是正式的申诉，由专门的争议处理小组负责，在美国、加拿大等国家，申诉处理通常采用听证会的方式，纳税人和评估机构各自举证；第三层是向法庭提出诉讼。通常情况下，向法庭提出的诉讼与具体法律条文的规定有关，不得针对评估中的数据、公式等。

房地产税评估争议解决体系比较典型的例子仍然是加拿大哥伦比亚省，该省的争议解决可分为四个层次：第一，非正式申诉。当纳税人对评估结果有异议时，首先可以向评估机构提出非正式的争议解决请求。评估部门收到非正式申诉后，会及时向纳税人进行解释说明。大部分的争议在这一阶段可以解决；第二，向评估审核小组提出正式申诉。如果纳税人对评估部门的解释仍然不满意，可以向评估审核小组提出正式申诉。评估审核小组会组织专门的听证会对争议案件进行听证，并作出处理意见；第三，向评估审核委员会提出进一步申诉。如果纳税人仍有异议，可以向评估审核委员会提出进一步上诉；第四，向法院提出上诉。对评估审核委员会的处理意见仍然有异议的纳税人，可以向法院提出诉讼。但是法律规定这一阶段上诉只可以针对法律中具体条款的适用，而不得对评估方法及数据的准确性等提出上诉。例如，加拿大不列颠哥伦比亚省《评估法案》将房地产按用途分为不同的类型，分别适用不同的税率。在法院上诉阶段，纳税人只能针对房地产应依法划归哪一类型提起诉讼，评估中的数据和评估方法则是在之前的环节进行解决①。

① 根据加拿大房地产税相关法律整理。

除争议处理体系外，“申诉不得影响税款的缴纳”也是各国通行的做法。经过审查，如果确实需要更改评估价值和征税额，税务机关在争议处理完毕后会向纳税人进行相应的税款退还或补缴等处理。

7.4.2 各国典型做法

其他国家（地区）的一些典型做法还包括：

（1）美国

美国各州法律规定，房地产评税机构评出每块地块或房产的价值后，要向纳税人发出财产评估或税务通知，告知房地产的纳税价值。财产评估或税务通知必须包括纳税人申诉的权利和完成申诉程序的截止时间等信息，并且要在正式征税前或作为税单的一部分送达纳税人。纳税人有争议的，可以向作出房地产评估价值的评税机构提出申诉，也可以向其上级提出申诉；仍然存在争议的，可以向法院提出诉讼。评税官员要根据仲裁或判决的结果修改或维持房地产的计税价值。[①]

根据美国一些州的房地产税法规，实施申诉的截止时间在不同的州有着不同的规定，主要由地方法律决定。通常通知送达时间为两周，送达后至提交申诉时间为30天。[②]纳税人通常都会注意和执行其申诉权利，由于不同州的经济、政府和政治因素，不同类型的评估单位（如住房、商业地产等）出现申诉的频率有所不同。

（2）法国[③]

法国涉及不动产税收争议的处理主要由两个部门负责，土地税中心负责与税基及土地税有关的争议，税收中心负责与居住税及部分土地税有关的争议。

异议申请人既可以为不动产所有人，也可以为使用人。与房产租金收益有关的异议不仅可以由所有者提出，也可以由租用者提出。异议受理部门及地址在税单上注明。异议申请时间为1年，即申请人可以在该税征收年度下一年的12月31日前提出复议申请。纳税人可以通过写信、打电话或当面申述等

① 何杨，满燕云，刘威. 发达国家房地产税征管模式的比较与启示[J]. 涉外税务，2011(5).

② Richard A. Levin, A Brief Summary of Major State & Local Taxes in Ohio 2010, Tax Analysis Division and the Communications Office of the Ohio, Department of Taxation.

③ Richard Almy, A Global Compendium and Meta-Analysis of Property Tax Systems, Working Paper, Lincoln Institute of Land Policy, August 2013.

方式提请复议，提请复议时，需出示相关证据。复议的内容包括房地产所属类别以及加权面积，但纳税人对于评估程序和各个市镇规定的单位面积租金收益无权提出异议。税收机关收到复议申请后在6个月内给予答复，遇到特殊情况可以延长到9个月。如果纳税人在6个月之内没有收到答复的，可以向行政法庭提起行政诉讼。

复议期间，纳税人可以申请延期纳税。应纳税额少于3000欧元的，延期申请会被自动批准；超过3000欧元的，纳税人需缴纳担保金。当复议要求被税务机关通过后，税务机关应当返还纳税人多缴纳的税款及利息；如果复议要求被拒，除税款以外，纳税人还要缴纳10%的滞纳金及相应利息。针对某一种税的房产租金收益的复议经最终裁决后，也适用于其他税。

（3）英国[①]

在英国，当纳税人对评估结果中住宅等级归属有异议时，通常情况下可以直接去当地的评估办公室提出异议。纳税人需要核实所提供的房屋资料，说明异议的理由。评估办公室会在2个月内给出对评估结果的意见。如果的确是评估出现问题，评估办公室会通知纳税人和市政税管理部门；如果评估结果没有问题，评估办公室也会通知纳税人，并解释原因，但是纳税人不得对此结果提出异议。

英国还规定了一些特殊情况，纳税人可以通过上诉至专门的法庭来提出异议。异议人可以通过网络填写上诉表格或从当地评估办公室领取表格提交上诉文件。2008年4月1日开始，英国采用了“直接上诉”的方式。当对住房评估价值有异议时，除了通过原有的程序，纳税人可以首先在评估办公室复查评估结果，并且在收到评估办公室书面复查意见后3个月内，自行决定是否直接向专门的法庭申请重新评估。这种方式使得纳税人可以从评估办公室尽快地复查评估结果，避免纳税人经历长时间的复杂诉讼程序。

（4）日本[②]

日本除了在都道府县政府设立固定资产评估审查委员会（简称“审查委员会”）外，在市町村政府也设有此机构，负责处理辖区与固定资产评估相关的争议。市町村的审查委员会人数由各地方确定，但是不得少于3人。审查委员会委员经市町村议会同意后，由市町村长任命，任期3年。委员遴选范围

---

① 英国地方政府网站上给纳税人的“市政税指南”（Council Tax—A Guide to Your Bill），https://www.gov.uk/council-tax/working-out-your-council-tax。

② 日本《固定资产税法》，由作者翻译整理。

为该市町村的居民、市町村税的纳税义务人或具有固定资产评估知识和经验者。在处理争议时，审查委员会从委员中指定3人组成合议庭，处理争议案件。各项决议由委员投票确定。

如果纳税人对当年固定资产课税清册中的评估价值有异议，可以在接到纳税通知单后60日内（对于进行公示的，为公示日后60日内），以书面形式向审查委员会提出审查申请。审查委员会收到申请后，通过必要的调查和其他事实审查，在 30日之内作出审查决定。法律规定审查必须采用书面形式，如果审查申请人有特殊要求，审查委员会应给申请人口头陈述意见的机会。

审查委员会在需要审查的情况下，可根据其职权或者关系人的请求，要求审查申请人以及持有该申请人固定资产评估所需资料的相关人提交审查所需的资料，还可以要求固定资产评估员对有关评估调查记录的事项进行说明。审查委员会作出决定后10日内，会以书面形式通知审查申请人及市町村长。纳税人不服审查委员会的决定时，可以向法院提起诉讼。如果审查委员会作出的决定为对已登记的评估价值进行修改，那么市町村在接到通知后的10日内，对评估价值作出修改，并通知纳税人。对于已经征收了固定资产税的，除了更正价值信息，还应更正纳税额。

（5）中国香港地区[①]

中国香港地区的差饷[②]税制于1845年首次实施时，已有法律条文表明差饷缴纳人可就差饷的评估和征收事宜向最高法院提出上诉。1851年，上诉机制进行简化，差饷缴纳人可先向差饷估价官提出反对，并有权在指定时间内向最高法院提出上诉。1973年以前，差饷缴纳人可基于特别理由，就差饷估价册的记录项或临时估价向地方法院提出上诉。1973年的修订条例就上诉机制作出重大改变，差饷缴纳人在向地方法院提出上诉前，可先向差饷物业估价署（简称“估价署”）署长提交修改差饷估价册建议书或反对通知书以进行复核。随后，香港土地审裁处于1974年成立，自此，差饷上诉案便由地方法院转由土地审裁处负责审理。

根据中国香港地区《差饷条例》第40条，在估价署署长发出有关以更正、删除或临时估价方式修改差饷估价册的通知书后，有关差饷缴纳人如有不满，可在28天内采用指明表格向估价署署长递交反对通知书，列举反对的

---

① 香港特别行政区差饷物业估价署，《香港差饷税制——评估、征收及管理》，http://www.rvd.gov.hk/。

② 差饷最早称为警捐，是中国香港地区对楼宇或物业征收的一种间接税，实行专款专用。纳税人为楼宇或物业的占有人（使用人），计税依据为估算的物业每年所得合理租值。

理由。估价署署长在考虑过有效的反对通知书后，有权维持、更改或取消有关的临时估价，也有权对差饷估价册作出删除或更正。在28天反对期届满后的6个月内，估价署署长需就反对作出决定。

任何对估价署署长就建议或反对所做决定不满的人，均可向土地审裁处上诉。土地审裁处成员包括法律及估价专家，让市民可就专业估价提出反驳的同时，无须支付高昂的诉讼费用。

上诉截止日期是决定通知书送达后28天，非物业单位的业主或使用者也可提出上诉。在提出上诉至作出裁决期间，上诉人可随时要求中止法律程序或撤回上诉。上诉人及估价署署长均有权出席土地审裁处的聆讯，并可提出有关证据支持其立场。土地审裁处可维持、提高或减低应课差饷租值。土地审裁处的决定属最终决定，但如果该决定涉及法律要点，上诉人可以向高等法院上诉庭提出上诉。土地审裁处具有审判差饷上诉案的司法管辖权，上诉人不能直接向高等法院申请上诉。

在建议、反对和上诉处理过程中，缴纳人仍需缴付差饷。如应课差饷租值因诉讼而调低，多缴付的数额会在随后的征收差饷通知书中作出调整。

7.5 信息共享制度

批量评估技术的发展使得房地产税统一评估成为可能。与传统意义上的个案评估不同，批量评估要对一定范围内、具有相同特征的一组房地产建立统一的模型，从而反映市场供求对这一组房地产的影响。任何成功的批量评估系统都依赖于可靠的数据，用以构成、更新、协调评估模型，因此，对评估所需数据的搜集和管理以及保证数据质量都至关重要。所需数据要素通常包括：房屋所有权、用途、土地和房屋的物理特点、区位、交易数据、收益和费用数据以及其他相关市场数据等。

现实中，上述不同类型的评估数据往往分散在不同的机构中，有政府部门，如不动产登记管理、工商、税务、审计等部门，也有非政府部门，如不动产交易中介公司、银行等，这种情况常常会导致一些国家，尤其是发展中国家和转型国家在房地产信息采集过程中面临“信息孤岛”的难题。为了解决这一问题，协调各机构，特别是政府各部门之间的工作，确保评估机构能够及时、全面地获得所需的评估信息与数据，各国都采取了各种行之有效的办法，主要做法有两种：

一种是在房地产税税法或评估法中对各部门提供房地产税评估涉税信息进行规定，如南非新《财产税法》有关税基评估的部分对各部门提供涉税信息的义务进行了明确；加拿大哥伦比亚省《评估法案》赋予哥伦比亚省评估局收集房地产税评估相关数据的权力。具体来看，哥伦比亚省评估局主要从以下渠道获得所需有关数据。

表7-3　　　　　哥伦比亚省房地产税相关数据来源

数据来源	数据内容
地方政府	建筑许可证和建筑平面图
纳税人申报表	住房情况、家庭收入支出表、房屋交易情况
土地产权与测量局、房地产协会、抵押贷款住房公司	交易数据
上诉机构	房屋重新评估情况

资料来源：根据加拿大哥伦比亚省《房地产税评估手册》整理。

另一种是建立全国性的信息共享中心。这方面成功的典型案例是立陶宛的国家登记中心①，该中心负责房地产地籍的管理与房地产登记，主要职责包括：房地产地籍与登记管理、建筑物与土地地籍调查、地址登记与管理、房地产批量评估与市场分析、地籍地理信息系统的管理与维护、法人实体的登记与管理、官方信息公布、登记中心的认证中心提供认证服务。国家登记中心建有房地产登记信息系统，该系统是一个覆盖所有房地产类型的独立的数据库，整合土地登记和房屋登记的数据，并与地理信息系统结合，以地理空间为基础储存地籍数据。房地产登记信息系统还与其他基础信息相连，包括人口信息、法人实体信息、地址信息、抵押贷款信息、文物保护信息、林地信息以及自然保护信息。国家登记中心向地方税务管理部门提供房地产税评估与管理的必要信息，并且根据纳税人的请求免费提供计算房地产计税价值的数据摘要。国家登记中心的批量评估结果会在其网站上公布，纳税人可以输入房地产唯一的编号进行查询。

在房产税征收所需的数据方面，我国目前所面临的最大问题是如何实现

① Albina Aleksiene, Antanas Tumelionis. Property Taxation in Lithuania[C]. International Conference Land Value Capture in Urban Development Role of Property Tax in Local Finance, June 23-24, 2009, Warsaw, Poland.

不同部门之间的数据整合和共享。我国大部分地区采取的是房产和土地分开管理的模式，在建立房产税数据库时一般会遇到两种困难。一是从房产、土地专业管理部门取得的数据存在行政障碍，如住房建设部门掌握房屋建设和交易基础信息，国土资源部掌握土地方面的基础信息，相互之间并不共享。二是在整合房产、土地专业管理部门的数据存在技术障碍。对于第一种障碍，需要通过政府部门的协调下解决，依赖各部门的协同配合。第二种障碍有许多技术难题需要解决，需要考虑房产、土地行政管理部门的数据管理技术规则、数据登记质量以及数据维护的时效性等问题。

8. 中国新房地产税的税制探讨

如何重组政府间的财政关系；如何将拟议的财产税融入现行的财政制度；如何修改政府会计程序和条例；如何在不同公共部门之间进行协调合作和交流信息；如何宣传使公共积极地认同财产税；如何评估财产税对于土地资源分配和利用的影响；如何根据现行的土地使用权安排设计财产税制度？

——Roy Bahl（美国乔治亚大学资深教授，对中国房地产税改革提出的七个具有挑战性的问题），2005

从十一届三中全会提出"条件具备时对不动产开征统一规范的物业税（房地产税）"的改革设想，房地产税在中国经历了十余年的争议、论证、试点，十八届三中全会"全面深化改革若干重大问题的决定"进一步明确"加快房地产税立法并适时推进改革"。但是，不同于增值税这样的间接税，房地产税的改革涉及到财政体制、住房制度、土地管理以及地方经济发展等诸多领域，牵一发而动全身，政府对房地产税的开征采取了非常谨慎的态度。我国的复杂国情也不同于任何一个国家，房地产税在中国还存在着诸多需要破解的难题。

8.1 谁应该是房地产税的纳税人

确定纳税人是设计一个税种改革方案的前提。从纳税人与征税对象的关系，也就是房产的权属关系来看，房地产税的纳税人确定有三种方式：一是规定房产所有人为纳税人；二是规定使用人为纳税人；三是规定所有人和使用人均为纳税人。可见，不论哪一种确定方式，都需要理清房产的权属关系。

我国土地的二元化结构可以说是顺应改革开放经济发展的需要产生的[①]，即城镇土地属国家所有，农村土地归集体所有，除了国家将农村土地转为国有的情况，土地所有权不能发生变化；而土地使用权可以通过划拨、出让和二级市场的转让发生转变。所以我国的土地价值专指其使用权的价值，而房屋的所有权和使用权一般是不分离的，可以用“房屋产权”这一概念合称。并且，在我国房屋可以由多个主体共有，从而导致了产权的分割。因此为了确定房地产税的纳税人，需要先对不同的物业类型的土地所有权和使用权、房屋的产权进行归集。以北京市的居民住宅为例，至少可以分为以下几类：

8.1.1 商品房

商品房由于房价中包含了开发商支付的土地使用出让金成本，所以在使用年限内居民个人拥有土地使用权，对房屋则拥有全部产权，即拥有了房屋的占有权、使用权、收益权和处分权，因此也可以俗称为“大产权房”。

8.1.2 房改房

1998年城镇房改后，大量职工购买已建公有住房，也就是俗称的“房改房”。按照成本价购买的，个人有全部产权；按照标准价购买的，则只有部分产权，可以继承，但是出售受到限制，原售房的产权单位有优先购买权。至于土地使用权是归居民个人还是国家，目前还存在很多管理和划分上的混乱，一般是以建房时使用主体是否支付了土地出让金来界定。

---

① 1982年宪法规定：“城市的土地属于国家所有”。具体分析可见周其仁：《城市土地国有是全盘土地国有第一步》，《经济观察报》，2012年10月22日。

8.1.3 央产房

央产房全称为“中央在京单位已购公有住房”，这里的“中央在京单位”就是通常所说的国家部委机关和中央直属机关。这类房产只存在于北京，但范围很广，占到北京所有房屋类型的40%以上。其权属问题和“房改房”相似，只不过“原售房的产权单位”是“中央在京单位”，而且基本上居民个人都不能转为私产。

8.1.4 经济适用房和限价房

这两种房产都是社会保障性质的商品住宅，经济适用房用地实行由地方政府行政划拨方式，免收土地出让金；限价商品房按照“以房价定地价”的思路，在土地挂牌出让时政府就设定土地出让的价格范围。虽然土地出让金为零或较小，但是与不含土地出让金是两个不同的概念，所以购买这两种住房的居民是拥有土地使用权的。至于房屋产权，北京的政策是设定一个过渡期，在此期间内，不允许个人“转让”房屋，这个年限通常为5年。此后，居民可以通过支付一定的补价，将房屋转为“私产”；如果无力支付，则将继续只有部分产权。

8.1.5 单位用自有土地自建房

自建房实际上单位为职工提供的一种实物福利形式，这些自建单位一般是国有企业。虽说是“单位自有土地”，只是强调土地使用权不在居民个人，如果单位没有支付过土地出让金，那么土地使用权归国家所有而非单位自有。对于房屋，为了限制职工转让给非本单位的职工，虽然职工支付一定的价款而且可以永久居住，但一般是单位拥有大比例的产权，而居民个人拥有的比例很小或为零。

8.1.6 小产权房

从广义上讲，没有产权证书的就都可以算作“小产权房”。但是我国有相当一部分房改房、央产房没有转为私产，但它们并不是目前社会热议的“小产权房”。通常，只取其狭义的概念，指即在集体建设用地上建成的房子。这类房产不论土地还是房屋都是农民集体所有。

以上只是对主要的房产类型进行了归集，但实际上北京还有很多特殊的房产类型，比如军用房、公租房、廉租房、名人故居、由房管局管理的无法找到户主的历史遗留房等。但是这些房产不可能成为房地产税的征税对象，也就不再涉及确定房地产税纳税人的问题，所以这里不予讨论。

在对北京不同物业类型的权属做了一番分析后，再来探讨应该如何确定房地产税纳税人。理论上，房地产税作为财产税，对房产的所有人课税更符合量能课税的原则；而按照受益论的观点，真正享受地方政府提供的公共服务的是房产使用人，所以把使用人作为纳税义务人更符合受益原则。从不同国家的实践来看，英式房地产税国家所有者和使用者都是房地产税的纳税人，和中国相邻的东亚国家实际上更强调实际使用者。

由于我国土地所有权人都是国家或集体，所以只讨论土地使用权人是否应该确定为纳税人。从目前我国尤其是北京的实际情况看，这一方案应该是缺乏可行性的。这主要是从获取信息的难度和成本出发的考量：一是土地信息大多属于历史信息，存在历史信息不完整的情况，而且税务部门与其他管理土地、房屋的部门之间的信息共享度并不高；二是物业类型很复杂，即使同种类型在建造时是否包含了土地出让金也不统一。因此，税务部门很难完全掌握土地使用权人的信息，将土地使用权人确定为纳税人意义不大。

也就是说，如果我国土地和房屋制度不发生重大变化的情况下，房屋产权人应该是确定房地产税的纳税人，涉及“共有产权”的可以按产权持有比例或协商后共同承担纳税义务。不能确定房屋产权人的，房屋的实际使用人应该是房地产税的纳税人。

因此，对于纳税人的问题建议如下：在中华人民共和国境内的房屋的产权所有人，为房地产税的纳税义务人。对于共有财产，纳税义务人按照持有份额的部分（无份额划分时，按均等份额）缴纳房地产税。房屋的产权所有人不明的，房屋实际使用人为房地产税的纳税义务人。

8.2 征税范围应该扩大到哪些

目前我国的房产税和城镇土地使用税均为保有环节的房地产税，征税范围为城市、县城、建制镇和工矿区，不包括农村。个人所有非营业用的房产免征房产税和城镇土地使用税。

新房地产税的征税范围的扩大，一个是农村的房产是否要纳入征税范围，另一个是个人非营业用的房产是否要纳入征税范围。

对于农村的房产，有的观点认为应该免征。如国务院发展研究中心的不动产税研究报告中提到，“农业是我国国民经济的基础，支持农业发展仍然是我国当前的首要任务。从总体来说，国家对农业的政策取向是减轻负担，缩小成效差距，所以不动产税作为一项调控政策应积极配合国家的大政方针。”此外，鉴于房地产税开征初期征管能力的限制，对于农地的征收也应暂缓。但是，也需要注意到，在深圳等地区的经济发达城市周边地区，农村房产规模急剧扩张、价值攀升，农村房产用于出租获利的现象比较普遍，对于这些房产完全免税也是有失公平的。因此，对于农村房产免税应该强调非营业用的农村房产。同时，还需说明的是，在一些对农地实行免征房地产税的国家，仍然要对农地进行数据收集和评估，主要用于农地资源管理用途。

对于个人非营业用房产纳入征税范围是新房地产税改革的关键点之一。将居民房地产全部纳入房地产税征收范围，符合普遍纳税原则。房地产税要成为地方政府稳定的主要收入来源，也只有普遍征税，尽可能大的扩大税基。但是，目前主流的观点是大多数居民购买房屋主要是满足基本生活需要，所以应允许扣除一定的免税面积或者房地产评估价值免征额。对超过免税面积、免征额部分或闲置不用的不动产征收房地产税，以更好地体现以人为本，保障公民的基本生存权利。也有观点认为，房产税实施时，先期可以只对超大面积奢侈性住房（别墅）和多套住房征税。别墅等高档物业首先被列入征税范围，可在一定程度上抑制过分奢华的居住需求，抑制富人过度占有资源和占有优质资源；持有多套住宅可以解释为经营行为，对可归入经营性范畴的房产保有征收房产税，无论从收入功能、调控功能还是从纳税人的遵从度均具有正效应。体现出“富者多交”，即财富多的家庭多交房产税，有利于调节社会收入差距。

对此，如何界定征税范围关系着对房地产税如何定位。如果是像英式财产税国家一样，将房地产税作为地方政府公共服务的资金来源，那么就应该普遍征税，尽可能少地减免。如果是像日韩一样希望用房地产税进行调节，那么可以考虑对超出一定标准的“高端”房地产征收。

通过第4章的分析可以看出，保有环节的房地产税在调节房价上收效甚微，并且仅限于小部分高端住宅的征收范围收入必然是非常有限的。房地产税改革的重要意义在于改变地方政府的收入模式和行为模式，为地方政府在公共服务和公共产品的支出找到一个可持续的来源，并且引导和改善地方政府更加关注公共服务和公共产品的质量。那么，房地产税在设计之初一定要坚持普遍征收，使得更多的人成为纳税人。没有大多数纳税人的监督，房地产税可能再次仅沦为地方政府“收钱”的工具，财政监督和民主监督也就无从谈起。

因此，从区域角度看，房地产税征税范围，不应仅限于现行“城市、县城、建制镇、工矿区”的房产，农村的商业用房产也应纳入征税范围；从纳税人结构角度看，不仅要对商业房产征收，而且应对个人住宅财产征收；从课税对象看，不仅应对新购住房，即增量房产征收，也要对存量房产征税。

8.3 应该以什么作为计税依据

作为直接税，房产税不仅要从纳税人手中直接收走税款，并且往往要和纳税人享用的公共服务相挂钩，因此纳税人对自己和周边相同或类似房产的税负非常敏感。英国房地产征管的专业机构前主席帕粹克 · 多黑提（Patrick Doherty）曾强调，在税收传统的效率、可计量和纵向公平等特征之外，房产税的设计更应该使纳税人“感觉公平”[①]。这种公平的感觉要通过恰当的评税方式和公正的评估程序来实现。

美国、加拿大等国家虽然为我们提供了按照评估技术征税的成功经验，但是完全的市场评估成本高、周期长，并不完全适用我国幅员辽阔、地区差异巨大的现状。陆续进行房地产税改革的发展中国家也对简化的基准单价评估法的实施进行实验，如肯尼亚、纳米比亚、南非和津巴布韦等非洲国家，加勒比海和拉美的部分国家，以及斐济、瓦努阿图等南太平洋国家，以及印

① Doherty, Patrick. Collection of Local Taxes. Journal of Property Tax Assessment & Administration, 1999, 4:31-36.

度经改进的面积评估方法。

以北京市为例，尽管房屋本身和所有人的构成都较为复杂，但是房屋所在的位置在很大程度上决定了房屋的平均市场价格。而地价的评估已经相对比较成熟，北京市已按地段划分为十级基准地价①。可以考虑在标准地价的基础上，将房屋的类型和用途进行分类，按照不同的档次确定征税标准，具体的公式可以表示为②：

房产税应纳税额=（面积×单位税率）×（房屋位置分类×房屋使用分类×房屋建筑类型分类×房屋年限分类）

其中，房屋位置按照北京市十级地价的不同区域确定，既可以和土地登记管理相衔接，也使得土地价值在房产价格中得到了反映；房屋使用可以分为自住、出租、工业用、商用、闲置几个类别，自住所乘系数最低，闲置所乘系数最高；房屋建筑类型可以按照中华人民共和国国家标准《住宅设计规范》GB 50096—1999（2003年版）分为低层住房（1~3层）、多层住房（4~6层）、中高层住房（7~9层）和高层住房（10层以上），由于不同类型住宅所享受的空间和稀缺程度，系数一般应该从高到低确定；房屋年限则可以按照10年以下、10~20年、20~30年和30年以上进行分类。

当然，这些分类和系数的确定应该根据各地不同的情况进行调整，但是基本的原则是易于征管和接受，不同的档次可以对处于基本相似状况的房屋征收大体相当的税款，从而使纳税人获得“公平的感觉”。

因此，在房地产税税基评估的方法上，可以考虑由中央政府制定评估方法和流程的规范，各地方选择适合本地情况的评估方法。在房地产税评估中，以土地价值评估为基础，采取房地综合评估的方法，即地价分级与房价调整的简易评估制度。尽管在多年的空转试点中，很多份已经开发了自己的评估系统。北京、杭州、上海、重庆、深圳等大城市，以及大连、青岛、丹东等一些二、三线城市，通过房地产评税核定计税价格也已在二手房交易环节中使用。但是，鉴于发展中国家的实践和我国城乡之间、区域之间的差异，也考虑纳税人对于房地产税的理解，在房地产税评估计税环节仍然应该首先考虑简易评估制度，部分有条件的市的房地产税评估系统可以用作纳税评估等用途。

① 北京市国土资源和房屋管理局于2002年公布了十级基准地价。
② 何杨.房产税征管模式选择的新思考[J].税务研究.2012(3).

8.4 税率如何设定

根据目前的研究，房地产税率的确定有三种方法。第一种是借鉴英式房地产税国家的经验，采用以支定收的方式。具体做法为，首先确定政府所需的财政开支，然后根据财政转移支付和其他税负收入预测收入的缺口，决定房地产税的收入总额，然后用房地产税税收总额除以房地产税基得到房地产税税率。这样的税率方式将财政收入决策和开支决策联系起来，从而有助于提高公共财政决策的效率①。但是，这种税率确定的方法需要每年对财产的价值进行评估，因此需要有良好的评估技术和评估人员等技术支持。在目前中国还没有建立起完善的预算体制和评估基础的情况下，这种方法可能是比较耗时和高成本的，因此在中国税制改革初期，可能并不适合②。

第二种方法是税负测量法，其出发点是居民承担多高的税负是合理的。如曲卫东③（2008）以北京市的数据为例，从公共需求、家庭剩余、国际税负水平三方面，测算了中等收入家庭在不同税负比例下相应的税率变化，提出对个人住房征收房地产税的改革具体实施步骤。但是，由于对于什么是合理税负可能存在争议，因此，采用这种方法的较少。

第三种方法是收入测量法。也就是在设定的房价和贴现率的前提下，以房地产评估价值为税基，在保证政府来自土地或房地产的收益不减少的前提下，核算不动产财产税的税率④。这种方法是把地方政府土地出让金等来自土地和房屋的收益和实施房地产税后的税收收入联系起来，这样做可以保证地方政府有比较稳定的收入来源。

因此，建议采用收入测量法，也就是在设定的房价和贴现率的前提下，以房地产评估价值为税基，在保证政府来自土地或房地产的收益不减少的前提下，核算房地产税的税率。按照这个方法进行测算，房地产税的税率不应该超过1%。

税率形式上，可以采用差别化比例税率和定额税率相结合的形式。通过差别税率，依据不同类型房地产享受公共服务的程度不同，对供给弹性最小

---

① 谢伏瞻．中国不动产税制设计[M]．北京：中国发展出版社，2006.
② 虞燕燕．不动产税税率设定的实证研究——以宁波市为例[D]．浙江大学硕士论文，2007.
③ 曲卫东，延扬帆．物业税内涵研究及税负测算分析——以北京市为例[J]．华中师范大学学报，2008.
④ 章波，黄贤金，唐健，蔡龙．不动产保有税改革的税率推算及税负效果分析[J]．中国土地科学，2005(4).

的房地产设定较高的税率。具体税率可以考虑为：在普遍征收的前提下，对经营性房产和高档住宅，采取1%～3%的浮动税率。对个人房产，区分两种情况，一般商品房采取0.5%～1%的税率，由公房转为私房的房产，采取定额税收[①]。同时，允许各地在规定税率幅度内根据实际情况自行决定适用税率。

8.5 税收优惠如何制定

房地产税这一税种，和所得税、消费税不同，存在着计税依据和纳税能力的不匹配。在我国，包括公务员在内的群体，都或多或少存在着所得高低和房产价值大小背离的现象。合理的税收优惠，是房地产税改革得以顺利推进的保证。

郑思齐等（2013）制定了5种不同的征税条件，并根据住房市场的具体情况确定了不同的房地产税起征点：

（1）以人均住房面积为起征点依据

人均住房面积指家庭现住房（第一套住房）的总面积与家庭人口数量的比值。对人均起征面积的设定从30平方米开始，以5平方米为一档，最大值为60平方米，即共分为8个档次：25、30、35、40、45、50、55、60 平方米。

（2）以家庭住房面积为起征点依据

家庭住房面积指家庭现住房（第一套住房）的建筑面积，不包括第二套及以上的住房（第二套住房全部征税）。起征面积以10平方米为一档，共分为7档：80、90、100、110、120、130、140平方米。

（3）以住房价值为起征点依据

不同城市住房价格的情况相差较大，城市之间住房价格的差异更多的由城市的经济发展以及房地产市场的具体情况决定，与住房本身的属性关系不大。例如，在一线城市，虽然平均住房面积不大，但其平均住房价格远远高于其他城市，选择各个城市住房价格的中位数作为征税标准，依此计算征税范围和征税额。

（4）同时以人均住房面积和住房价值为起征点依据

对于满足人均住房面积征税条件或者住房价值在城市均值以上的家庭都

① 苑新丽.我国房产税改革若干问题思考[D]. 中国国际税收研究会课题论文，2011.

要交税。根据人均起征面积分为8个档次。

（5）同时以家庭住房面积和住房价值为起征点依据

对于满足家庭住房面积征税条件或者住房价值在城市均值以上的家庭都要交税。根据家庭起征面积分为7个档次。

为了能够更好地认识不同税收优惠带来的影响，这里对存量房房地产税的收入进行了一点简单的测算[①]。考虑到居民的承受能力，暂且按照0.8%的税率对房地产税改革的结果进行计算。

具体公式如下：

存量房房地产税税收收入=（应税个人住宅价值-免税价值）×税率

第一种情况，按照面积设定免征额。具体计算公式为：

存量房房地产税税收收入=存量房平均价格×（1-住房价值减值比率）×[（人均建筑面积-免征面积）×城镇人口数] ×税率

第二种情况，按照房产价值设定免征额，具体计算公式为：

存量房房地产税税收收入=｛[存量房单位价格×（1-住房价值减值比率）]-免征价值｝×存量总房面积×税率

由于存量房中的房屋年限不同，房屋类型和房屋结构存在着很大的差别，为了能够初步估计存量房的价值，参照相关研究成果和新商品房和二手房的交易信息，采用全部城镇住宅存量房的价值约为当年新住宅商品房平均售价的60%的比例进行估算。按照资本税的观点，房产税开征后，房产的价值会因为房产税的资本化而下降，通过计算，住房价格由于房产税的减值比率为15%。以2009年全国和部分城市的数据为例，测算结果如表8-1所示。

表8-1　基于2009年数据对不同税收优惠条件下存量房房地产税的收入测算

单位：万元

	按面积设免征额	按价值设免征额	土地与房产相关税收	土地出让金
全国	9377199	3322661	30772318	36119497.06
北京	990620	2046173	1553089	3129880.95

① 何杨.存量房房产税征收的效应分析与影响测算[J].中央财经大学学报，2012(3).

续表

	按面积设免征额	按价值设免征额	土地与房产相关税收	土地出让金
天津	274954	157249	619708	1558445.34
大连	59344	75773	552800	659826.9
上海	1169751	1419959	1563274	1710784.51
宁波	123561	175127	461972	321457.92
厦门	75557	59759	251529	61114.57
青岛	48881	N	527782	1181424.93
深圳	82987	136519	549433	173579.11
重庆	201423	N	487512	1094088.05

注：该表中面积免征额为人均20平方米，价值免征额为每平方米3000元。

如果不考虑免征额，2009年全国个人存量房的房产税收入能够达到3282亿元，超过了土地和房产相关税收收入，和土地出让金收入也基本持平。

而按照部分学者提出的普通家庭90平方米的免征额，也就是人均30平方米，则超过全国绝大部分地区的人均建筑面积，2009年全国人均建筑面积仅为28平方米。

那么采取一个折中的方案，如果按照人均20平方米的标准设立免征额，也就是三口之家享受60平方米的免税额。2009年全国存量个人住房的房产税收入为937.7亿元，占当年土地与房产相关税收收入的30.5%，占土地出让金收入的26%。个人存量住房税收收入加上目前对工商用房征收的房产税收入为1741亿元，达到当年土地与房产相关税收收入的57%，占土地出让收入的48%，存在较大的财政缺口。

需要注意的是，免征额的设定如果考虑不同地区的差异，将影响最终的收入，这一点在按照价值设定免征额时表现得更加突出。如果按照单位价值3000元每平方米设立免征额，2009年全国存量个人住房的房产税总收入为332.2亿元，并且各地收入差异巨大，北京、上海等房价较高地区的收入占比高，而均价低于3000元每平方米的地区无法进行测算（如青岛和重庆）。也就是说，在免征额的设定上，必须考虑不同地区的差异，不能全国“一刀切”。

郑思齐等（2013）的研究显示，征税范围的人均起征面积弹性为-1.19%，征税额的人均起征面积弹性为-1091，即人均起征面积每增加1平方米，征税范围下降1.19个百分点，相应的征税额减少1091万元。不同城市之间由于经济和人民生活水平的差异，家庭住房资产和收入水平的分布情况和不平等程度各不相同，这就使得不同城市的居民对于征税条件的敏感程度也存在差异，例如，在收入水平相对较高的一线城市，征税条件越严格，交税家庭的平均税收负担反而越轻，而在收入水平相对较低的中小城市，随着征税条件越严格，交税家庭的平均税收负也越重。因此，采用“一刀切”的税收优惠政策无法调节房地产因城市区域的不同而产生的级差收入，需要因地制宜设置税收优惠。

8.6 由谁来评估

评估机构的独立、公正是保证房地产税征收公平的重要基础。一些发展中国家房地产评估过程出现了问题，就造成了房地产税课征难以为继的局面，如马来西亚、博茨瓦纳等[①]。在机构的设置上，国际上通行的做法是将评估部门单独设立，以保持评估的公正客观。例如在加拿大B C，评估部门是法定机构，独立于政府部门；在英国，评估机构隶属于财政部，独立于税收征管部门；在美国很多州，评估师隶属于县政府，与负责税收的财政官相独立。在评估机构的设置层级上，行政分权程度较高的国家，如美国，评估机构往往设立在以下的地方政府，使之与其财政体制相适应。在行政集权程度较高的国家，如英国、新加坡、立陶宛等，评估机构设置在中央政府。而在德国、日本等国家，评估机构设置在级政府，负责辖区税收评估或对地方政府评估行为进行统一管理。

中国目前可以进行房地产相关评估的人员包括国家注册房地产估价师、国家注册资产评估师和土地估价师。根据《中华人民共和国城市房地产管理法》第33条“国家实行房地产价格评估制度”，建设部和国土资源部作为房地产评估机构的主管部门，每年对评估机构进行技术规范的检查。还存在着中国房地产评估委员会以及地方评估委员会等行业性组织。虽然近年来房地产评估行业得到了迅猛的发展，但是评估市场却存在良莠不齐，管理混乱的

---

① 谢群松.不动产课税论[D].博士论文，2002.

局面。同样以北京为例，目前北京房地产市场上就存在着大大小小的评估公司60多家。开征房产税就面临着对这些房地产评估人员进行重新整合、培训和管理的问题[①]。

一种选择是成立专门的不动产评估机构，由级及以下地方政府进行管理，评估机构向税务征管部门提供评估结果；另一种选择是评估和征管分设在不同的政府部门，即由国土资源和房屋管理部门负责评估，税务部门负责征管。这两种模式都可以从一定程度上保证房产税征收和评估的相互独立性，也减轻了税务部门征管的难度。对于我国的房地产税，由于各地区房地产市场差异较大，以市、县为评估基本单元，各统一管理是比较理想的模式。

8.7 房地产税与土地出让金如何协调

纵观相关的研究，目前关于房地产税改革的可行方案有三种。第一种方案，土地和房产统一征收，仅对现有税制中的房地产保有环节税收进行改革，将房产税和城镇土地使用税合并，将税基由仅向生产经营用房产征收，由按原值征收改为按评估值征收，不涉及其他土地税费调整和土地出让制度。第二种方案是在第一种方案的基础上，对现有房地产税费进行调整，但不涉及土地出让金。第三种方案是在第一种方案的基础上，对现有房地产税费、土地出让金进行综合调整。

笔者认为，第三种方案理论上更加合理，实践上也是可行的。房地产税改革不应该简单地将现行房产税、城镇土地使用税两税合一，而应对涉及房地产的相关税费进行全面清理和规范，取消各种不合理、不合法的税费，按照受益者付费的原则保留一部分有偿服务、经营性收费和少量必要的行政事业性收费，将属于地价的收费归入地价中，把一部分具有税收性质的收费转为税收，特别是对部分税费同源、重复征收的项目尽量取消。同时进行土地出让金制度的改革，仍然独立征收土地出让费用，但通过成立土地年租制的方式，限制土地出让金的过度使用。

因此，在改革过程中，会出现土地年租制和土地批租制并存的情况，这

① 目前，北京市房屋土地管理局对房地产价格评估事务所等进行资格认证。

是房屋和土地联动改革所带来的，可以通过制度设计来解决。

《中华人民共和国物权法》将建设用地使用权确立为独立的用益物权，赋予了其较高的权能。具体而言，土地使用人在受让土地后，除了能凭借其所享有的土地使用权对土地依法进行占有、使用和收益，在处分环节也依法具有较高的权限，从而赋予了土地使用人一套较为完整的财产权利，使土地使用权具有财产属性。

8.7.1 房产税与土地出让金并行征收的法理基础

在维持土地出让制的同时开征房产税，所面临的一个重要问题是房产税的征收是否具有法理基础。此问题源于我国的土地公有制，即土地归国家或集体所有，企业和个人只能通过出让或转让方式获得一定期限的土地使用权。据此，部分观点认为，居民住房由房屋和土地组成，由于房屋逐年折旧，房产税的真正的税基是升值的土地，而土地是国有的，不能向居民征税。

笔者认为，所有权并非判定财产权的必需标准，在现行土地出让制下，居民所获得的土地使用权具有财产属性以及收益稳定性，已形成居民的“实质财富”，因而应成为房地产税的征税对象。

8.7.1.1 土地出让制下土地使用权具有财产属性

《中华人民共和国物权法》将建设用地使用权确立为独立的用益物权，赋予了其较高的权能。具体而言，土地使用人在受让土地后，除了能凭借其所享有的土地使用权对土地依法进行占有、使用和收益，在处分环节也依法具有较高的权限，从而赋予了土地使用人一套较为完整的财产权利，使土地使用权具有财产属性。

8.7.1.2 土地出让制下土地使用权具有收益稳定性

较之于其他使用权，例如合同法租赁条款规定的承租方的使用、收益权利（或称“租赁权”），受让获得的土地使用权能够为土地使用人带来稳定的收益，这表现在：首先，土地使用人对其受让的土地使用权已支付数额确定的土地出让金，在受让期间无租金违约风险；其次，由于地租随着经济的发展而稳定增长，居民所拥有的土地使用权能够实现保值增值；此外，土地使用权的续期具有法律保障，《物权法》已经规定住宅用地使用权在出让期满后可以“自动续期”。

以“实质财富标准”取代“所有权标准”，将土地使用权列为房产税的征税对象，符合税法“实质重于形式”原则，也是基于我国国情所进行的税制创新。值得注意的是，在将房产税的征税对象明确界定为土地使用权后，房产税税基所包含的就应该是土地使用权的价值而非土地的价值，其实践意义在于：由于土地使用权的价值是土地使用期间地租收益的折现，而非土地整个生命周期的地租收益的折现（土地价值），在确定应税不动产的评估值时，应该充分考虑土地的年限因素。

8.7.2 批租制与年租制并行的依据

采用土地年租制以消除政府土地出让行为的短期性，并不意味着对现行土地出让制（批租制）的彻底否定与摒弃。土地生财在土地一级市场的基本格局应该是土地批租制与土地年租制并行。其原因主要包括：

8.7.2.1 土地出让制与土地年租制各自具有比较优势

土地出让制与土地年租制均不违背国有土地的有偿使用原则，均是国家土地所有权的经济实现形式。土地出让制的优点在于能够减少政府与土地使用人的博弈次数，降低国有土地使用权转让的管理成本；同时，能够有效规避土地使用权分散转让（例如房地产开发商面向公众销售商品房）以及土地使用人违约所带来的土地财政收入流失风险；相比之下，按年收取的土地租金更符合租赁收益的形式特征，使政府的土地收益长期化；也可以根据土地价值的变动对土地租金进行调整，使政府从土地增值中获益。两种土地有偿使用方式各有其优越性，应当允许其在土地使用权转让的一级市场共存，使地方政府在获取土地收益的政策工具上能够有多种选择。实际上，一些研究已注意到地方政府在土地开发与经营城市的过程中，会根据自身区位因素或土地用途采用不同的土地出让与运作方式，应当在制度安排层面予以规范。

8.7.2.2 二者并行是土地出让制改革的自然结果

任何改革都是基于现有制度的连续性调整，土地出让制在我国已积累起多年的有益经验，尽管其存在诸多缺陷，但是可以通过有针对性的修补使其更好地发挥前述比较优势。此外，将土地年租制纳入土地有偿使用体系，自然地要承认已经出让在外的广大土地使用权。因此，本文认为土地年租制与土地批租制的基本关系不是互斥而是互补的，推行土地年租制后的现实状态只能是二者的并存。

8.7.2.3 兼顾土地制度的改革需求与地方政府的承受能力

当前我国各地地方政府对土地收入不同程度的依赖是研究地方财政问题所应考虑的一个基本事实。在城市化进程不断推进，中央与地方政府的财税关系尚需进一步理顺的情况下，要将改革落到实处，土地年租制就必须是有限度、有范围地予以采用。避免大面积强制性推行土地年租制进一步侵蚀地方财政收入而导致的改革阻力，以及加剧地方财政压力所导致的地方债务风险。

8.7.2.4 满足房地产市场的多样化需求

土地出让制被诟病的一个主要理由在于其构成了近年来房价上涨的重要动力。本文从产品供求的角度对此进行了思考，认为在房地产开发过程中，土地出让制实际上造成了土地一级市场只能提供单一的土地使用权产品——“打包土地使用权”，相应地，房地产商也只能提供包含“打包土地使用权”的商品房。在此条件下，土地出让金与房价的竞相上涨，与众多中低收入居民有限的购买能力形成矛盾，致使民间对房市怨声载道。允许土地一级市场供应“分期土地使用权”，能够使居民的购房支出后移，与个人的收入能力生命周期相一致。此外，与购房信贷所不同的是，通过配套制度安排，可以使购房者对其拥有的房屋所有权相应的权限（例如，转让房屋），从而能够顾及中低收入群体的置业需求。

8.7.3 房地产税与土地出让金并行征收的配套措施

在维持现行土地出让制的基础上开征房产税，在实践中面临的困难主要来源于其可能进一步强化政府本已畸形的利益，增加购房者的税收负担，从而难以为社会广泛接受。为此必须采取配套措施，减少房产税改革的阻力，具体措施应当包括：

8.7.3.1 调整土地出让方式

在政府垄断土地的现实条件下，现行土地出让方式“价高者得”的基本逻辑容易抬高地价，增加房地产商的开发成本，最终形成居民的实际负担。为配合房产税的开征，应该打破这种局面，基本思路包括：减少和限制应用拍卖、挂牌等竞价色彩浓重的出让方式；在招标过程中，根据专业机构的评估结果进行土地使用权定价，在此价格基础上综合考虑竞标者的土地利用效率，所建项目的外溢效益等价外因素，建立综合评价体系。当然，这种调整的实现需要政府土地管理部门业务素质的提高，以及相关监管机制的完善。

8.7.3.2 制定合理的房产税免税条款

“居者有其屋”是党和国家的住房政策，我国传统文化的置业观念更是赋予了住房特殊的社会属性，从而使住房有别于一般的商品。在我国，开征房产税必须认识到这一特殊的征税环境，承认和保障居民的基本住房需求。因此，在进行房产税设计时应当制定合理的免税条款，例如，设定人均免税面积、对家庭购买的首套住房免税。

8.7.3.3 整合房地产行业相关税种

我国房地产行业的繁多税种同样加重了购房者负担。因此，进行房地产税改革，必须相应地进行税种整合，避免“改税”成为“增税”。例如，房地产开发交易环节的土地增值税，与营业税、企业所得税以及改革的房产税存在功能上的重叠，应当予以取消；保有环节的城镇土地使用税与土地出让金存在功能重叠，也应取消。通过税种整合，一方面，使房产税成为房地产保有环节的单一税种以及房地产行业税收中的主体税种，实现税制简化与征管便利；另一方面，使房地产行业税负在房地产项目生命周期中所处的阶段后移，改变“重交易，轻保有”的房地产税收格局，抑制政府的短期行为。

8.7.3.4 保证存量房与增量房的税负公平

在维持土地出让制的框架下，房地产税的征税范围应当同时包括存量房与增量房。然而，针对存量房征税所存在的征收困难，可以采取较为灵活的处理方式，具体包括：允许存量房持有者选择缴纳或者不缴纳房产税；对于未缴纳房产税的存量房，在其出售时继续征收其土地增值税（结合上述取消房地产开发交易环节的土地增值税，实际上是将土地增值税改为存量房交易环节的补充性税种）。这样不仅能够顾及存量房主的实际支付能力，减轻房地产税改革阻力，同时维持了存量房与增量房的整体税负公平。

8.7.4 实行批租制与年租制并行的实现思路

即使批租制与年租制并行存在理论上的诸多益处，但要真正发挥其作用，还在于通过配套的制度安排，使其能够被地方政府与房地产市场各利益主体所接受和认可。

8.7.4.1 要有步骤、有规划地实现“双轨制”

“有步骤”是指，土地年租制应逐步推行，在决定土地出让与土地年租的适用比例时，地方政府应考虑其财政承受能力；“有规划”是指，在决定适用何种土地使用方式时，地方政府应预设科学、合理的标准，例如，在土地管理水平较高的地区，可以较多地采取土地年租制；又或者对于公租房等社会效益较高的开发项目，应当采取土地年租制，减少其开发成本。

8.7.4.2 要保证不同土地使用方式下房屋产权人的权利平等

例如，允许年租土地上的房屋所有人自由转让其房屋的所有权以及相应土地的使用权（受让人应当继续履行支付土地租金的义务），准予土地年租制条件下住宅建设用地使用权的“自动续期”。从而保证房地产市场不会对某种土地使用方式存在歧视，使“双轨制”能真正满足不同购买能力的购房者的不同需求。

8.7.4.3 建立健全土地租金的征管机制与保全措施

与土地出让制或是土地批租制相比，土地年租制的弊端在于它使政府承担了一定的租金违约风险，尤其在房地产商对其土地使用权进行分散转让的条件下，这种风险将被进一步放大。因此，为实行和推广土地年租制，必须构建完善的土地租金信用体系。一方面，根据市场变动情况，定期重签合同，合理调整土地租金，分享土地增值收益；另一方面，完善房地产登记制度，提高土地管理部门的信息管理水平，保证土地租金的按时收取。

8.8 改革的基本原则及收入测算

经过以上各章的阐述，笔者所建议的房地产税改革方向为，合并现行的房产税和城镇土地使用税，建立保有环节的房地产税，将农村经营性用房和个人非经营性住房纳入征税范围，按照房地综合评估价值确定计税依据，并通过配套机制的建立，使房地产税逐步成为地方公共财政收入的主要来源。

与目前地方财政收入高度依赖土地出让收入相比，房地产税是对房地产存量的市值征税，存量房地产价值与地方财政收入密切相关，与地方政府职能激励相容。地方政府可以依靠不断改善公共服务，改善投资环境使土地增值，提高财政收入，而不是依靠不断扩大土地占用获得财政收入[①]。因此，尽管房地产税是一个征管难度较大的税种，但从长远来看，有助于引导和改善地方政府的行为，使其更加关注公共服务和基础设施的建设，追求地方社会经济的可持续发展。

① 楼继伟.中国政府间财政关系再思考[M].北京：中国财政经济出版社，2013.

8.8.1 改革的基本原则

在改革中应该坚持以下原则：

一是依法征收、科学规范原则。房地产税改革是我国地方税制改革领域的关键问题，意义重大，影响深远，关乎千家万户百姓的切身利益，关乎我国经济社会发展大局和国家长治久安。要从当前我国房地产税收征管的社会基础和现实条件出发，厘清房地产权属制度、管理制度和税收制度等方面存在的突出问题，在税收法治的前提下实施房地产税改革，做到法律依据明确、要素设置科学、征管措施规范、配套制度完善，确保房地产税征管工作依法、科学、规范地开展，努力实现维护国家利益和保障纳税人权益的有机统一。

二是普遍征收、维护公平原则。房地产税改革应注重扩大房地产方面征税范围，实行普遍征收，体现税收公平，建立健全符合社会主义市场经济发展需要的房地产收益分配体制。房地产税作为典型的受益税，其公平原则要体现横向公平和纵向公平，即在保证从政府公共服务获益程度相同的纳税人具有相同税收负担的同时，还要注重实现获益程度不同的纳税人承担不同的税负，以发挥税收调节分配的职能作用，缩小贫富差距，促进社会和谐。

三是注重效率、简便易行原则。一方面，房地产税制度设计要内容明确、程序简便，标准统一，易于操作，既能够保证税务机关以最小的征管成本来获取最大的税收收入，又能够保证纳税人以较低的遵从成本履行应尽的纳税义务，实现房地产税征收管理的低成本、低风险和高质量、高效率；另一方面，要根据我国经济社会发展现阶段特征，充分考虑国情市情民情，认真房地产税征管制度设计，特别是处理好房地产价值评估、争议解决、特殊交易等关键问题，做到公开、公正、透明，拓宽纳税人救济渠道，切实维护纳税人合法权益。

四是统筹兼顾、分步推进原则。房地产税改革问题复杂、涉及多方面利益博弈，是一个长期、复杂的过程，不可能一蹴而就。既要统筹处理好政府和纳税人之间、不同地域之间经济发展情况和税负水平、房地产租税费关系问题等多方面的利益平衡，还要注重从实际出发，把握房地产税收的关键环节和难点问题，由简入繁，分步实施，从多个层面稳步推进，最终建立一套符合我国国情的房地产税税制。

要进一步推动房产税的实质性改革，需要触及房产税征管机制的全面更新和完善。房产税的征管机制主要包括征管和评估机构的设置、评估计税方法、征管流程和征管配合等内容。美国、加拿大等发达国家的经验大多采用独立的评估机构和市场评估方法，建立了较为完善的征管体制。但是，中国和其他面临相似问题的发展中国家，如印度、立陶宛、南非等，都存在着房地产市场交易价格不透明、市场评估体系不健全、直接税收征管能力有限等问题，难以完全效仿发达国家的做法。因此，在设计房产税征管模式的时候，应该多借鉴发展中国家的有益尝试，并结合中国的实际情况进行切实的考量。

8.8.2 房地产税改革方案的收入测算

8.8.2.1 住宅存量房征收房地产税的测算

按照理论上的房地产税税制设计，住宅房地产税收入=（应税个人住宅评估价值-免税价值）×税率

要准确地估计，需要每套应税住宅的评估价值，通过CAMA、GIS等计算机批量评估和地理信息系统实现。在部分市住宅价值评估数据尚无法获得的情况下，这里采取简易方法进行粗略估计：

住宅房地产税收入=住宅计税依据×征税范围×税率=住宅平均销售价格×住宅面积×计税比率①×征收范围×税率

住宅平均销售价格参考国家统计局分年度数据库中的商品上平均销售价格②（元/平方米）。由于这个价格只是新房的价格，存量房的价格没有准确的数据，实际的价值还受到房型、房龄、区位等多种因素的影响，在此通过设置较低的计税比率来减少误差。住宅面积包括存量房，等于城镇人口乘以人均居住面积。城镇人口参考国家统计局分年度数据库中的城镇人口③（万人）。各市的人均住房建筑面积参考2010年第六次人口普查数据。计税比率设为30%，税率设为1%。

征收范围的确定需要考虑免征面积如何设定。根据2010年第六次全国人

① 参照美国的做法，房地产税的计税依据为房地产税评估价值的35%。考虑到我国开征房地产初期纳税人有一定的接受过程，假定房地产税的计税依据为房地产税评估价值（无评估价值时为销售价格）的30%。

② 各省市可以通过以下链接查找该数据：http://data.stats.gov.cn/workspace/index?m=fsnd。

③ 各省市可以通过以下链接查找该数据：http://data.stats.gov.cn/workspace/index?m=fsnd。

口普查的数据，城镇居民住房面积均值为29.15平方米。各个市城镇居民在此，假定对人均免征面积的设定从30平方米开始，以5平方米为一档，最大值为60平方米，即共分为8个档次：25、30、35、40、45、50、55、60平方米。每户平均为3人，则家庭每户免征面积分别为75、90、105、120、135、150、165、180平方米。随着征税面积的增加，征税范围减小，从全国的平均水平来看，人均起征面积为25平方米时，征税范围为63.1%，人均起征面积为60平方米时，征税范围为19.7%。

考虑到不同城市中住房面积的分布不同，假定一个城市内部所有家庭的住房面积服从正态分布。要较为准确地测算征税范围，需要知道每个城市人均住房面积的平均值和差异程度（均值和方差）。鉴于数据的限制，这里用2010年国家统计局245个市级以上城市的大样本调查数据，计算了代表性城市的征税范围，不同市可参考该征税范围采取较为接近的范围（见表8-2）。

表8-2　　　　不同起征面积的征税范围

城市划分	人均居住面积（平方米）	人均起征面积（平方米）							
		25	30	35	40	45	50	55	60
北京	36.08	59.79%	48.62%	40.56%	34.56%	30.12%	26.4%	23.86%	21.39%
天津	27.5	40.52%	30.19%	22.55%	17.28%	14.22%	11.16%	9.21%	7.87%
上海	35.89	62.02%	52.11%	45.13%	39.16%	34.5%	31.09%	28.92%	26.53%
重庆	34.85	63.56%	50.77%	41.65%	33.4%	28.4%	24.25%	22.24%	19.54%
会、计划单列市和副级城市	34.75	56.95%	45.89%	38.22%	31.69%	27.64%	24.02%	22.1%	19.99%
其他城市	36.32	64.13%	51.43%	42.44%	34.41%	29.39%	24.83%	22.34%	19.72%

数据来源：2010年统计局245个市级及以上城市大样本调查。

但是需要注意的是，城镇人均住房面积在统计局的2010年第六次人口普查数据和245个市级及以上城市大样本调查中并不一致。按照谨慎性原则，采取了第六次人口普查中较低的人均住房面积。必须指出的是，由于不同市人均住房的差异度不同，估计会存在一定的误差，在每个市选择征税范围时也尽量遵循谨慎性原则。测算数据如表8-3所示。

表8-3　　　　测算基本数据

市	商品房平均销售价格（元/平方米）	城市人均住房（平方米）	城镇人口（万人）	城镇总住房面积（万平方米）	征税范围设定（25）%	征税范围设定（60）%
全　国	5032	29.15	66978.00	1952409	63.1	19.7
北　京	17782	27.81	1686.00	46887.66	59.79	21.39
天　津	8230	25.51	1034.00	26377.34	40.52	7.87
河　北	3539	30.10	3201.00	96350.1	64.13	19.72
山　西	3487	25.77	1717.00	44247.09	40.52	7.87
内蒙古	3521	24.86	1372.00	34107.92	40.52	7.87
辽　宁	4505	25.76	2717.00	69989.92	40.52	7.87
吉　林	3647	25.21	1465.00	36932.65	40.52	7.87
黑龙江	3719	23.72	2134.00	50618.48	64.13	7.87
上　海	14464	25.11	2056.00	51626.16	62.02	26.53
江　苏	5841	33.86	4767.00	161410.6	64.13	19.72
浙　江	9258	30.97	3356.00	103935.3	59.79	19.72
安　徽	4205	29.42	2562.00	75374.04	59.79	19.72
福　建	6256	30.29	2109.00	63881.61	59.79	7.87
江　西	3144	29.76	1966.00	58508.16	59.79	7.87
山　东	3944	32.41	4765.00	154433.7	64.13	19.72
河　南	3042	34.02	3621.00	123186.4	64.13	19.72
湖　北	3743	33.22	2847.00	94577.34	64.13	19.72
湖　南	3146	33.45	2845.00	95165.25	64.13	19.72
广　东	7486	26.37	6910.00	182216.7	59.79	7.87
广　西	3562	30.71	1844.00	56629.24	64.13	7.87
海　南	8735	25.42	433.00	11006.86	40.52	7.87
重　庆	4281	29.77	1529.00	45518.33	63.56	19.54

续表

市	商品房平均销售价格（元/平方米）	城市人均住房（平方米）	城镇人口（万人）	城镇总住房面积（万平方米）	征税范围设定（25）%	征税范围设定（60）%
四　川	4138	30.70	3232.00	99222.4	64.13	19.72
贵　州	3357	25.94	1176.00	30505.44	40.52	7.87
云　南	3158	31.27	1597.00	49938.19	64.13	19.72
西　藏	2896	31.81	68.00	2163.08	64.13	19.72
陕　西	3759	28.81	1709.00	49236.29	59.79	7.87
甘　肃	3042	26.69	925.00	24688.25	40.52	7.87
青　海	3005	27.77	252.00	6998.04	40.52	7.87
宁　夏	3304	28.38	303.00	8599.14	59.79	19.72
新　疆	3087	28.00	940.00	26320	59.79	19.72

根据以上数据，粗略测算出不同市的住宅房地产税收入规模，如表8-4所示。如果按照人均25平方米设定免征额，全国住宅房地产税收入最高可以达到1859亿元，其中，北京市150亿元，江苏181亿元，上海市139亿元，而天津市26亿元，甘肃9.1亿元，西藏1.2亿元。如果按照人均60平方米设定免征额，全国住宅房地产税收入最低为580亿元，其中，北京市53.5亿元，江苏55.8亿元，上海市59.4亿元，天津市5.1亿元，甘肃1.7亿元，西藏仅为0.4亿元。

表8-4　个人存量住宅房地产税收入测算结果　单位：万元

市	最大值	最小值
全　国	18597817	5806292
北　京	1495509	535021.5
天　津	263889.1	51253.89
河　北	656017.2	201725.5
山　西	187554.4	36427.78
内蒙古	145986.2	28354.19
辽　宁	383284.3	74443.41

续表

市	最大值	最小值
吉　林	163733.3	31801.11
黑龙江	362174.4	44445.86
上　海	1389349	594315.1
江　苏	1813852	557760.1
浙　江	1725958	569257.2
安　徽	568509.3	187506.3
福　建	716840.3	94355.8
江　西	329950.5	43430.51
山　东	1171821	360335.5
河　南	720949	221692.1
湖　北	681066.3	209428.2
湖　南	575996.2	177119.1
广　东	2446740	322057.9
广　西	388076.3	47624.52
海　南	116873.8	22699.82
重　庆	371566.6	114229.3
四　川	789919.3	242900.5
贵　州	124485.7	24178.24
云　南	303408.3	93298.16
西　藏	12051.85	3705.948
陕　西	331976.6	43697.2
甘　肃	91293.57	17731.5
青　海	25562.99	4964.973
宁　夏	50961.81	16808.28
新　疆	145737.8	48067.41

以人均25平方米起征的房产税收入作为基数，假定人均住房面积变化忽

略不计，按照“十一五”时期商品房平均销售价格和人口的平均增长率[①]，测算了2012—2020年所有存量住宅房地产保有环节的税收收入（见表8–5）。

表8–5　全国个人存量住宅房地产税收入预测　单位：万元

2012年	2013年	2014年	2015年	2016年	2017年	2018年	2019年	2020年
22636648.96	24973949	27552581	30397465	33536092	36998790	40819023	45033705	49683566

如果考虑短期内只对新增商品房征税，按照同样的税制设计方案，按照2008—2012年的增长速度，2013—2018年新增住宅商品房的房地产税收入如表8–6所示。

表8–6　全国新增住宅房地产税收入测算情况　单位：万元

2012年	2013年	2014年	2015年	2016年	2017年	2018年
46482.493	53715.17	62073.25	71731.85	82893.32	95791.52	110696.7

8.8.2.2 商用住房保有环节房地产税

商用部分房地产税暂以现行房产税和城镇土地使用税合计为基础进行预测。2012年，全国房产税合计入库1372.5亿元，城镇土地使用税合计入库1540.7亿元。

按照2008—2012年的平均增长速度，对2013—2016年商用房地产税的收入规模进行了测算。需要指出的是，商用房地产采取评估价值后将会引起税收收入的上升，因此，表8–7给出的是最谨慎的估计。2013—2016年，全国商用住房保有环节房地产税将可以达到139.5亿元、153.3亿元、168.4亿元和185亿元（见表8–7）。

① 根据中国社会科学院《住房蓝皮书》公布的数据，“十一五”时期商品房平均销售价格的年平均增速为9.7%。同时，根据国家统计局2010年人口普查的数据，过去十年人口年平均增长率为0.57%。

表8-7　　　　　　　　　　商用住房房地产税收入测算　　　　　　　　　单位：万元

省市	2008—2012年平均增长率	2013年	2014年	2015年	2016年
合计	0.098779	1395204	1533021	1684452	1850841
北京	0.140961	651001.5	742767.2	847468.3	966928.2
天津	0.164087	1091714	1270850	1479379	1722125
河北	0.09071	517486.3	564427.4	615626.6	671470.1
山西	0.150727	1082574	1245746	1433514	1649582
内蒙古	0.251202	3020690	3779491	4728906	5916814
辽宁	0.145148	511561.4	585813.3	670842.6	768213.8
大连	0.118038	576671.9	644741.4	720845.6	805933.1
吉林	0.158972	798774.1	925756.9	1072927	1243492
黑龙江	0.075806	1337716	1439123	1548217	1665581
上海	0.146023	3554129	4073113	4667881	5349498
江苏	0.155932	2124293	2455539	2838437	3281041
浙江	0.10931	538674.2	597556.6	662875.4	735334.2
宁波	0.236559	1194516	1477088	1826506	2258582
安徽	0.031765	480264.1	495519.9	511260.3	527500.7
福建	0.001512	139904.2	140115.6	140327.4	140539.5
厦门	0.165476	478218.2	557351.9	649580.4	757070.4
江西	0.164289	3139859	3655704	4256298	4955562
山东	0.115774	478067.7	533415.3	595170.7	664075.8
青岛	0.15169	1261949	1453374	1673836	1927740
河南	0.139599	682939.9	778277.5	886924.2	1010738
湖北	0.213859	670506.7	813900.6	987960.7	1199245
湖南	0.104302	2698347	2979790	3290587	3633801
广东	0.094429	448584.6	490944	537303.3	588040.4
深圳	0.099568	332464.4	365567.3	401966.2	441989.3

续表

	2008—2012年平均增长率	2013年	2014年	2015年	2016年
广西	0.169771	255469.8	298841.2	349575.8	408923.6
海南	0.20951	703939.4	851421.5	1029802	1245556
重庆	0.132453	1087567	1231618	1394749	1579487
四川	0.099263	285590.8	313939.4	345102	379357.9
贵州	0.11969	491934.6	550814.1	616740.9	690558.5
云南	0.122653	557515.2	625896.2	702664.3	788848.3
西藏	0.188177	295235.7	350792.2	416803	495235.5
陕西	0.139045	63933.48	72823.14	82948.86	94482.53
甘肃	0.136983	130599.6	148489.5	168830	191956.8
青海	0.209554	369098.9	446444.8	539998.9	653157.6
宁夏	0.098779	1395204	1533021	1684452	1850841
新疆	0.140961	651001.5	742767.2	847468.3	966928.2

数据来源：中国税务年鉴。

附　录

附录1　英式房地产税示例（英国、马来西亚）

英国市政税

1. 课税对象

自1993年起及以后的财政年度，各财政管理局对其管辖区内的住宅征收“市政税”。

“住宅”是指：

（1）一项“可继承财产”；

（2）暂时未列在或被要求列在地方或中央非住宅清单上的财产；

（3）暂时还未豁免地方非住宅税的财产。

以下财产均不属于住宅：

（1）庭院、花园、外屋或其他完全用于居住的财产的附属物；

（2）占地面积不超过25平方米的或整体或主要用于放置私人机动车辆的私人车库；

（3）整体或主要用于存放家用物品的私人库房。

2. 纳税义务人

(1)一般规定

若某人士因应税住宅在相关日期符合以下情形，则其应就该等日期的相关应税住宅缴纳市政税：

①该人士为该住宅的居民且对住宅的整体或任何部分享有自由保有权益；

②该人士为该住宅的居民且对住宅的整体或任何部分享有租赁权益，且其享有的该等权利不低于该住宅的另一居民享有的该等权利；

③该人士为该住宅的居民，且同时也是法定的或受保护的该住宅整体或任何部分的承租人；

④该人士为该住宅的居民，且根据合同，有权占用住宅的整体或任何部分；

⑤该人士为该住宅的居民；

⑥该人士为住宅的业主。

(2)特殊规定

若针对任何日期的任何应税住宅，有两个或两个以上的人符合前述条件，则他们每个人应当就该日期该住宅的地方议会税承担共同连带的缴纳义务。

其中，住宅的“业主”是指符合以下条件的人：

①对住宅的整体或任何部分享有实质性利益；

②至少住宅的一部分、或住宅相关部分的一部分（视具体情况而定）不受制于一项低于其利益的实质性利益。

住宅的“居民”是指年满18周岁，唯一或主要居所为住宅的自然人。

“实质性利益”是指享有不低于六个月的自由保有权益或租赁权益。

“受保护的承租人”是指《1985年住房法》第四部分定义的受保护的租赁关系中的承租人。

“法定承租人”是指《1977年租赁法》或《1976年租赁（农业）法》定义的法定承租人。

3. 计税依据

（1）对位于相同财政管理局管辖区内的、列入不同估价等级的住宅征收的市政税金额，应适用如下比例：

6：7：8：9：11：13：15：18

其中，“6”适用于列入估价等级A的住宅，“7”适用于列入估价等级B的住宅，依此类推。

（2）位于英格兰的住宅适用的估价等级见下表：

价值范围	估价等级
不超过40000英镑	A
超过40000英镑不超过52000英镑	B
超过52000英镑不超过68000英镑	C
超过68000英镑不超过88000英镑	D
超过88000英镑不超过120000英镑	E
超过120000英镑不超过160000英镑	F
超过160000英镑不超过320000英镑	G
超过320000英镑	H

（3）位于威尔士的住宅适用的估价等级见下表：

价值范围	估价等级
不超过30000英镑	A
超过30000英镑不超过39000英镑	B
超过39000英镑不超过51000英镑	C
超过51000英镑不超过66000英镑	D
超过66000英镑不超过90000英镑	E
超过90000英镑不超过120000英镑	F

续表

价值范围	估价等级
超过120000英镑不超过240000英镑	G
超过240000英镑	H

4. 应纳税额的计算

(1) 基础应付额的计算

任何日期的任何应税住宅缴纳市政税的应纳税义务人，应当就该日期该住宅向住宅所在地的财政管理局缴税，计算公式如下：

$$\frac{A}{D}$$

其中：

A为财政管理局针对该日期所在的财政年度以及该住宅所在的估价等级所对应的住宅，为其管辖区或住宅所在的其管辖区的一部分（视具体情况而定）所规定的金额；

D为该财政年度的天数。

(2) 市政税基本金额的计算

①账务管理局应当针对每一财政年度计算其地方议会税基本金额，公式如下：

$$\frac{R-P}{T}$$

其中：

R为财政管理局该年度预算要求的金额；

P为依财政管理局的预计，就该年度将支付到其一般预算账户的、非市政税、转移支付的款项总和；

T为财政管理局计算出的作为该年度其市政税税基的金额。

②若住宅位于财政管理局管辖区的一部分，且一个或多个特别项目涉及该部分，则财政管理局计算该住宅的市政税基本金额时，应当在以上公式得出的金额之上加上运用以下公式就每一个特别项目得出的金额：

$$\frac{S}{TP}$$

其中：

*S*为（每一情况下）特别项目的金额；

*TP*为（每一情况下）财政管理局就该年度计算出的相关部分的市政税税基。

（3）不同估价等级的地方议会税计算

任何财政年度的列入某一具体估价等级的某一种类住宅的金额，应当适用以下公式进行计算：

$$A \times \frac{N}{D}$$

其中：

*A*为财政管理局是该年度该种类住宅计算出的市政税金额；

*N*为在按照3（1）设定的，列入该估价等级的住宅所适用的比例；

*D*为在3（1）中列入估价等级D的住宅所适用的比例。

5. 税收优惠

对任何应税住宅在任何日期的市政税应付金额应当给予适当比例的折扣，该比例为25%。

6. 税收管理

（1）纳税义务发生时间

①应按日确定市政税的纳税义务。

②为了确定在某一日：

a. 财产是否为应税住宅；

b. 应税住宅应当适用账务管理局估价清单上的哪一项估价等级；

c. 应就应税住宅缴纳市政税的纳税义务人；

d. 是否有折后以及（如果有），相应折扣的数额；

应当假定：任何事项在某日结束时存在，则视为在该日全天均存在。

（2）一般申诉

因以下事项受到损害的人士可向估价法庭提出申诉：

①财政管理局作出决定，认为某住宅为应税住宅或该人士有义务就该住宅缴纳市政税；或

②财政管理局就该人士有义务向财政管理局缴纳的市政税金额进行的计算。

（3）财产相关信息

①估价员为履行职能，可向任何住宅当前或以前的所有权人或占用人送达一份通知：

a. 要求其向估价员提供通知中规定的信息；并

b. 在通知中说明估价员认为该要求的信息能够协助其履行职能。

②若收到以上通知的人士无合理理由未遵守以上规定，则经简易裁定，将被处以不超过标准等级中第2级的罚金。

③若收到以上通知的人士未遵守以上规定，在提供信息时：

a. 作出其明知为实质性虚假的陈述；或

b. 轻率地作出实质性虚假的陈述，则经简易裁定，将被处以不超过三个月的监禁或不超过标准等级中第3级的罚金或二者并罚。

（4）估价清单相关信息

①若符合以下情况，个人可申请要求清单编制员提供相关信息，以了解估价清单的当前状况或估价清单在生效之后任何时间的状况：

a. 清单编制员维护管理的估价清单；且

b. 估价清单目前有效，或在过去五年里持续有效。

②若符合以下情况，个人可申请要求财政管理局提供相关信息，以了解估价清单副本的当前状况或估价清单副本存档之后任何时间的状况。

（5）建议与申诉的相关信息

个人可在合理时间对法规作出的任何建议或申诉通知免费进行检查，前提是该建议或申诉通知所针对的估价清单在申请检查时有效或在过去五年内持续有效。

参考资料：
英国《1992年市政税（行政执法）条例》
National Audit Office， Report by the Comptroller and Auditor General----Council Tax Valuations in England and Wales， April 8， 1994.
Council Tax —— A Guide to Your Bill， Communities and Local Government.

马来西亚房地产税

1. 课税对象

马来西亚房地产税的课税基础是，马来西亚半岛上地方政府辖区范围内的土地的年度价值（在柔佛州为增加值）。因为地方政府辖区并没有涵盖马来西亚全境，故并非所有的土地所有者都要缴纳房地产税。该税税收核定额以《1976年地方政府法案（修正案）》第二条中规定的（如下）的土地为课税单位：

……任何有或无附属建筑、拥有独立财产契约的土地；有分块建屋的，是其与土地形成的共同财产以及其余任何一块土地；在槟城和马六甲，财产包括住宅及其宅基、附属建筑物，以及拥有保有权的遗产；无论是开放的还是封闭的，无论是否有附属建筑，无论是公有的还是私有的，也无论是在维护中还是不在法定权限之下。

唯一的标准是，必须拥有可证明所有权关系的凭证，或若被租借则须有可证明的租用者。

空地

所有财产根据其使用时的年度价值进行纳税。但因为空地几乎不出租，故而无租赁证明，所以《1976年地方政府法案（修正案）》第二条C款对符合以下条件的土地的年度价值规定了单独的税基：

- 部分被占用或部分用于建筑的；
- 完全空置，没有被占用或没有任何建筑的；
- 有尚未完工的建筑的；
- 有建筑但经地方政府证明，已废弃或残破失修或不适宜居住的。

上述财产的价值评估基础为：

·属第一种情况的，评估官员可选择根据其年度价值进行估计或以公开市场价值的10%作为其年度价值。

·属后三种情况的，必须以土地公开市场价值的10%作为年度价值；经州政府批准，该比例可降至5%。

应该指出，在法案中“公开市场价值”这一概念并无明确定义。因此，有必要提到马来西亚法院在土地取得案例中常引用的定义。这一发生于1954年的南洋制造公司Buhagior.J诉柔佛州土地收入局案例中对“公开市场价值”的定义如下：

土地市场价值大致为自愿非强制的卖者与意愿购买者在讨价还价、自愿交易基础上形成的价格。

土地资本价值被看成是达到法定返还率的年度价值的基础。这一比例是否与实际财产类型的当前返还率有关还不能确定。

另一个问题是，《1976年地方政府法案（修正案）》第162条关于房地产税返还的规定。就建筑物而言，如果没有被占用，或出租时间在每半年之内不足一个月而已经缴纳房地产税的，地方政府应根据与被占用的期限比例予以退还或豁免。满足以下条件的，予以退还：

（1）建筑维护良好且适于居住的；

（2）已作出合理努力找寻承租人的；

（3）存在合理出租需求的；

（4）在整个返还有效期间建筑处于空置状态。

否则，空置土地仍属应纳税财产，其所有者应当缴纳房地产税。

几个法定概念

年度价值

在《1976年地方政府法案（修正案）》第二条中对“年度价值”作了如下定义：

估计的总年度租金，在此租金水平上财产可被长期租赁；所有者支付维修费，保险费和所有房地产税以及以下规定的税收：

a. 租金账户不应受到限制或控制；

b. 用于以下目的的机器设备的增加值不予考虑；

Ⅰ项目或项目部分的制作；

Ⅱ项目的变更、维护、装饰和完成；

Ⅲ项目为了销售而作出的调整；

但实际上对机器设备的估值考虑甚少。

增加值

《1976年地方政府法案（修正案）》第二条规定了“增加值”可作为核定应付税款的替代税基，这一规定仅适用于柔佛州。其定义为：

自愿非强制的卖者与意愿购买者在讨价还价、自愿交易基础上形成的价格。

对“增加值”的定义与根据《1960年土地取得法案》中为了核定赔偿而对市场价值所作的定义是相同的，后者曾在南洋制造公司Buhagior.J诉柔佛州土地收入局案例中被引用。多年后，法院认为这些方法和原则同样适用于对“增价值”的定义。在Ng Tiou Hong诉Gombak土地收入局案例中（1984），根据Mani Usillapan（1988），Syed Agil Barakbah F.J.总结了以下的原则，目的是为了在强制取得中确定市价；虽然是从很多过去的案例中提炼出来的，但同样适用于对“增价值”的确定：

（1）增加值是买卖双方自愿交易的价格。非自愿因素或卖方对土地的非理性估价，以及买方因紧急需要而购买，这些情况均不予考虑，也不能作为市场价值增加的基础。必须是买卖双方在无任何强制因素下自愿交易的市场价格。

（2）增加值可参照毗邻地区或当地质量和区位均相似的土地的市场售价进行衡量。

（3）必须考虑土地的潜在价值。土地的性质，取得时的使用状态和将来投入使用的可能性（比如用于建筑或其他发展用途的可能性）等，这些因素应综合考虑。

（4）考虑土地性质时，土地是在发达区域之内还是毗邻地区、与城镇的距离、交通状况、将来是否要为平整地面付费等因素也不能忽略。

（5）专家对土地价值的评估也是重要因素，但权重不能过高，除非是其他各种证据支持和协调的结果。

2. 资产评估职责

估税师由地方税务当局聘任。在马来西亚，特别是小地方政府，具有资格的估税师非常缺乏，这使得资产评估表得不到更新。在吉兰丹州（Kelantan），九个地方政府中只有两个设有估税官员。《1976年地方政府法案（修正案）》授权地方政府将服务外包给私人部门（第36条）。但是，财政上的制约和估税师的缺乏，使得地方政府特别是小地方政府，不得不寻求联邦财产评估与服务部门的援助，以更新资产评估表。到1992年5月，99个地方政府中共有70个受益于联邦政府的帮助。

评估表

《1976年地方政府法案（修正案）》要求地方政府持有一份包括财产位置、所有者、使用者以及年度价值或增加值等方面信息的评估表。评估表必须在五年内或州政府决定的展期内完成更新（《1976年地方政府法案（修正案）》第137条）。在进行定期评估期间，评估表应保持更新状态，即须纳入原表中所没有的新的财产，以及价值提升而经重新评估的财产。此两种情况中，对新的财产的价值评估采用与原表相同的日期。

即使评估表已准备完善，但由于存在政治压力，可能还不能投入实施；无论是地方还是州政府都必须获得议会的批准。

估税师资格

1991年，Hizam（1991）的报告指出，除一些大的地方政府（如吉隆坡（Kuala Lumpur），Klang等）之外，地方政府通常都缺乏具有资格的估税师，评估工作由一般的估值职员承担。而Nawawietal（1996）也指出，对大的地方政府，如吉隆坡、怡宝市（Impon）、芙蓉自治区（Seremban）、Pealing Jaya自治区、Klang自治区和Seberang Perai自治区，其财产评估工作是由具有资格即获得财产评估和管理方面学位的估税师来承担的，其中一些是马来西亚资产评估和鉴定协会的注册会员。而在部分小地方政府，财产评估工作仍由一般的估值职员完成。

来自联邦财产评估与服务部门、参与地方税评估的部分估税师是具有资格的；但是多数情况下，地方政府不得不采用一些仅经过“应急”培训计划的助理估税官员来承担此项工作。另外，私人部门的估税师大多数具有资格。

评估周期

在财产评估日期方面，产生了更大的问题。按规定，评估工作应在评估表生效前一年完成，并在其后的五年内或州政府决定的展期内施行。但在《1976年地方政府法案（修正案）》中并没有明确规定，估税师是应对与评估进行当年还是评估表生效之年相关的租赁财产进行评估。

已评估通知

根据《1976年地方政府法案（修正案）》第141条规定，地方政府须在新的评估表完成之后向社会公布。公告须在政府公报和当地两家使用全国性语言的报纸上刊登。

除了说明评估表业已完成，公告还须指明该表或其复印件在何处可查阅以及地方政府对评估表进行修正的日期（须在有关政府公报出版后42天之内）。任何财产或其增加值业经评估的财产所有者和使用者，也会根据该项规定收到通知。

表中所列财产的所有者或使用者，可查阅该表并免费摘录。对他们而言，该表实际上也载明了适用的房地产税税率和应纳税额。

3. 上诉程序

符合以下在第142条中规定条件的财产，可对其被纳入评估表提出异议：

（1）应纳税所有者的财产应纳税价值被高估的；

（2）不需缴纳房地产税的财产；

（3）任何人或财产应纳入评估表但被忽略的；

（4）任何财产经评估其价值低于应纳税价值的；

（5）任何业经合并或单独评估的财产而应另行评估的。

所有这些反对意见必须在对评估表进行修正之前14天内书面呈送地方政府。一般程序是，地方政府成立由主管长官或主席领导的调查委员会，对这些反对意见进行调查。法律规定所有反对意见须接受调查，持异议者在调查中有亲自或授权代表进行申辩的权利。评估的负责官员通常在委员会中出席。

新评估表的批准

在新的评估表实施前一年的12月31日或之前，无论是否经过了修正，获得州政府批准的地方政府会通过该表，并将予以实施直到被新的评估表所取代。州政府的批准是新的评估表得以通过的前提。反对意见不必在新表通过前就予以充分申辩或定论，可在评估表通过之后进行调查。在评估表通过之前未予以听证的财产按原来税率课税。如果调查结果显示，财产新的价值得以确认，则回溯至新评估表实施之日，按当日规定处理。

业经通过的评估表，会存放于办公场所，办公期间财产所有者和使用者可进行查阅。但与通过前不同，该表并非特意为满足查阅之需而设。

评估的修正

基于以下原因，评估办公室受权（《1976年地方政府法案（修正案）》第144条）随时对评估表进行修正：

（1）以任何个人或个别应税财产的名义而出现的失误、疏忽、欺诈，导致应税财产本应被忽略或列入评估表的；应税财产价值被低估或高估的；其他任何原因导致无论何种应税财产已纳入评估表的；

（2）建筑经建造、装修、改动、拆毁或重建的；其他对财产的改善活动使其价值增长的；

（3）建筑或其部分处于拆毁当中的，或其他活动使建筑价值下降的；

（4）任何应税财产业经合并评估的，和基于评估官员的理解应单独评估的；

（5）因财产新的权利而产生新的收益；

（6）因相关法律影响导致应税财产价值增加或减少。

可能受到评估表修正影响的人们会在修正之日起30天内获得通知。因上述原因进行的修正使自身合法利益受损的人们，可在前述通知载明的日期之前10天之内向地方政府提交书面意见。这些意见可由本人或授权代表进行申辩。在进行修正时，法律允许地方政府出于谨慎原则在目前水平或评估表完成时的恰当水平上冻结财产的价值。换句话说，它给予地方政府调整评估表的弹性和财产价值水平的机会。另外，对评估表的所有修正必须获得地方议会的批准。

基于第141，144条提出异议者以及对修正结果不满者，可上诉至高等法院（《1976年地方政府法案（修正案）》第145条）。但是须自承上诉费用。上诉必须在收到地方政府决定之日起14天内提出申请。

高等法院的裁决是最终和结论性的。但是，诉讼任一方仍可就其中的法律问题向联邦法院提出上诉，以获得最终的判决。

4. 评估方法

在马来西亚，评估财产年度价值的主要方法是：

（1）租赁比较法；

（2）承包法；

（3）收益法；

（4）依法厘定法，根据《1976年地方政府法案（修正案）》第2条C款规定。

在实际中租赁比较法应用最广泛。承包法主要适用于财产从不出租的情况。该法包括对“有效资本价值”的估计以及估计年度价值的适用返还率。收益法主要适用于无可信的市场租赁证明以及承包法不适用的情况。该法包括一个对总收入和利润的调查，以确定经营者应为取得的收益缴纳何种税收。依法厘定法则通常适用于以公开市场价值的10%或5%作为其年度价值的土地价值评估。

批量评估技术的应用

目前在马来西亚，批量评估技术并没有应用于房地产税的财产评估。但是，Glamorgon大学的研究（Nawawi，1996）指出，如果在土地和建筑价值评估中引进专家制度，房地产税制的效率将会得到显著的提升。

5. 税收豁免，减税和特许权

每个州政府均可酌情给予某些财产以税收豁免，如果这些财产全部用于满足公共之需，如教堂、经批准的公墓或火葬场、公立学校、慈善事业以及科学文学艺术等。财产全部用于非营利性活动时，州政府可酌情豁免其全部或部分房地产税或其他税负。因为宪法规定州政府负责组织地方政府和提供大多数的市政服务，州政府和联邦政府对地方政府在一定程度上有相当大的立法控制权。《1976年地方政府法案（修正案）》第136条规定，一年内应纳税额少于5林吉特（即1英镑）的，则豁免房地产税。

符合减税条件的财产

用于以下用途的财产可由州政府酌情给予税收豁免：

· 土地全部用于宗教目的的；

· 经批准的公墓或火葬场；

· 公立学校、慈善事业、以及科学文学艺术等；

· 非营利性组织（全部或部分豁免）。

联邦政府要求地方政府对以下财产给予税收豁免：

· 应纳税额少于5林吉特（即1英镑）；

· 土地、建筑和遗产，由或代表联邦政府、州政府或其他公共部门用于公共目的，并经由使用者通过捐的方式替代房地产税的。

房地产税由地方政府对位于其辖区内的所有地产进行课征。但是，马来西亚全境并不都处于地方政府的管辖之下。例如，Klang州的一个学区，由九个行政区组成，面积12308平方公里；而在地方政府管辖下的范围仅为1842平方公里（即15%），其余10466平方公里即85%的面积均在地方政府管辖权之外，这些地区直接受州政府管辖。但是，居住于该地方政府辖区内的人口为688000人，占Klang州人口的73%。

地方政府辖区外的居民基本上不能享受地方政府提供的服务。而因为地处偏远和管理上的困难，也无法享受州政府提供的类似服务。因此，这些居民不向地方政府缴纳房地产税。故该区虽然有688000人，但是也只有53535人缴纳房地产税。其余的634462名居民则不纳税，因为地方政府并没有公告说明那是能够提供垃圾收集等公共服务的区域。也因此939156名居民中有885621名高达94%的人口不缴纳房地产税。这也是Klang州九个地方政府中只有一个达到收入盈余水平的主要原因。

6. 征税程序

财产税只在地方政府提供公共服务的地区征收，纳税人不得拒绝缴纳。虽然在一些地区地方政府也提供诸如地方交易市场、健康维护等服务，但这些地区不用缴纳房地产税，因为地方政府视这些地区为“非实施”区域，即不存在经常性的拒绝纳税。据估计（Reidenbach，1988），在四个州当中只有少于50%的地区是可实施区域，其居民才负有房地产税的纳税义务。

很多地方政府根据现行的财产评估表和税率并不能课征到所有应纳税款。产生滞纳税款的主要原因是：一、80年代的地价暴跌导致众多开发商陷于破产，众多住宅区遭废弃或无法销售；对此类住宅无法征收房地产税；二、人工的文件操作和数据管理使对滞纳税款者进行跟踪非常困难；三、地方政府也不愿意对滞纳税款者提起公诉、没收其财产，虽然依据《1976年地方政府法案（修正案）》这是允许的。而缺乏议会的法律支撑也常被视为难以追究滞纳税款者责任的重要原因之一。

征税中的一些问题也源于财产所有权并不总能正确地登记，因为业主居住者常不能向地方政府报告其取得。而在改进档案的过程中又难以得到其他部门的恰当协助。在部分地区，国土部门提供的信息常不完整，或在一宗权利转让中存在多重所有权。而对于城镇之外地方政府辖区之内的居民，由于基础设施的缺乏而无法享受政府服务，不缴纳房地产税尚情有可原。一项对四个不同地方的65名房地产税纳税人的访问调查显示，61.54%的受访者对地方政府服务的无效供给表示不满，无服务提供则无税收缴纳。

《海峡时报》（1988.1.8）公布的逾期应纳税款数据显示了问题的严重性。马来西亚19个自治政府计有近8000万马元的逾期应收税款，其中槟城（Pinang ）1000万，怡保（Ipoh）200万，吉隆坡据估计为2000万。各地方政府的情况表明，马来西亚半岛的巨额逾期应收税款已累积多年，且逐年增加，但是还没有重要的措施予以弥补。地方政府累计逾期应收税款与其年收入之间的比值，从25%到500%不等。在《1976年地方政府法案（修正案）》中明确规定了追缴逾期应收税款的权力，但是法律的严格执行常被视作对朋友，亲人或党内同僚的苛刻，使政治人物产生因失去选民支持而在将来选举中落败的害怕心理。

纳税义务

虽然基本的房地产税法律源于英国并经过了印度，但其间仍存在一个根本性的区别，这区别由Good.J在Tangamah Cumarasamy 诉Chairman， Town Council Taiping（1957）案例中提出：

英国和特立尼达、马来西亚联邦的房地产税法律之间的一个根本性区别是：在英国，由使用者承担纳税义务，而在特立尼达和马来西亚联邦则由所有者承担纳税义务。

《1976年地方政府法案（修正案）》第146条规定了由所有者缴纳房地产税。无疑，财产所有权和土地拥有者是更为固定的纳税人，仅就课税目的而言也更易于追踪。这在一定程度上已为英国所承认，例如在一些特定案例中，英国已从原来向使用者课税转而向所有者课税，以保证税收任务的完成。这是通过如《1976年地方政府法案（修正案）》第24条对改作租赁用住所的所有者课税等规定实现的（Plimmer，1987）。虽然由所有者纳税，但通常向承租人课征，所以最终使用者也承担了纳税义务。然而，在马来西亚，是否受益于财产出租或完全租赁关系的缺乏与财产税课征不相关。只要财产所有权能够确认并且位于地方政府辖区之内，就要纳税。

应纳税款的计算

财产年度价值估定后，所有者无异议，则以地产的固定比例课税，具体比例根据财产所处地区或实际使用情况确定，因地方政府的原因而会每年不同。例如，在Klang州，税率因土地的使用类型而不同，有从4%到13%的六档税率（Hizam，1991）。

地方政府课征的级差税率最高不超过年度价值的35%。财产增加值的适用税率最高为5%。通常一个新的税率在多年内是适用的，直到政府支出增加以致不得不提高税率。马来西亚房地产税税率的显著特征，是在地方政府的实际操作中其税率水平呈现出相当大的差异。

由于房地产税的结构是累进的，并且存在同一税基适用不止一个税率表的问题，马来西亚地方税制的管理显得非常困难。在Klang州的Kuala Muda，空地的税率从0.5%到4%不等。财产税税率依从其年度价值或增加值，并总在重新评估之后有所降低。例如，在马六甲的亚罗加扎（Alor Gajah），于1984年对城镇和发达区域之外的地区进行重估后，其税率从12%降至5%。

地方政府一般通过以下方法确定房地产税的适用税率。首先根据需完成的各种项目和经常性支出编制年度预算。减少的收入可通过其他渠道弥补。此时的结果表现为根据评估表中全部年度价值或增加值的总额确定的一定比例，于是从该年开始适用该税率进行课税。

为减少因新的评估表导致税率突然提高这种情况尽量少发生，部分地方政府在执行新的评估表时往往降低税率。如在柔佛州的一个区，新的税率仅为0.5%（1985）（而《1976年地方政府法案（修正案）》规定的法定最高税率为5%）。尽管法案规定，根据年度价值估税的最高适用税率为35%，增加值部分为5%。但所调查的部分14个地方政府中无一执行该最高适用税率。

强制执行程序

房地产税可以提前半年在2月或8月还没要求时缴纳（《1976年地方政府法案（修正案）》第147条）。而实际上税单会在1月或7月发出。在规定期限之后仍未纳税的，须另行缴纳由地方政府确定的滞纳金。在规定期限最后仍未纳税的，地方政府会发出通知并要求必须在收到通知之日起15天内完税。

罚金

对那些完税通知期限之后仍未纳税者，地方议会会发出扣压状，授权地方政府没收欠税者与应纳税财产有关的动产。《1976年地方政府法案（修正案）》第151条第（5）款的规定授予地方政府酌情处理权，可暂不没收和拍卖或豁免依法没收的财产，即使这些财产是属于占用者的。如果这些财产属于租赁使用者，且该使用者为应纳税财产向地方政府缴纳租金直到缴清应纳税款或租赁合约期满，地方政府也可暂不予以没收或拍卖。

如果在扣压状发出后七个月之内仍未完税，扣押财产将公开拍卖（《1976年地方政府法案（修正案）》第149条）。拍卖所得首先偿还所欠税款，以及每年6%的利息、附加成本（法案第150条）。任何盈余将退还给查封时的财产所有者。若动产拍卖所得不足以弥补所欠税款、利息和附加成本，高等法院注册官在地方政府申请的基础上，可批准扣压和拍卖其他相关财产。《1976年地方政府法案（修正案）》第156条规定了弥补所欠税款的可供选择的方法。根据该项规定，法院起诉时税收欠款可作为债务进行偿付。

参考资料：
马来西亚《1976年地方政府法案（修正案）》

附录2　单一土地税示例（澳大利亚）

澳大利亚土地税

1. 纳税人

财产税的纳税人为财产（土地）的所有人，包括自然人和法人。

2. 征税对象

澳大利亚所有土地包括联邦所有土地都是应纳税土地，除了以下情况：

（1）不收取租金或者未取得经营执照的大学公共食堂、公园、公共保护区；

（2）公墓、公立医院、慈善机构（不包括社区房屋）以及只用于公共福利（不包括社区房屋）的建筑占地；

（3）教堂占地以及其他用于公共宗教活动的建筑占地；

（4）用于免费公共图书馆的建筑占地；

（5）从联邦租赁用于或者由学校（指社会性学校，包含操场）所有的土地；

（6）联邦未出让或者空置的土地（不包括从联邦获取的按周或半月租赁的土地）。

市政税根据不同的税基征收。地方政府可对以下项目征收市政税：未开发土地价值，即土地未经开发而出售，则根据其预期可以实现的价值征税；土地价值或地段价值，与未开发土地价值类似，但在确定其价值时要考虑一些开发行为，如清理、挖掘或平整等；土地及房屋开发价值，指如果财产出售，预期可实现的市场价值；土地及房屋出租价值，指如果土地及房屋出租，全年可实现的净租金收入。

澳大利亚对于非附着于土地财产之上，或者可移除的机器、工具或其他器具，可以免税。免税由州或大区政府决定。虽然免税的适用范围各地有所区别，但一般情况下，公共土地及公共医院、图书馆、公墓、慈善团体、教堂用地、大学、学校、外国使馆等的用地是免税的。

3. 税率

土地税和市政税的税率一般是统一的，但对于不同的土地使用方向，则有不同的税率。通常，各地可以对农用地予以减税。例如，在澳大利亚的许多地方，用于初级产品生产的土地适用税率为非初级产品生产用地的一半。这一税收政策鼓励了乡镇企业的投资，如购买花园及苗圃。当土地重新规划用于更高级的用途时，这些税收优惠将被取消。

土地税由州政府按照土地最佳使用方式的未开发价值征收，使用统一税率或累进税率。2001年，新南威尔士的土地税税率为1.7%，适用于财产估值超过一定标准的部分。2001年这一标准为20.5万美元。这意味着，除主要用于居住的土地外，纳税人所拥有的土地总价值达到或超过20.5万美元时，就有义务纳税。

以昆士兰土地税为例，分为适用于个人的税率和适用于公司及受托人的税率。

（1）适用于个人的税率（除了在外业主和受托团体）

序号	应税额	税率
1	\$0~\$599999	0
2	\$600000~\$999999	\$500+（实际应税额－6000）×1%

续表

序号	应税额	税率
3	$ 1000000~ $ 2999999	$ 4500 +（实际应税额 – 1000000）× 0.65%
4	$ 3000000~ $ 4999999	$ 3750 +（实际应税额 – 3000000）× 0.25%
5	≥ $ 5000000	$ 62500 +（实际应税额 – 5000000）× 0.75%

（2）适用于公司、受托人和在外业主的税率

序号	应税额	税率
1	$ 0~$349999	0
2	$ 350000~ $ 2249999	1450 $ +（实际应税额 – 350000）× 0.7%
3	$ 2250000~ $ 4999999	33750 $ +（实际应税额 – 2250000）× 0.5%
4	≥ $ 5000000	75000 $ +（实际应税额 – 5000000）× 1.0%

4.计税依据

土地税的计税依据为土地的评估价值。

澳大利亚1916年的土地估价法案对土地价值的定义如下：“如果是在合理的条件下进行销售，就像善意的卖者要求的那样，同时假定在土地上所附属的被所有者实施或要求实施的任何改进措施并没有被实施，土地价值是土地私有权希望被实现条件下的资产总量。”

也就是说，澳大利亚法律保障土地的私有权，使得评估者和消费者有较大信心来决定土地价值。由于假定改进价值根本不存在，恰当的做法是通过减去销售中改进价值的部分，进而核定土地价值。并且，并不是所有人类活动都会导致土地的改进。在某些情况下土地可能退化，例如，土地侵蚀。因此，在决定土地价值时，这些损害也应予以考虑。

1986年，为了解决全面评估周期过长的问题，新南威尔士引入了等价因素的概念。在全面估价期间，对基期的土地价值运用相关等价因素来决定一个调整价值。估价师会对各地地方政府的区域规定其等价因素。如果在均等化时期或普通基期实施集中估价，那么用名义土地价值增加的因素来估计土

地价值将是适用的。

新南威尔士州关于固定年值的法定定义如下：

√ 土地估定年值是（a）合理的平均土地年值的9/10，包含改进因素（如果有的话）和（b）10美元，两者中较高的一个；

√ 以贸易、商业和制造为目的而占有的土地房产估定年值的核定不应该包含任何车间、机器、工具和其他设备的价值，这些都没有估定在房产商或者只是那种从房产上移除不产生结构性损坏的估定。

5. 评估与征管

土地税由州政府和地方政府管理。其中，州政府负责评税清单的制作，然后将评税清单提供给地方政府的议会，由地方政府议会根据自身情况制定税率，并进行征管。土地税的收入归地方政府支配①。

澳大利亚对财产实行产权登记制度，产权登记制度保证了财产所有者对财产的特定权利。财产的评估规则由州政府制定，然后交给地方政府，再由地方政府制定税率，并管理和征收税款。财产的价值评估体系由州总评估员制定，这些价值评估体系用于评估土地价值，以及政府土地购买、租赁及机构间的财产转移的价值。价值评估体系还用于征收印花税、资产收益税或水税时的价值评估。

对于财产的评估周期，各州从4年到7年不等。土地价值在一个评估周期内一般不作调整。近年来，澳大利亚各州都努力缩短评估周期。目前，维多利亚州已改为两年一次，而有些州和城市已开始每年进行一次评估，如西澳大利亚州和墨尔本市。

征收税款的工作由地方政府负责，由于各地征管力度不同，欠税情况也有所不同。1998—1999年度，新南威尔士的所有市级政府平均有6.6%的未缴财产税。

以新南威尔士州为例，土地和不动产管理部（Land and Property Management Authority）负责与土地相关的所有评估工作，以及土地登记。土地评估方面，州政府任命总评估师（Valuer General）负责州内全部与土地相关的估价工作，包括土地税、地方政府税收、政府土地征收、部门间土地交

① Joan M. Youngman, Jane H. Malme, An International Survey of Taxes on Land and Buildings, p81.

易等。州的总评估师还负责代表州政府对全部的土地进行登记[①]。这种由土地管理部门负责评估的做法是与澳大利亚仅对土地征税的税制有密切的关系的，可以大大减少信息共享的成本，便于土地的管理。

新南威尔士州的申诉程序可以代表整个澳大利亚土地税的申诉程序。它由两部分组成，一是估价总局提出异议，二是向法院的诉讼。尽管存在着异议的一些合法原因，但是最普遍的异议是价值额定得太高。在异议有效期前（42天），填写着异议部分和签名的估价通知被返回到最近的估价局。在提出异议时，有必要提供相应的资料和原因来支持这个异议。

如果估价总局决定不改变估价，那么异议者可以向土地和环境法院提出诉讼。法院会收取备案费用。一旦进入法院程序，上诉人可以继续向高级法院提起诉讼。在法庭上，上诉人有提供错误估价的责任，同时估价总局没有必要去证明其估价师是正确的。

继1956年新南威尔士出台土地税法和土地税管理法后，1996年的税收征管法也对土地税的征管进行了规定。根据2010年对税收征管法的最新修订，土地税的评估征收有以下值得注意的规定。

（1）重新评定

①总评估员可以对一个纳税人做一个或者多个税负的重新评定；

②总评估员对项目的重新评估会以税负产生时的相关法律条款为依据，坚持法律不溯及既往原则；

③总评估员重新评估时间一般为五年，但以下情况除外：

a. 在之前的评估结果被否定或者审查时，重新评估能使税负调整到合理水平时；

b. 在初次评估或者重新评估进行时，由于相关法定评估要素没有完全或真实的披露给总评估员而造成实际税负低于总评估员按真实信息做出的评估结果时；

c. 重新评估进行的时间距按旧税法评估的初次评估超过五年；

d. 在做出初次评估结果的五年内，由纳税人提出申请做重新评估，而且重新评定的税负要低于之前的评定结果。

---

① 澳大利亚新南威尔士州土地和不动产管理部网站 http://www.lands.nsw.gov.au/.

（2）折中评估

①由于评估案例的复杂性、不确定性或其他原因，总评估员在没有不当延误或损失的情况下对纳税人的税负很难或无法做出准确评定时，可以做出折中评估；

②总评估人可以依据和纳税人达成的相关协议评定大部分税负；

③在符合以下规定的情况下，总评估人不得对纳税对象作折中评估：

a. 未和纳税人达成相关协议；

b. 除非评估结果是在有欺诈或者故意错误揭露相关信息的前提下做出的。

（3）评估结果的撤销

在发布评估结果五年内的任何时间，无论纳税人是否缴纳税金，总评估员都可撤销评估结果。

（4）有关评税、重新评税、撤销评税结果的通知

总评估人可以发布评税通知以告知纳税人评估数额，若总评估人未主动发布评税通知，在纳税人要求发布的情况下，总评估人必须在纳税义务发生的五年内发布。

总评估人在重新评估和撤销评估时都必须发布相关通知，通知形式必须以总评估人批准的形式发布。

（5）退税权

纳税人多缴纳的税款必须由总评估员返还差额，为了避免产生疑问，相应数额必须公布。

（6）以返还税收抵缴其他税负

经过纳税人的同意，返还税收可做留抵额，抵补下期税款。

（7）滞纳金和罚款

①欠税缴纳滞纳金及滞纳金比率

a. 在发生欠税的情况下应从缴税截止之日起到补交税金之日按欠税部分缴纳滞纳金。

b. 滞纳金比率是市场利率组合和额外费用组合之和，滞纳金比率一般为千分之五左右，额外费用率为每年8%。

②罚款

一般情况下罚款金额为欠缴税款的25%，但如果总评估人认定纳税人的欠缴行为是蓄意违反税法规定，罚款额可提升至75%。总评估人认定的以下情况可免除罚款：

a. 纳税人合理地遵守了税法；

b. 纳税人欠交仅仅是出于其不可控制的因素，而且不是财务问题。

③罚款减除

a. 在总评估人正是税务调查通知下达之前纳税人主动说明欠税情况可减除80%的罚款；

b. 在总评估人对纳税人调查期间，纳税人披露相关欠税情况，可减除20%的罚款。

④对未付税款土地的处理

下达欠缴税款通知后30天内该土地税款仍无人缴纳则评定委员可作以下处理：获得该土地使用权；将使用权授予他人；将土地出租，租期在7年内。

在此评定委员拥有该土地期间必须记录以下内容：该土地所获租金及其他费用；出租费用；应纳土地税税率和税款。

在此期间应用该土地所获租金及其他费用抵缴土地税税金以及该土地产生的其他费用。

6. 部分地区土地税的状况

北澳大利亚土地税状况：

征税对象	约45000块土地
税基	未改进价值（主要采用）或资产改进价值或年值
纳税人	所有者
评估方法	意愿买方，意愿卖方；广泛运用CAMA技术
评估	总估价师委员会（当前有效），尽管在向公众开放
估价周期	每3年
异议和上诉程序	总估价师委员会接受质询和异议，土地估价法庭接受上诉

税率	各地方根据自己情况，自行设置统一或差别税率，通常使用最低税率。州内有两个行政区使用比例税率
免税	公有土地和土著居民土地

西澳大利亚土地税状况：

征税对象	超过735000块土地（parcels）
税基	未改进价值（农村地区的郡委员会）；或者年租赁价格（所有城址）
纳税人	所有者
评估方法	年租赁价值：资产在12个月内能得到的所有租金收入；未改进价值：意愿买方，意愿卖方，广泛运用CAMA模型
评估	私营部门的注册评估师，或者总评估师委员会（实践中）
估价周期	年租赁价值：三年一次（大都市），州其他地区4—6年一次； 未改进价值：每年评估一次
异议和上诉程序	总评估师委员会接受质询和异议；土地评估法庭接受上诉
税率	统一或差别税率，根据地方自身制定；然而有一个明显的趋势是广泛应用差别税率，广泛运用最低税率法
免税	公共土地

昆士南州土地税状况：

征税对象	124万块土地
税基	未改进价值
纳税人	所有者
评估方法	可比销售额；余量；有限的使用指数化方法和多次回归技术
评估	集中于总估价师机构
估价周期	法律规定允许使用年评估法（布里斯班，黄金海岸，凯恩斯）， 州内其他地区每3年评估一次
异议和上诉程序	地主在评估后的42天内可提出异议，使用年评估法则为评估后的28天；利益受损害的一方还可以进一步向土地法庭起诉， 最高可上诉至澳大利亚高等法院
税率	每个地方当局每年都有权制定自己的税率， 昆士兰普遍采用差别税率，应用最小税率
免税	公有土地，宗教和慈善用地
退税	住宅的所有者、使用者

续表

征收	一次性缴纳或者分期缴纳
强制程序	逾期30天未缴税会产生利息；未缴税款纳入土地的费用， 新的所有者要对未缴税款负责

维多利亚州土地税状况：

征税对象	234万块土地
税基	当局从位置价值、改良资产价值和净年值（改良资产价值的5%）中选择。上述价值标准都可以用来评估财产的价值， 但是核定征税时只能采用其中一个标准
纳税人	财产所有者负有财产税的纳税义务
评估方法	可比销售额；盈利和契约人办法， 在墨尔本可以限制性使用指数化方法；批量评估法的一些运用
评估	各当局交由员工实施或通过合同外包实施
估价周期	墨尔本每年评估一次， 其他大都市的当局和非都市当局每两年评估一次
异议和上诉程序	当个人的权利由于评估受到侵害，可以提出异议。但是必须有法规中明确列出的特定理由。异议必须在评估完成后两个月内提出， 可向独立法庭提出进一步上诉
税率	各委员会有权制定自己的税率， 采用改良资产价值征税时有权采用差别税率
免税	王室土地，（公有土地）宗教用地、慈善和教育用地
退税	耕地
税款征收	一次性上缴或分期缴付
强制程序	对未缴纳的税款征收利息

参考资料：

澳大利亚统计局，Australian Bureau of Statistics
各国财产税概览，IBFD
澳大利亚税收征管法，1996年（2010年修订版）
澳大利亚土地税法，1956年
澳大利亚土地税征管法，1956年
William J. McCluskey and Riel C.D. Franzsen， Land Value Taxation: A Case Study Approach， Lincoln Institute of Land Policy Working Paper， 2011.

附录3　东亚国家房地产税示例(日本)

日本固定资产税

1. 纳税人

固定资产税的纳税人为固定资产的所有者，包括抵押权人以及土地使用权人。纳税人的确定是根据土地或者房屋登记簿、土地补充课税清册或房屋补充课税清册中相关记录。对于区分所有权的房屋，纳税人为区分所有权人。

对于在市町村内没有固定住所的纳税人，可以依据该市町村的规定确定纳税管理人，并向市町村长申报。纳税管理人的确定与变更均需要通过市町村长的审批。

2. 征收对象

固定资产一词在法律中有明确的定义，包括土地、房屋和折旧资产。其中土地包括水田、旱田、住宅用地、盐田、矿泉地、池沼、山林、牧场、原野以及其他土地。房屋包括住宅、店铺、工厂（包括发电厂和变电所）、仓库以及其他建筑。折旧资产指的是土地以及房屋以外的、可供企业使用的资产（矿业权、渔业权、专利权以及其他无形折旧资产除外）。

3. 计税依据

固定资产税的计税依据为征收时点（1月1日）固定资产的公开市场价值。对于房地产，计税依据分为基准年度，第二年度和第三年度。其中基准年度的计税依据为房地产在该年度征收时点的公开市场价值。公开市场价值以土地课税清册、土地补充课税清册或者房屋课税清册、房屋补充课税清册登记的内容为准。对于第二年度和第三年度房地产固定资产税的计税依据，在当年度房地产没有发生变化的前提下，采用基准年度的计税依据。如果房地产在当年征税时点的特征与上一年度不同，如发生用途改变，界址变化等等，且市町村长认为有必要时，可以按照基准年度类似房地产价格进行调整。对于新增房地产，其计税依据按照基准年度类似房地产的价值确定。

日本固定资产税对于住宅用地的计税依据制定了优惠。住宅用地的计税依据为市场价值的1/3。对于小规模住宅用地，计税依据为市场价值的六分之一。这里说的小规模住宅用地指的是单栋住宅坐落的土地小于200平方米，或者将土地面积除以住宅数量得到的每栋住宅分摊的土地面积小于200平方米的土地。

由于日本为多地震、台风灾害的国家，法律对于因为自然灾害而导致损失的房地产，其固定资产税的计税依据也有相应的减免措施。

4. 计税依据评估

固定资产税税基评估由中央政府和地方政府共同完成。固定资产税计税依据的评估标准由总务大臣确定，并予以公布。总务大臣在确定评估标准时，要听取地方财政审议会的意见，并且必须确定地籍图、土地使用图、土壤分类图、房屋草图、固定资产买卖记录簿和其他有关固定资产评估资料数据的统计标准格式，并通知市町村长。因此，日本固定资产评估的资料和数据格式是全国统一标准的，评估标准也是全国统一的，保证固定资产税征收的公平。此外，对于涉及两个以上道府县的资产，由总务大臣负责确定其价值，并将价值按照比例分配给相关道府县。

道府县知事负责根据全国统一的评估标准来确定辖区具体的实施标准。此外，对于涉及多个市町村的固定资产，如铁路、轨道、发电、送电、配电或者电气通信，由道府县负责评估，并将价值按照比例分配给相关市町村。法律规定，道府县政府负责在每年3月31日前向市町村政府提供评估结果，其中对于住宅用地等享受计税依据优惠的课税对象适用相应的优惠比例。市町村长将收到的该市町村的固定资产的价格等登记在固定资产课税清册中。此外，道府县知事应在固定资产评估方面给予市町村长包括评估标准建议，人员培训等方面的指导与支持。

对于应由道府县知事或总务大臣应评估的固定资产的纳税人，应该在每年1月31日前上一个评估年度固定资产相关情况。

日本在道府县设立道府县固定资产评估审议会。固定资产评估审议会委员不超过12人，由道府县知事任命，委员遴选范围包括国家有关地方行政机关的工作人员、该道府县的工作人员以及该道府县管辖区域内的市町村的工作人员以及具有固定资产评估的相关知识和经验的人士。固定资产评估审议会的职责包括对固定资产评估标准的实施细则进行评议；判断市町村所评估的固定资产价值是否符合评估标准，并要求市町村对评估结果进行修改。

市町村政府负责固定资产税的具体评估工作，设立专门的评估员。评估员由市町村长任命，根据市町村长的知识准确地评估固定资产，且辅助市町村长来确定价格。如果两个以上的市町村长在取得该市町村议会的同意后，可以任命同一人为这些市町村的固定资产评估员。

对于需要评估的固定资产数量较少的市町村，法律也允许试听村长担任评估员职务。

对于评估员的选拔，除了要具备专业知识外，法律还规定不得兼任包括各级政府议员，农业委员会农地部会委员以及固定资产审查委员会委员。法律规定，评估员每年要对市町村所辖固定资产状况进行实地调研和价值的评估。对于房地产条件未发生变化的，价格为基准年度房地产价值，如果房地产发生变化导致价值发生变化，则参考可比实例基准年度的价值。市町村长收到评估员提交的调查报告后，每年3月31日前最终确定固定资产的价格，将该固定资产的价格等登记在固定资产课税清册中，并予以公示。此外，市町村长还要将各地区住宅用地标准价格制作成书面文档以供查阅。

为了方便纳税人了解所属市町村固定资产价值情况，法律规定每个市町村每年4月1日至20日或其他规定的日期，在指定场所将土地、房屋评估结果向纳税人进行公开查阅。

5. 税率

固定资产税的标准税率为1.4%。税率的确定采用倒算的方式，市町村政府享有税率调整的权利，但要在市町村议会上得到纳税人的同意。

6. 优惠

对于同一纳税人在一个市町村区域内所有应税固定资产的价值低于一定标准时，不征收固定资产税。具体标准为，土地价值低于30万日元，房屋价值低于20万日元，这就资产价值低于150万日元。法律也规定，当财政或其他方面有特别需要时，以上享受免税的固定资产也可以征收固定资产税。对于遭受自然灾害破坏的固定资产，以及生活贫困等特殊群体，市町村长有权对其固定资产税进行减免。减免的原则按照该市町村的具体规定。

7. 征管

固定资产税的征收日期为每年1月1日，即固定资产的应税价值为每年1月1日当日的价值。固定资产税按照季度缴纳，缴纳日期为每年4月、7月、12月和2月，具体日期由各市町村自行确定。

在征收固定资产税之前10天，市町村政府向纳税人发放纳税通知书，并在通知书上注明该纳税人应缴全部税额。根据总务省令规定，市町村对土地或者房屋征收固定资产税时，要向纳税人提供缴税明细。对土地征收的固定资产税缴税明细中应注明该土地在土地课税清册登记的地点、地番、地目、面积以及该年度的固定资产税税额。对房屋征收的固定资产税缴税明细中应注明该房屋在房屋课税清册登记的地点、房屋番号、种类、结构、使用面积和该年度固定资产税税额。对于住宅用地、小规模住宅用地或者受灾房地产，还应注明其享受的计税依据优惠比例。

在市町村征收固定资产税后，如果征收额少于该年度预算征收固定资产税总额，可以在发放纳税通知书之后的纳税日期征收不足的税额，并在税收通知书中注明。反之，应退还超额缴纳的税额，或者将超额部分充当用于未纳税地方团体催讨费用。

法律规定，纳税人可以在接到纳税通知书时一并缴纳当年度固定资产税。市町村可以根据自身条例给予奖励，奖励计算方式为提前交纳税额的1%乘以提前的月数。

在责权认定方面，法律规定市町村的征税官员、固定资产评估员或者固定资产辅助评估员在有必要的情况下，可以对固定资产税的征收进行调查。包括询问相关人员，查阅相关账簿文件等。对于拒绝接受调查或提供虚假信息的个人，法律规定可以处以1年以下的徒刑、20万日元罚款。此外，法律规定市町村长有权利查阅纳税人所得税相关记录和文件。

对于欺诈、虚假以及用其他不正当行为少缴或者免缴固定资产税的全部或者部分的人员，法律规定将处以3年以下徒刑或者100万日元以下罚款，或者徒刑和罚款并罚。逃税税额超过100万日元的情况，罚款可以超过100万日元。

对于按规定应该申报资产情况的纳税人没有申报或者虚假申报，导致少缴固定资产税的，除要在规定时间内补缴税额还要缴纳滞纳金。补缴的税额以该市町村实际征收额与应当征收额的差额为限。滞纳金计算方式分为两个部分，滞纳期不超过30天的，滞纳金征收标准为每年7.3%。超过30天，滞纳金征收标准为每年14.6%。

对于纳税人没有按时缴纳固定资产税的情况，市町村征税官员在纳税期限截止后的20日内向纳税人发放催促函，并可以向纳税人征收手续费。对于拒不缴纳的纳税人，市町村政府可以对其财产进行扣押，并在超过法律规定期限后进行拍卖。

对于为了逃脱固定资产税的纳税者的滞纳处分的执行为目的，隐藏、毁坏财产，使市町村受到损失，虚假增加财产负担的情况，对行为人处以3年以下徒刑或者50万日元以下罚款，或者两项并罚。对于有前两项行为的纳税者或者占有其财产的第三者的对方知情人，处以2年以下徒刑或者30万日元以下罚款，或者两项并罚。

8. 对区分所有权的房屋征收固定资产税

区分所有权房屋的固定资产税纳税人为区分所有权人。对于全体区分所有人共有的部分，按照法律规定的比例分配给每个区分所有权人。

区分所有权房屋坐落的土地为共同所有时，共有人为纳税人。固定资产税的纳税额根据其持有土地的比例进行分配。

9. 异议处理

除了在道府县政府设立了固定资产评估审查委员会，在市町村政府也设立此机构，负责处理辖区与评估相关的争议。市町村的固定资产评估审查委员会人数由各地方确定，但是不得少于3人。委员经过市町村议会同意后，有市町村长任命。委员的遴选范围为该市町村的居民、有市町村税的纳税义务人或具有固定资产评估知识和经验者。在固定资产评估审查委员会的委员不足的情况下，市町村长应及时地选拔任命该委员的补缺委员。固定资产评估审查委员会的委员任期是3年，补缺委员的任期是前任的剩余任期。根据各个市町村的条例规定，固定资产评估审查委员会的委员可根据委员会会议的出席天数获得补贴。在处理争议时，固定资产评估审查委员会从委员中指定3人组成合议庭，处理争议案件。各项决议由委员投票确定。

如果纳税人对当年固定资产课税清册中的评估价值有异议，可以在接到纳税通知单后60日内（对于进行公示的地方，为公示日后60日内），以书面形式向固定资产评估审查委员会提出审查申请。

固定资产评估审查委员会收到审查申请后，通过必要的调查和其他事实审查，从收到该申请之日起30日之内做出审查决定。法律规定审查必须采用书面形式，当时如果审查申请人有特殊要求，固定资产评估审查委员会应给该审查申请人口头陈述意见的机会。

固定资产评估审查委员会在需要审查的情况下，可根据其职权或者根据关系人的请求，要求审查申请人以及持有该申请人的固定资产评估所需的资料的持有人提交审查所需的资料。固定资产评估审查委员会在需要审查的情况下，可以要求固定资产评估员对有关评估调查记录的事项进行说明。

在固定资产评估审查委员会作出决定后10日内，会以书面形式通知审查申请人及市町村长。固定资产税的纳税人不服固定资产评估审查委员会的决定时，可以向法院提起诉讼。如果固定资产评估审查委员会做出的决定为对已登记的评估价值进行修改，则市町村在接到修改通知后的10日内，对价值进行修改，并通知纳税人。对于已经征收了固定资产税的，除了更正价值信息，还应更正纳税额。

参考资料：
日本《地方税法》第3章第2节，固定资产税。
Comprehensive Handbook of Japanese Taxes 2010， Tax Bureau， Ministry of Finance.

附录4　转型国家房地产税示例（波兰）

波兰房地产税

房地产税作为地方政府收入来源，在波兰有着很长的历史。在第二次世界大战之前的市场经济时期，房地产税就已经存在了。在20世纪80年代中期之前，关于房地产存在着三种不同的税收。

（1）对城市房地产征税；

（2）对农业用地征税；

（3）对林业用地及建筑物征税；

对公共部门企业、私人部门公司及个人来说，房地产税的征收是不同的。在团结革命之前，税基是由所谓的“强制保险价值”构成的并且仅适用于建筑物（土地认为是没有价值的）。这一价值是以管理性的标准的指示表为基础计算出来的。

1990年中期波兰地方政府机构设置的恢复，使得地方政府的公共财政与中央预算相脱离。到1991年1月，地方政府得到了税收收入来源的自治权，房地产税成为地方政府收入的主要来源。在波兰其他的地方收入来源包括运输工具税、街道小贩税、狗税、地方企业税及大量的地方管理费。实践表明：地方政府20%的收入是由房地产税贡献的。较大的城市倾向于在更大程度上对财产税进行开发，与此同时小城市没有能力这样做或者他们选择不这样做。

1990年，波兰的团结党领导政府进行了一项彻底的经济改革，包括对于基于市场价值的房地产税的特点的讨论。由于当时不动产市场基本不成熟，建立一种先进的按价值计税的房地产税税基的想法大打折扣。同时，以土地面积为税基的财产税在1991年建立起来了。

1991年1月12日，波兰发生了一个主要的法律变化，关于地方税费的新的法律出台了。新的法律规定：地方税（包括房地产税）是地方政府的唯一收入来源。这个法律在纳税人之间引入了公平地的概念，它试图限制强制性的立法上的税收免除和减轻，并且给地方政府在国家的最高限度内自由制定税率的权利。地方政府也有权利使用自由的税收免除和减轻的权利。

1. 纳税人与征税对象

房地产税的税收责任建立在所有者权利、永久的土地租赁权及可移动房屋的拥有关系上。这也适合那些没有包括在农业和林业税基里的土地。因此可以说，没有包含在农业和林业财产税里的任何财产，被认为是城市房地产税的税基。重要的原则是房地产税的纳税义务通常与财产和他的所有者有关，而不管目前所有者是不是真正的拥有这项财产。房地产税也对那些分套出售的公寓征收，但是对于共同拥有的房产并不征税（他们不被认为是单独的房产）。

房地产税的纳税人是自然人、法人以及没有法人地位的功能性实体。对于由国家和市政所拥有的公共部门的财产来说，它的占有者或者使用者是财产税的纳税人，只要他们是拥有公共部门财产使用权的直接拥有人。对于委员会的住房财产来说，财产的直接使用者是委员会财产的管理公司，他负有缴纳房地产税的义务。对于永久的土地租赁来说，土地的使用者是纳税义务人（尽管州政府是其拥有者）。

2. 税基

房地产税的税基是由建筑物的建筑面积和土地的土地面积组成。房地产税另外的税基也包括各种结构，例如，桥梁、隧道、道路、管道线、工业装置及体育设施等。在这种情况下，税基是通过使用具体的规定来计算出来的，这些具体的规定被用于资本的折旧方面。建筑面积是净的内部面积，不包括楼梯和电梯的面积。如果建筑物的高度在1.4~2.2米之间，仅有50%的面积被计入税基。如果楼层的高度低于1.4米，它就不会被计入到税基中去。

3. 税率

房地产税的税率是由当地的市政委员会制定的，但是税率的最高水平则是由国家立法在每年决定的。允许的最高税率是由财政内阁制定的，并随着时期所设计的官方所公布的通货膨胀率的使用而不断的增加。由于财产的使用用途的不同，各类财产的房地产税税率是不同的：

（1）居住用财产；

（2）商业用财产及其他（娱乐、车库、由非营利性组织使用）。

这种分类标准既适用于土地，也适用于建筑物部分。因此，房地产税的税额取决于土地和建筑物的面积和使用。最高的税率是那些用于商业用途的财产。这也包括那些住宅用房屋用于商业目的的情况，例如，用作旅店、汽车旅馆、集体宿舍、养老住房等等。最高的税率是随着用途的不同而变化的，每平方米的税率价格目前大约为：

（1）居住用建筑物的面积	0.09美元
（2）商业用建筑物面积	3.32美元
（3）其他用途的建筑物面积	1.11美元
（4）结构性加筑物	资本折旧价值的2%
（5）商业用途的土地面积	0.11美元
（6）非商业用途的土地面积	0.01美元

对于自然人和法人来说，税收征收系统是不同的。自然人被要求填写税收调查表，收到缴税通知并在整年内分四期缴清税款（每年的3月15日、5月15日、9月15日和11月15日）。对于法人来说，他们有义务自己计算税额并在每年的1月15日之前进行纳税申报。税额可以在每月的15日进行缴纳。税收征收的管理工作在大城市是由他们自己管理的。小一些的市则会依靠州的税收办公室来管理税收征收工作。

4. 税收免除规定

税收免除可以分为三个部分：

（1）由地方的关于税费的法律所批准的免除；

（2）由单独的立法所规定的免除；

（3）由当地政府所批准的免除。

地方的关于税费的法律所批准的免除包括以下方面：

· 用于当地政府管理职能的房地产；

· 由外国或者外国组织所拥有的房地产；

· 公共街道和道路；

· 主要用于公共交通和运输（铁路、空运、河运及海运）的建筑物；

· 能源、气体、热力、燃料和水的生产及传送设施；

· 污水处理设施；

· 由水库或者水利发电站所使用的土地，及流动水和航运运河下面的土地；

· 农业用和林业用土地；

· 那些进行立法活动的非政府组织使用的房地产，这些活动是有益于孩子和青年人的，而不是出于商业的目的；

· 在历史遗留注册簿上列出的财产，它们依从历史保管规则并且不是用于商业用途。

由其他的国家法律所批准的税收免除：

· 宗教组织用于非商业目的的财产；

· 企业花园场地；

· 用于制造电影相关的场所；

· 用于更高的学习用的场所，那些用于商业目的的财产除外；

· 企业为残疾人所使用的财产；

· 学校和其他公共机构使用的财产；

· 用于研发目的的财产，用于商业目的的财产除外。

5. 税收征管

由于税收义务是在每年的1月1日才有的，所以对于新的建筑物来说也存在着一些税收减轻的计划。在1996年中期，一项对现有的以面积为计税依据的制度的修正方案被议会所采取，并于1997年开始生效。主要的变化是建立了一个最低的税率标准，最低税率是最高税率的50%。

目前，波兰的土地和房产统计数据提供了应税财产的数目；总共有28712000块土地，总面积是31278000亩。土地的场所数目跟财产数目并不一致，与应缴房地产税、农业和林业税的建筑物的数目也是不一致的。这是因为一项财产可能会占有几个土地场所，而一个土地场所则可能会由几个应该缴纳不同税收的纳税客体组成。

在波兰总的房屋的数目在4554000的范围内，其中4319000是居住用的（1483000在城市，2836000在农村）。在波兰住所的数目是10875000，其中7135000在城市，3740000在农村地区。这项数据参考了1998年的人口财产普查结果，这是所能够得到的最新的数据。

在由法院系统所管理的财产权利簿册上记载有1100万个所有者权利关系。这个数字并不能充分地反映本地财产的数量，因为有许多不动产仍然没有法律上的地位。另外，财产权利簿册上也包括那些共同拥有的财产权利（私人的租赁权利）。

土地记录情况被遍布全国的机构保存着。地区办公室（下级地区中央政府管理处）管理者56%的土地场所，市政办公室（地方政府管理处）管理者27%的部分，总督办公室（地区中央办公室）管理者7%的部分。

参考资料：
McCluskey.W.J.Comparative Property Tax System,Aldershot Avebury,1991.

参考文献

[1] 安体富. 重构我国房地产税制的基本思路[J]. 税务研究，2004（5）.

[2] 白彦峰. 土地出让金与我国的物业税改革[J]. 财贸经济，2007（4）.

[3] 北京大学中国经济研究中心宏观组. 物业税改革与地方公共财政[J]. 经济研究，2006（3）.

[4] 北京大学中国经济研究中心宏观组. 中国物业税研究：理论、政策与可行性[M]. 北京：北京大学出版社，2007.

[5] 曹广忠，袁飞，陶然. 土地财政、产业结构演变与税收超常规增长[J]. 中国工业经济，2007.

[6] 陈多长，踪家峰. 房地产税收与住宅资产价格：理论分析与政策评价[J]. 财贸研究，2004.

[7] 陈多长. 房地产税收论[M]. 北京：中国市场出版社，2005.

[8] 戴双兴. 土地财政与地方政府土地利用研究[J]. 福建师范大学学报.

[9] 邓秋菊. 不动产税应成为我国市级财政的主体税种——以成都市为例[J]. 财经科学，2007（7）.

[10] 丁成日. 房地产税制的理论回顾（上、下）[J]. 财政研究，2007.

[11] 丁云. 不动产保有环节税收的国际及我国香港地区借鉴[J]. 中央财经大学学报，2009（1）.

[12] 杜雪君，黄忠华，吴次芳. 房地产价格、地方公共支出与房地产税负关系研究——理论分析与基于中国数据的实证检验[J]. 数量经济技术经济研究，2009（1）.
[13] 杜雪君，黄忠华，吴次芳.中国土地财政与经济增长——基于省际面板数据的分析[J]. 财贸经济，2009.
[14] 付育明. 不动产税改革：动力与阻力[J]. 中国改革，2010（8）.
[15] 傅光明. 关于土地出让金纳入物业税的探讨[J]. 财会月刊. 2006（17）.
[16] 甘藏春. 《土地管理法》的修订与自然资源立法的发展趋势[J]. 中国法学，1999（1）.
[17] 高培勇. 新一轮税制改革评述：内容、进程与前瞻[J]. 财贸经济，2009.
[18] 高世星，何杨. 物业税开征的难点剖析[J]. 涉外税务，2006（2）.
[19] 古成. 财产课税与地方财政——一个以税收归宿为视角的解释[J]. 经济社会体制比较，2005（5）.
[20] 国务院发展研究中心课题组. 不动产税改革研究[J]. 国研网， 2006.
[21] 何杨，刘威. 发达国家房产税征管模式的比较与借鉴[J]. 涉外税务，2011（5）.
[22] 何杨. 存量房房产税征税的效应分析与影响测算[J]. 中央财经大学学报，2012（3）.
[23] 何杨. 高世星. 物业税热议中的冷思考[J]. 税务研究，2006（6）.
[24] 何杨. 论房产税征管模式的选择[J]. 税务研究，2012（3）.
[25] 何振一. 物业税与土地出让金不可替代性简论[J]. 税务研究，2004.
[26] 胡洪曙. 财产税、地方公共支出与房产价值的关联分析[J]. 当代财经，2007（6）.
[27] 胡怡建. 物业税模式选择及政策选择. 税务研究[J]，2004.
[28] 黄志良. 关于我国物业税制度的几点思考[J]. 会计师，2009（9）.
[29] 贾康. 对当前经济形势的研判、前瞻与建议[J]. 中国金融，2009（12）.
[30] 贾康. 对房地产税费改革思路与要点的认识[J]. 涉外税务，2005（8）.
[31] 贾康. 抓紧出台物业税（房地产税）[J]. 城市住宅，2010（4）.
[32] 姜春海. 中国房地产市场投机泡沫实证分析[J]. 管理世界，2005（12）.
[33] 靳东升. 中国开征物业税面临的若干问题[J]. 中国金融，2009.
[34] 况伟大，苏正，荀天然. 物业税的经济效应研究评述[J]. 税务研究，2009（6）.

[35] 况伟大. 住房特性、物业税与房价[J]. 经济研究，2009.
[36] 李明，樊勇，南非财产税制改革对我国物业税改革的借鉴[J].涉外税务，2009（8）.
[37] 李明会. 房地产税改的难点、步骤及深层次问题综述[J]. 重庆工商大学学报，2007（17）.
[38] 刘明慧. 物业税功能定位与税制要素设计[J]. 税务研究，2009（10）.
[39] 刘佐. 中国税制改革三十年[M]. 北京：中国财政经济出版社，2008.
[40] 满燕云，康宇雄.转型中的中国地方公共财政[M]. 北京：经济管理出版社，2012.
[41] 倪红日. 税收调控房地产的政策效应和趋向[J]. 中国税务，2007（6）.
[42] 曲卫东，延扬帆. 物业税内涵研究及税负测算分析——以北京市为例[J]. 华中师范大学学报，2008.
[43] 石坚. 建立健全我国房地产税制的构想[J]. 经济研究参考，2007（60）.
[44] 陶然，陆曦，苏福兵，汪晖. 地区竞争格局演变下的中国转轨：财政激励和发展模式反思[D]. 工作论文，2007.
[45] 陶然，袁飞，曹广忠. 区域竞争、土地出让与地方财政效应——基于1999—2003年中国地级城市面板数据的分析[J]. 世界经济，2007（10）.
[46] Wallace E. Oates. 财产税与地方政府财政[M]. 丁成日，译. 北京：中国税务出版社，2006.
[47] 汪昊. 房地产市场税收调控研究——基于中国现状的分析[M]. 北京：中国税务出版社，2009.
[48] 王智波. 开征物业税对土地利用效率的影响——比较静态模型的理论分析与数值模拟[J]. 财经研究，2010.
[49] 王智波. 征收物业税对购房人的福利与资源配置的影响[J]. 经济研究参考，2008.
[50] 韦志超，易纲. 物业税改革与地方公共财政[J]. 经济研究，2006（3）.
[51] 温来成. 物业税制度与城市社区建设问题研究[J]. 税务研究，2008（4）.
[52] 吴俊培. 关于物业税[J]. 涉外税务，2004.
[53] 吴利群. 构建财产税为我国地方主体税种的可行性研究[J]. 税务研究，2005（5）.
[54] 吴晓灵. 对十年房地产调控政策的思考[J]. 中国金融，2008（22）.
[55] 谢伏瞻，等. 中国不动产税制设计[M]. 北京：中国发展出版社，2006.

[56] 谢群松. 财政分权:中国财产税改革的前景[J]. 管理世界，2001（4）.
[57] 严金海. 中国房价与地价：理论、实证和政策分析[J]. 数量经济技术研究，2007（2）.
[58] 杨斌. 关于房地产税费改革方向和地方财政收入模式的论辩[J]. 税务研究，2007.
[59] 野口悠纪雄. 土地的经济学[M]. 东京：日本经济出版社，1989.
[60] 虞燕燕. 不动产税税率设定的实证研究——以宁波市为例[D]. 浙江大学硕士论文，2007.
[61] 岳树民. 关于物业税的几个问题[J]. 税务研究，2004.
[62] 岳树民. 应准确定位房地产课税对房价的作用[J]. 税务研究，2005（5）.
[63] 张青. 物业税开征的制度调整与时机选择[J]. 税务研究，2009.
[64] 章波，黄贤金，唐健，蔡龙. 不动产保有税改革的税率推算及税负效果分析. 中国土地科学，2005（4）.
[65] 赵国玲，胡贤辉，杨钢桥. “土地财政”的效应分析[J]. 生态经济，2008.
[66] 郑思齐，孙伟增，满燕云. 房产税征税条件和税收收入的模拟测算与分析——基于中国245个地级及以上城市大样本家庭调查的研究[J]. 广东社会科学，2013（4）.
[67] 中国社会科学院财经战略研究院，高培勇，杨志勇. 将全面深化财税体制改革落到实处（中国财政政策报告2013/2014）[M]. 中国财政经济出版社，2014.
[68] 周飞舟. 生财有道：土地开发和转让中的政府和农民[J]. 社会学研究，2007（1）.
[69] Anderson， John E. 1999. Two-rate Property Tax Effects on Land Development. Journal of Real Estate Finance and Economics 18（2）:181-190.
[70] Anderson， John E. 2009. Financing Urban Development in China， The Chinese Economy 42（2）:48-62.
[71] Bahl， Roy， Jorge Martinez-Vazquez， and Joan Youngman. Making the Property Tax Work: Experiences in Developing and Transition Countries， Lincoln Institute of Land Policy， 2008.
[72] Brueckner， Jan. 1986. A Modern Analysis of the Effects of Site Value Taxation. National Tax Journal 39（1）:49-58.
[73] Deng， F.Frederic. 2005. Public Land Leasing and the Changing Roles of Local

Government in Urban China. The Annals of Regional Science 39（2）:353–373.

[74] Expansion: Challenges and Solutions. China &World Economy，2008，Vol. 16， No. 2，19–30.

[75] Guangzhong Cao， Changchun Feng ， Ran Tao. Local "Land Finance" in China' s Urban.

[76] Samuel P.S.Ho，George C.S.Lin. Converting Land to Nonagricultural Use in China' s Coastal Provinces: Evidence from Jiangsu. Modern China，2004，30，81.

[77] Wallace E. Oates. The Effects of Property Taxes and Local Public Spending on Property Values: an Empirical Study of Tax Capitalization and the Tiebout Hypothesis. Journal of Political Economy，1969，77（6）.

[78] Yu–Hung Hong and Diana Brubaker， Integrating the Proposed Property Tax with the Public Leasehold System， in China' s Local Public Finance in Transition， pp165 – 187.